菊澤律子
kikusawa ritsuko
吉岡 乾
yoshioka noboru
編著

Homo loquens

しゃべるヒト

ことばの不思議を科学する

文理閣

はじめに
～ことばの世界へようこそ！～

菊澤律子

ことばは人間のあらゆる活動と結び付いていて、人間の営みと同じ数、もしくはそれ以上のさまざまな側面をもっており、そして無限の魅力があります。それを知っていただきたくて、この本では、幅広いトピックから、けれども内容はシンプルに、ことばに関することをとにかくたくさん並べてみました。なにかひとつ、「おもしろい！」と思うことをみつけていただければと思います。そしてそれが、ことばを新しい視点でみていただくきっかけになれば嬉しく思います。

日本では、「言語」というと、「外国語」だとか「言語学習」を連想されることが多いようですが、実際には、ことばはさまざまな専門分野にまたがる特徴を持っており、いろいろな角度から分析することができます。

たとえば、言いたいことを誰かに伝えるためには、音声言語の場合であれば、声を発する必要があります。そのためには、脳から指令が出て声を出すための筋肉が動かなくてはなりません。さらに、発音を仕分けるときには、舌や喉などの形を変えて、物理的に音の聞こえを変えるという操作をしています。このようなことばにつかう声（シグナル）の分析と理解は、AI（人工知能）による自動翻訳や言語の自動認識などに応用されます。これだけでも、ことばの研究には、脳科学や生物学、生理学、音響工学や物理学、情報工学などに関わってくる、ということを理解していただけると思います。

また、人間は基本的には同じ身体構造をもっていますが、生まれつき、あるいは病気や事故などで、発音に必要な条件が整っていなかったり、持っていたものが失われてしまい、言語の産出や受容に制約がでることもあります。その場合には、上記のさまざまな分野に加え、歯学やリハビリテーション科学などが関わってきます。

さらに、身体の基本的な構造は、世界のどの地域や国に生まれて暮らすヒトでも同じなのに、その身体から産出される言語は本当にさまざまです。そのさまざまな言語には、共通する構造と、言語により異なる構造があります。どんなものが共通で、どんなものが違っているのかを記述し、明らかにするのは言語学の仕事です。

その言語学の分野では、長い間、音声言語が主な観察対象となってきました。けれども、手話言語が言語としての構造をもつこと、また、子どもの言語能力を伸ばすのに音声言語と同じく有効であることが明らかにされてからは、さまざまな関連分野で手話と手話言語に関する研究が進み始めました。音声言語と手話言語は、言語としての構造を持つという点で共通していますが、伝達のために使われるシグナルが、聴覚か視覚か、という点で異なります。このふたつを比べることで、なにが言語としての本質的な性質かがわかるようになってきました。これまで言語の特徴だと思われてきたことの中にも、実は音声シグナルの性質による特徴だったものがあるということもわかってきています。研究史の違いから、まだまだ手話言語に関する知識は音声言語には及びませんが、本書にも、できるだけ、その内容を反映させるようにしています。

ところで、世界の言語がすべて同じだったらいいのに、と思ったことはありませんか？　でも、そもそもなぜ、同じ言語を使うと伝わるのでしょうか？　そして、同じ言語を使っても伝わらないと感じるときがあるのはなぜでしょう？　そもそも、同じ言語を使うというのはどういうことなのでしょうか？　そんなことを明らかにするのも、言語研究のひとつのテーマです。

世界には、約7,000の言語があるといわれています。そして、これらの言語のひとつひとつには、それぞれの話者が祖先から受け継いできた技術や知識、知恵がいっぱいつまっています。また、その言語を話す話者それぞれの世界の切り取り方や物の見方が反映されています。その意味で、私は、言語の数は人類が持つ財産の数だと思っています。

言語を使うのが難しいと思われてしまうのには、「正しい形がある」というイメージを持たれているという理由もあるように思います。実際には、人が話すことばに「完成形」はありません。言語の知識はひとりひとり異なりますし、コトバ自体も変化を続けています。子供も大人も、コトバの知識は日々更新されていますし、ヒトとコトバとの関係も一定ではありません。1つ1つの言語そのものを科学的に観察しはじめると、このようなことが見えてきます。言語の持つこのような有機的な側面を意識するようになると、苦手な外国語や人とのコミュニケーションの捉え方も、ちょっぴり変わるかもしれません。

近年は、支援技術の発達により、どんどん知らない外国語や完成形ではない言語を受け入れ、使いやすくなってきています。それは、人類が持っている7,000の財産を活かすことにつながります。ヒトにはひとりひとり個性があり、言語の使い方もコトバとの付き合い方もさまざまです。言語の諸側面について理解することは、他者を理解することにつながります。この一冊が、コトバの理解や今後の研究の発展に寄与し、さまざまな言語を使うあらゆる人たちが、同じ立場で参画できる社会の実現につながることを祈っています。

本書の完成までには、多くの方にお世話になりました。執筆を引き受けてくださった先生方はもちろんのこと、ここにお名前は掲載されていませんが、本書企画のきっかけとなった展示には200名に及ぶ専門家やさまざまな言語の話者の方々にご協力いただきました。編集・校正作業では、上野優香さん、白川憩さんにお世話になりました。また、文理閣の黒川美富子さん、山下信さん、スタッフの方々には、期限ぎりぎりになってからの編集作業で大変ご迷惑をおかけしたにも関わらず、寛容な叱咤激励をいただき、全力で作業を進めていただきました。おかげでこの本を無事に完成することができ、どんなに感謝しても足りません。ありがとうございました。

Contents

第二部　Languages

第一部
Language

ことばとことば以外

ことばとは何か

吉岡 乾

ことばとは何か。動物にことばはあるのか。ことばには良し悪しがあるのか。ことばと文化と民族とは三位一体なのか。ことばはどういう仕組みになっていて、どこから来てどこへ行くのか。

ことばに関する疑問は巷に数々溢れているが、答えられるものと答えられないものとがあるし、そもそもの定義が曖昧であるが故に生じている疑問もあるだろう。

まず、「ことば（言葉）」ということばが、意味的に広い。《言語》のことを指しもすれば、《単語、語句》を意味することもある。「ことばがきつい」と言った場合には《言語表現、ことば遣い》のことだ。日常的に使うことばだが、改めて各場面で何を指し示しているのかを考えると、案外、意味内容がふわふわしているのが判るだろう。

ただしこれは、別々の意味（ここで《 》で括った概念）がことばよりも先にあると考えているから多義的に見えるのであって、「ことば」はこれらの意味をひとまとまりのものとして指しているに過ぎない。なので、すべての場面でこれらの意味のいずれかを的確に指しているとは言えず、どちらとも取れる場面もあれば、さらにこれらのどれにも当たらない「ことば」だってありうるのである。

のっけから面倒な話が始まったかと感じられる方もあるかも知れないが、そもそもが姿形のない意味というものを取り扱おうとすると、どうしても抽象的で概念的な話にならざるをえないので、そこは勘弁していただきたい。

Ⅰ　本書と本章について

本章では、ヒトのことばに関して、古典的な研究を引きつつ、全体的な特徴を大まかにまとめる。ここより先、本書の前半では、ヒトのことばの特徴をさらに詳しく、さまざまな側面から解説していく。ヒトの言語は数多くあるし、音声言語と手話言語という、かなり異なった動作を手段としている異なりもあるのに、それでも共通した特徴として、一様さを持っている。次章以降では最新の研究動向も折に触れて紹介されるので、本章は予習パート、もしくは読み進める下地として参照していただければと思う。

翻って後半は、そのように一様な機序でできあがっているヒトの言語が、実態としては極めて多様であるという側面を見せていく部分になっている。ヒトという単一の生物の内的構造は、極地から赤道直下まで、ほとんど違わない。そんな同じ身体から編み出されているとは思えないほどの多彩さ、幅の広さがあり、それに驚きつつも、その背後には一貫して背骨のように、言語としての特徴が自然と共有されているのだということを銘記しておいてほしい。

Ⅱ　ことばと文化

結構な頻度で耳目に触れてくる言説として、ことばと文化との密接な関係を訴えるものがある。そもそも、ことばは文化には含まれないのだろうか。

文化とは、さまざまな環境に対応・適応する中で編み出された、ヒトの生活の知恵や行動様式の有機的つながりの複合体とでも言えるものである。寒冷地で寒さから身を守るために動物の毛皮から厚手の服を作ったり、島嶼地域で魚介類を中心とした料理が多くなったり、地震の多い地域で代々揺れに強い建築が工夫されたり。生きるのが厳しい苛酷な地域では絶対的な万能の神格が創造され、多種多様な顔料が入手できる状況から彩色画が発展する。そういったものの集合体が文化ではないか。

それでは、ことばはどうか。環境に適応する中で生じることばというのは、その環境世界に存在する物質・物体の名称などだろう。ヒトには、そこにあるものをカテゴリ化して、名前を付けずにはいられない性質があると思う。その区分けは疎密さまざまでも、「それは何？」という疑問に対して、「それは何だろう」の状態を長年放置するのは難しいのではないか。そしてさらに、文化的な行為も環境として、色々な概念を差別化する。「服」は、「上着」「下着」や「上衣」「下衣」、「帽子」「靴」「手袋」などと分類されるし、建築技術に合わせて「筋交(すじか)い」「梁」「柱」「貫(ぬき)」だの、「枘(ほぞ)」「楔」「框(かまち)」「鎹(かすがい)」「釘」に、「継手(つぎて)」「仕口」など、構法にまつわる多くの概念を区別しないと、指示も説明もできなければ大規模な施工も実現不可能である。文化が単に生活環境のみを背景に作られるのに対し、ことばは文化をも背景としている点で、もう一段階、メタ的であると言えるかもしれない。そういう意味で、ことばは文化とは別物である。

即ち、生活環境から文化が生じ、その文化環境に合わせてことばは変化するのである。

一方で、ことばは環境からすべてが発生するわけでもない。ことばには、由来の明確ではないシステムも含まれているし、言語内的な理由での変化なども起こる。ことばを具に観察することで文化の一部を窺い知ることができる場合もあるが、そう透明度が高い関係になっていることも少なければ、抽象的すぎて誤解のもとになることすらあるので、それを表裏一体の関係だと言うのは過言である。ましてや、文化からことばを予想することなどはできない。

ことばとの表裏一体関係と言えば、言語相対性原理（Principle of linguistic relativity）、あるいはサピア＝ウォーフの仮説（Sapir-Whorf hypothesis）と呼ばれる、ことばと思考との関わりについての理論がある。これは、概念の切り分けは、言語によって異なるものであり、言語コミュニティの他者に思考や経験を伝えるためには、その共有言語の切り分けたカテゴリを使用しなければならないということを述べている理窟でしかない。図１は、同じ経験を英語とシャウニー語（アルギ語族）とで表現した際の、概念的なズレを図示したものであり、銃腔を掃除する動作が、前者では *I clean it (gun) with the ramrod*「（私が銃を）槊杖(かるか) “ramrod”・を用いて “with”・洗う “clean”」、後者では

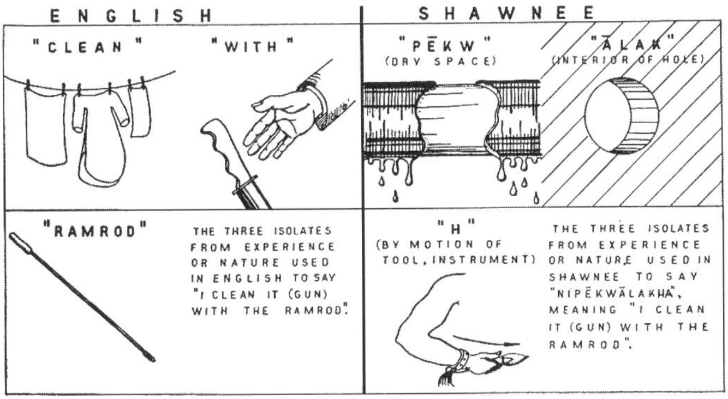

図1　英語（左）とシャウニー語（右）での「私が銃を槊杖で清拭する」
出所）Whorf（1940: 229）

nipēkwālakha「（私が銃の）穴の内部を“ālak”・道具を動かして“h”・乾かす“pēkh”」と思考しているのだということを表している。

だがこの仮説は、初期のウォーフの表現の曖昧さも相俟って、誤解をしばしば招いた。それが言語決定論と呼ばれるものである。こちらは、相対論よりも極端な論説で、ことばがヒトの思考を決定付けるという考えであり、たとえば「日本語は論理的ではないから日本語話者も論理的ではない」だの、「SVO語順の言語は思考上もすぐに事態を断定している」だの、「『3』以上の数詞を持たない言語の話者は３つ以上のものを認識できない」だのという世迷言を量産している。論理的思考が十分できないとしても、それはことばに由来するものではなく、個々人の思考能力に由来するだけに過ぎない。

なお、ことばの分布と民族の分布とが一対一だと思い込んでいる人も稀にあるが、ことばは学習も乗り換えもできるが、民族はそうではないという時点で、これも無理な話である。英語を話すのはすべて同じ民族であろうか。日本語話者と日本手話話者とは民族が違うのであろうか。

Ⅲ　ことばとヒト

ことばはヒトだけのものだろうか。

言語の発生を考察する人や、生物のコミュニケーションを研究する人、ペットや特定の生物を溺愛して肩入れしている人などは時折、さまざまな生物に関して「言語を持っている」と主張することがある。特に鳥類やイヌやネコやイルカやクジラなどが、割と頻繁に言語運用をしていると語られている。

けれども、そこにも定義の問題がある。

言語学者は基本的に、ヒトのことばだけを「言語」だと考えている。それは、ヒト以外がことばを話していても、それを「ヒト以外が用いているから」という理由で排除しているわけではなく、まずヒトの用いている言語全体から帰納的に導出されている言語の特徴があり、それを定義として用いると、ヒト以外の生物のことばを言語だとは呼べなくなる、という理由によっている。その厳格な言語の定義は、言語学が言語学という単一の共通枠組みで客観的に分析をするために必要な道具立てのひとつである。対象からして玉石混淆になってしまうと、議論は茫漠となるばかりで深化せず、学問としての一貫性が失われてしまうだろう。

では、ヒトの言語を言語たらしめる特徴とは、どういうものであろうか。言語学者のホケットが、ダーウィンの唱えた漸進説進化論の枠組みに当てはめてヒトの言語と動物の言語的手段との対照をする目的で、1960年に13個にまとめ、後からアルトマンとの共著で3つ追加したのが、16項目からなる言語の特徴――意匠特性（design-features）である（表1）。なお、①については、当時ホケットが音声言語のみを対象として考えていたため、手話言語には対応しておらず、この項目は今では、「あるいは『手の動き／接触－視覚の伝達経路（manual/tactile-visual channel）』」という但し書きが付加され、補正されているのが一般的である。別に、言語の特性はホケットらによるこれらの項目だけしかないわけでもないし、ホケットら以外にも多くの研究者があれこれと考えているものである。たとえば⑬の特性は、ホケットに先駆けて、既に言語学者のマルティネが二重分節性（double articulation）として指摘している（Martinet 1949）。

これらの特性は、すべてがヒトの言語にのみ見られ、動物のコミュニケーションに見られないというものではない。一部、後者にも確認できるものもあり、たとえば①②③などは音声によるコミュニケーション全般に共通した特性だろう。しかし、この16個をすべて兼ね備えているのはヒトの言語だ

表1　16項目の意匠特性

①	音声－聴覚の伝達経路 Vocal-auditory channel	音声で発して聴覚で受け止める特性
②	広範囲への伝達と指向的な受信 Broadcast transmission and directional reception	発話は全方向的に放たれ、受け手はその発信源の方向を認識できる
③	一時性 Transitoriness	言語表現は一瞬で消える
④	互換性 Interchangeability	誰であれ、受けることができる言語表現は発することができる
⑤	完全なフィードバック Total feedback	話者は自身の発話を認識でき、言いたいことを言いたいようにちゃんと修正できる
⑥	特化 Specialization	言語は情報伝達そのものが目的とされていて、それ以外の効果を目的としていない
⑦	意味性 Semanticity	ある語形は特定の意味と直結している
⑧	恣意性 Arbitrariness	語形と意味との結合は恣意的である
⑨	離散性 Discreteness	言語表現は法則で結び付いた小単位に分割でき、その単位は連続的ではなく範疇的に知覚されている
⑩	転移 Displacement	言語では物理的に眼前にない物事や、存在しない物事も表現できる
⑪	創造性 Productivity	無限の表現を作れるし、理解できる
⑫	伝統の伝承 Traditional transmission	言語はヒトが能力を持って生まれ、生後の社会環境でゼロから習得するものである
⑬	パターンの二重性 Duality of patterning	伝達情報は意味のある別々の単位から作られ、各意味単位は意味のない別々の単位から作られている
⑭	虚偽 Prevarication	嘘を吐いたり騙したりすることができ、無意味な文も作れる
⑮	再帰性 Reflexiveness	言語で言語のことを語れる
⑯	学習性 Learnability	言語は教育・学習ができる

出所）Hockett (1960)、Hockett and Altmann (1968)

けである。そして、ここに示したような特性を、さまざまにある数千ものヒトの言語はいずれも満たしている。動物のコミュニケーションとヒトの言語との違いについては次章で詳しく述べているし、個別の項目に関しても、⑧については「コード化・恣意性・文法」、⑬は「言語シグナルの分析」、⑯は「言語習得」の各章で詳しく述べているので、そちらも参照されたい。

ヒトの言語はヒトの言語として、動物のコミュニケーション手段とは画然と切り離されるし、言語学が研究対象とするのは、その、ヒトの言語に限定されているのである。つまり、動物は言語学で言うところの言語を持たない、ということになる。したがって、定義を盾に取るのであれば、「動物が『ことば』を持っている」と言われたら、言語学者であってもその存在を強く否定できないのではないだろうか。

ヒトの言語と動物のコミュニケーションとが生物進化の観点で、同列で連続的なツールであると考えるか、完全に異質なものであると考えるかは、どちらの主義主張にも十分な数の支持者がある。

Ⅳ　言語と言語以外のもの

言語が上に述べたようなものを指すとなれば、「言語と名の付くものであっても、言語ではないものがある」ということに気が付くだろう。

たとえば、ボディーランゲージ（body language 身振り言語）。ジェスチャーで何らかのメッセージを相手に伝えようとするコミュニケーション手段のことを、人類学者のホールが「沈黙の言語」と名付けたところから、これを「言語」と呼ぶ習慣が根付いてしまっている（Hall 1959）。しかし、十分に体系立っていないこの手段は意匠特性を満たさず、たとえば同じジェスチャーに必ずしも同じ意味を持たせられない（特性⑦の欠如）、図像性が強い（⑧の欠如）、離散的単位に分割できない（⑨の欠如）などの点で、言語とは大きく異なっている。

手話言語とボディーランゲージとの、一般社会における混同が、業界では深刻な問題のひとつとしてある。

手話は意匠特性（ただし①は補正後のもの）の要件を満たす、十全な言語である。音声言語よりも恣意性の低い単語が多いという側面もあるが、それは程度差であって、本質的な違いではない。関係者が常々「ボディーランゲージと手話とは別物である」と訴え続けているのは、言語か言語ではないかという大きな断絶を越境した、酷い誤解だからでもある。

このように、音声言語と手話言語とは等しい言語性を持ち合わせている。ヒトの社会において自然発生的に使われるようになったそれらの言語のことを、自然言語という。誰かが意図して言語の構造を作っているわけではなく、使用者同士の間で自然形成される合意が、緩やかに変動する言語構造という有機的な知識体系を編み上げ、保っているのである。そのように、言語は社会的、文化的背景を持って立ち起こる現象でもあるため、自然科学の手法で取り扱う対象にもなる。

自然言語という概念を立てるならば、不自然な言語も存在するのかということになるかと思う。答えは、イエスである。自然発生したのではない言語ということは、即ち、人工的に作られた言語――人工言語だ。

いわゆる「人工言語」には、自然言語と同じようにコミュニケーションを主たる目的として作られたものと、プログラミング言語など、機械の制御に使うことを目的として作られたもの（コンピュータ言語）とがある。けれども後者は、言語の意匠特性を満たさないので、その名に反して言語だとは言いがたい。一方で前者は、ちゃんと設計さえされていれば、言語にカウントすることも可能だろう。狭義の人工言語は、前者のみを指す。

人工言語はさらに、実用を目指して計画されるものと、創作作品の中で使用させるために作られるもの（架空言語などとも呼ぶ）、暗号としての用法を目的に作られるもの、実験用に作成されるものなどがある。不自然な言語を製作すること自体が目的の、芸術言語なんていうのもある。実用を目指した人工言語には、「誰の第一言語でもない、万人に平等な共通語（国際補助言語）」といった理想を掲げるものが多い。その中で最も成功を収めているのが眼科医ザメンホフが創案したエスペラントであり、既に第一言語として習得した話者もいるのだが、その時点で「誰の第一言語でもない」という条件が失われてしまって、自己矛盾的になっているとも言えないだろうか。なお、エスペラントはゼロから作られたわけではなく、実際には実在のヨーロッパの諸言語から語彙を含む多くの要素を集めて作られている（つまりア・ポステリオリ言語である）ため、そういう意味でも平等性は担保されてはいなかった。逆に、ゼロから語彙を構築した人工言語を、ア・プリオリ言語と呼んだりもする。

国際手話という人工言語もある。ただしこちらは、しっかりと文法構造を持った一人前の言語というわけではなく、欧米の手話をベースに定められた標準的な語彙体系だと言える。自然発生したピジンと比較したら高度であるが、国際手話はそういう意味で人工ピジンのようなものであり、したがって、これを十全な手話言語と同等であるかのように呼ぶ「国際手話」という名称自体にも抵抗を覚える人もいる。

手話言語にはないが、音声言語には文字を持つものもある。すると、意匠特徴の③「一時性」は否定されるのではないかと思われる人もあるかも知れない。

だが、それは文字に親しみ過ぎている者の発想であり、正しくない。世界の言語の半分以上は、話者間で広く共有されている日常的な書き文字を持っていないし、文字のない音声言語はあるが、音声実体のない文字だけの自然言語などというものは存在しない。死語となった古典語などは、今でこそ文字しか残されていないが、それが書かれた当時かその前時代には、音声言語として用いられていた言語である。文字は、言語をより便利にするための副次ツールであり、言語ではないのである。

V　ことばと役割

ところで今更だが、ことばは何のために存在し、使用されるのだろうか。

何を措いても第一の役割は、メッセージの伝達だと言えるだろう。この点に関しては、そう異論も出ないのではないか。この本も主に日本語ということばを使い、文字化して記されていて、読者は日本語能力を駆使して読み解くことで、書き手の伝えようとしたメッセージを受け取る形になっている。

では、ことばの機能はメッセージの伝達しかないのだろうか。それを深く追求した言語学者の１人にヤーコブソンがいる。

ヤーコブソンは、ことばによるコミュニケーションには６つの不可欠な要因があり、それぞれに応じた機能があるのだと考えた（図２）。実効的な発話

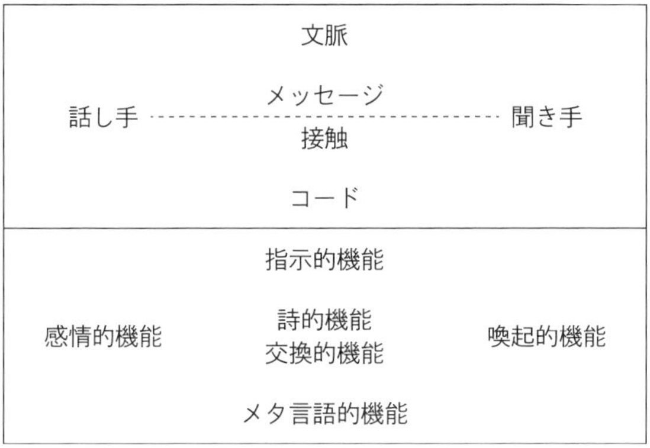

図2　ことばの6つの要因（上）と、6つの機能（下）
出所）Jakobson（1960: 353, 357）を筆者訳

行為においては、【話し手（addresser）】が【メッセージ（message）】を【聞き手（addressee）】に送り、そのメッセージには聞き手に把握可能な【文脈（context）】と、話し手と聞き手との双方に（少なくとも部分的には）共有されている【コード（code）】と、双方間の物理的伝達経路や心理的接続といった【接触（contact）】とが必要である。

【文脈】が決定付ける機能は、内外の環境世界の事物すべてを認識し、指し示す、〈指示的（referential）機能〉である。「『何』を、『何』から概念的に切り分け、名付けているか」という文脈に基づいた知識は、ことばの理解の上で欠かせない。

次に、【メッセージ】、即ち発せられることば自体の形が決定付けるのが、その形において特別さを示す〈詩的（poetic）機能〉だ。これは特に、芸術や宣伝において重要な機能であり、語彙や文体の選択はそれそのものに含意や効果が生じて来る。

【話し手】と関連して、〈感情的（emotive）機能〉がある。この機能は、発話者が感情をことばに上乗せすることができるというものであり、間投詞の使用や、感情に合わせた声色の変化などによって示されることになる。発話の行為内で、喜怒哀楽は話し手だけが放て、聞き手が聞くことだけによって感情を表現することはできない。

では【聞き手】側と直接関わる機能はと言うと、〈喚起的（conative）機能〉

である。これはことばによって聞き手の行動をコントロールする働きであり、特に呼び掛けや命令などによって付与される。さらに語用論的に、窓際の人に「西日が鮮やかだね」と言うことでブラインドを閉めさせたり、話の長い人に「良い腕時計をお持ちですね」と言うことで早く話を終わらせようとしたりするのも、これに当たる。

【接触】に応じて生じるのが〈交感的（phatic）機能〉であり、これがことばによる交流を調整している。たとえば、挨拶や天気の話で会話のきっかけを作り、適宜挟む相槌などで会話を円滑に進め、そして別れのことばなどで会話を終了する。この機能が働いているからこそ、互いの感情の歩調が合うこととなる。

最後の〈メタ言語的（metalingual）機能〉は【コード】と関連している。自分たちが果たして同じコードを共有しているのかを確認したり、言い換えを求めたりすることができるのも、この機能があるためだ。「メタ」とは「高次の」という意味であり、つまりメタ言語というのは、言語自体について言及する言語のことである。たった今述べた「メタ言語というのは、言語自体について言及する言語のことである」という文は単に、日本語で言う「メタ言語」という語彙コードについての情報を伝達するものであり、メタ言語的機能を存分に果たしている。表１の⑮にあったように、この機能はヒトの言語に特有のものである。

発話行為のみではなく、ことばには個人の内部での役割もあると古くから考えられている。つまり、脳内で思考をするためのことばである。たとえば、話し手も聞き手も、外的なことばを発する前や受けた後に、各人の内面でそのことばを、言語能力を駆使して組み立てたり理解（解体）したりしている。あるいは考え事なども、誰に語って聞かせるわけではなくとも、脳内で物事を整理する際に、意識しているか否かは別として、ことばを用いているだろう。それを口から出したら、それは独り言になる。口からことばとして発している情報とは全く別の情報を、同時並行的に脳内で組み立てるのが難しいのは、この外部のことばと内部のことばとが、認知的に同じ処理資源を共用しているからだと考えられる。

参考文献

Hall, Edward T. (1959) *The silent language*. New York: Doubleday & Company.

Hockett, Charles F. (1960) The origin of speech. *Scientific American* 203(3): 88-97.

Hockett, Charles F. and Stuart A. Altmann (1968) A note on design features. In: Thomas A. Sebeok (ed.) *Animal communication: Techniques of study and results of research*, 61-72. Bloomington: Indiana University Press.

Jakobson, Roman (1960) Closing statement: Linguistics and poetics. In: Thomas A. Sebeok (ed.) *Style in language*, 350-377. Cambridge, MA: MIT Press.

Martinet, André (1949) La double articulation linguistique. *Travaux du Cercle Linguistique de Copenhague*, 5: 30-37.

Whorf, Benjamin Lee (1940) Science and linguistics. *MIT Technology Review* 42: 229-231, 247-248.

ことばと文字

八杉佳穂

文字は目に見えないことばを形にする。それにより、時空を超えてことばを伝えることが可能になった。

文字はエジプト、オリエント、中国、中米でしか発明されなかったが、現在はアルファベット、インド系文字、アラビア文字、漢字とその派生文字でほぼ世界が覆われている。

文字は表語文字と表音文字に分けられる。表音文字はさらに仮名のような音節文字と単音文字に分けられる。単音文字は、母音と子音を持つアルファベットと、もともと母音を伴った文字が母音なしで用いられることがあるアブギダと、アラビア文字のような子音文字アブジャドに分けられる。

書字の方向は、左から右（63%）、右から左（19%）、上から下（11%）がほとんどを占めるが、牛耕式や下から上に読んだり、2行を対に左右、左右と読んだりする文字もある。

書字の材料は石、金属、粘土、竹、パピルス、羊皮紙、貝葉（ヤシの葉）、紙などで、現在は電子化された文字利用が著しい。

文字と言語は密接な関係にあるが、歴史的に文字を変えていった例（楔形文字から「パフラビー文字」（パフラヴィー文字）さらにペルシア文字にかえたペルシア語やアラビア文字からラテン文字にかえたトルコ語など）や、同じ言語なのに宗教や文化圏の違いにより文字が異なる例（ヒンドゥスターニー語やセルボ・クロアチア語など）がある。

文字が表わす言語を知らなければ、たとえ読めても意味がわからないのがふつうである。しかし漢字であると、読めないけれども意味が分かったり、書けないけれども読めたりする場合がある。携帯電話やパソコンの入力にはアルファベットや仮名を用い、出力は漢字仮名交じりの文に変換しているように、読むことと書くことは違うということを理解する必要がある。

文字は宗教とも関係が深い。アラビア文字はイスラム教、ラテン文字はキリスト教の結びつきが強いが、同じスラブ民族の場合でも、ギリシア正教徒はキリル文字、ローマカトリック教徒はラテン文字を用いている。またお札の文字に代表されるように、文字には呪力があると信じられてきた。さらに書道があるように、文字は芸術とも関係が深い。

文字は、物の絵→抽象的な概念を表わす絵→語を示す記号→音節文字→アルファベットに進化してきたといわれるが、文字による表現から絵による表現に変わった例もあり、文字はすべて表音文字に進化するのではない。文字の本質は、意味ある単位をどのように表わすかであり、表語なのである。

ことばとことば以外

ヒトの言語と動物のコミュニケーションの違い

藤田耕司

I　はじめに

生き物が暮らす上で、他者との情報交換や情報共有を行うコミュニケーションは大きな役割を果たす。この地球上に暮らす多種多様な生き物たちはさまざまに優れたコミュニケーション能力を進化させており、ヒトのコミュニケーション能力もその一例であるから、原則的にはヒト対他の動物という単純な二分法によってしまうと、見落とされることも多い。また、各種内だけでなく、ヒトとイヌ・ネコのような異種間コミュニケーションも多数見られる。たとえば、ネコは人間に対してだけニャーと鳴くらしい。本章ではこれらをふまえた上で、特にヒトの言語に注目して他種のコミュニケーションとの違いを考える。

II　コミュニケーションと言語

コミュニケーションと言語は別物である。言語は認知能力の１つであり、コミュニケーションは言語によるかどうかに関係なく社会的行動の1つである。

コミュニケーションと違い、言語はヒトだけが持つ能力であって、ヒトの特質を理解する上で重要である。ヒト以外の動物にも言語があると主張する人はコミュニケーションと言語を混同しているのである。ヒトにとって言語はコミュニケーションの唯一の手段ではなく、またコミュニケーションは言語の唯一の機能でもない。私たちの日常生活においては、ジェスチャーや顔の表情などによる非言語的なコミュニケーションのほうが言語コミュニケーションよりも大きなウェイトを占めている。また言語は思考のツールとしても大きな役割を果たす。人間は言語を使ってまず思考を行い、それを言語や他の手段で互いにやりとりしている。したがってコミュニケーションより思考のほうが言語の基本的な機能だと考えられる（などと考えること自体も言語があればこそである）。

思考にも言語によるもの・よらないものがあるが、ヒトが得意とする複雑で抽象的な思考は言語があって初めて可能になる。「もし明日大雨が降ったらサッカーの試合は中止になるだろうから、代わりに映画を観に行って帰りには牛丼を食べよう」と言語なしで考えることは不可能だろう。ヒトの知的営みのほぼすべてが言語に依拠しているのである。動物のコミュニケーションも驚くほど複雑であるが、彼らがそれによって複雑な思考も行っているという証拠は今のところない。その意味で動物の場合はコミュニケーションであって言語ではないとされる。

Ⅲ　人間言語と動物コミュニケーションの比較

ヒトの言語と動物のコミュニケーションを比較して言語の独自性がどこにあるかを考えようとする試みは古くからあるが、よく知られているのは言語学者のホケット（Charles F. Hockett）による提案である。ホケットは言語の設計特性として13の特徴を挙げ、それらが他の動物のコミュニケーションにも見られるかを調べた（Hockett 1960）。たとえば音声・聴覚を媒介にすることがあるかどうかについては、言語はYESだがミツバチの８の字ダンスはNO、しかしトリのさえずりはYESといった具合である。結論としては、ヒトの言語が示す特徴のひとつひとつは、いずれかの動物のコミュニケーションに見られるものの、そのすべてを兼ね備えているのはヒトの言語だけだということであった。

この結論は言語の起源・進化を考える上でも大きなヒントを与えてくれる。ヒトの言語は、単一の機能ではなく、複数の機能が組み合わさることで成り立っている（図1）。音声、意味、文法などであるが、それらの機能はもともとはさまざまな種において独自に進化したものであって、結果的にそれらが連結したことで現在みられるヒトの言語が出現したのである。言語はこの意味においてだけ人間固有の能力なのであり、言語を構成するひとつひとつの機能だけをとりあげると、それ単独で人間固有というものはない。かつては言語が動物のコミュニケーションに比べてあまりに複雑精緻であるために、言語はヒト（ホモ・サピエンス）だけに突然現れた能力であるといった見方をすることもあったが、このように考えれば、言語を他種の能力との進化的連続性の中で捉え直すことができるようになる。

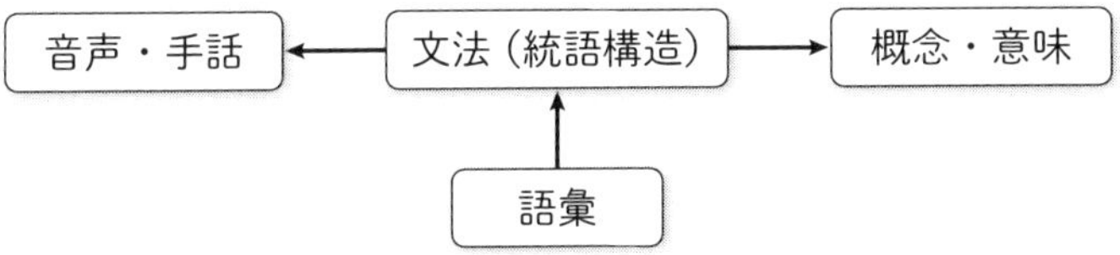

図1　人間言語の基本的仕組み

言語は外に向かって発せられる「音声情報」や「視覚情報」といったシグナルと頭の中の「概念・意味」という、本来は無関係な二物を統語構造を介して繋ぐシステムである。またその構造は、脳内辞書である「語彙」に貯蔵された語彙項目（大雑把には語）を文法が組み合わせてできる。

ただし、これはもちろん、ヒトと他種に共通してみられる能力について、それらがまったく同一であるという意味ではない。種間で程度の差は当然あるし、常にヒトの能力のほうが優れているわけでもない。嗅覚によるコミュニケーションは多くの動物で広く見られ、ヒトも時に嗅覚を利用するが、ヒトの嗅覚は彼らに比べれば非常に劣っている。コウモリの反響定位（エコロケーション）も通常はヒトは使わないが、訓練を受けた視覚障碍者は巧みにこれを行うことが知られている。また上述のように言語はコミュニケーションとだけ関係しているわけではない。言語と他種の能力を比較する場合、他種のコミュニケーション能力だけに注目するのではなく、非コミュニケーション能力も含め彼らの認知的・行動的特性のすべてを比較の対象とすべきである。そうすることで、たとえばヒトにはあるがチンパンジーにはないと思われていた機能が、実はチンパンジーにもあるといったことが判明するかもしれない。

Ⅳ　超越性

ホケットが挙げた言語の特徴のうち特に注目されるのは超越性 (displacement) と呼ばれるもので、これは、時間的・空間的に離れた出来事を伝えることができるという特徴を指す。人間は「今ここ」に限定されることなく、時間的には過去や未来の出来事、物理的には遠く離れた場所での出来事、さらに現実ではない仮想上の世界の出来事についても自由に考え、言語で伝えることができる。動物のコミュニケーションは基本的に今目の前に存在する刺激に対する反応であって、たとえば実際に天敵が接近しているという状況で仲間に危険を知らせ、退避行動を促す「警戒コール」はサルやトリによく見られる。一方で、もし今敵が襲ってきたらどこそこに逃げようとか、昨日の獲物は美味しかったとかいったことを伝えたりはしない。多くの動物は今この瞬間に生きているのである。その点、ミツバチのコミュニケーションは超越性を示す点で注目される。

ミツバチは、いわゆる「ダンス」で巣の仲間に自分が見つけた花粉の場所を知らせるが、その場所は巣から遠く離れており目の前にあるわけではない。彼らは花粉が巣からどの方角にあり、どの程度離れているのか、花粉の量はどれくらいかまで伝えることが知られている (図 2)。あの小さな頭のどこにそんな知恵がつまっているのかと驚いてしまうが、これも進化がもたらした能力である。ヒトの言語もいかに複雑精巧に見えてもやはり生物進化・人類進化の結果であり、その点では動物界において特別なものではない。それぞれの生き物が進化の過程で生存と繁殖のために優れた能力を獲得してきており、ヒトではそれがたまたま言語であったというだけである。

一方、時間的超越性に関しては動物のコミュニケーションにそのはっきりした証拠が見つかったという報告はないようだ。これは動物のコミュニケーションが基本的に他者に対する指示・命令・要求などであって、純粋に命題を表す叙述ではないこととも関係しているだろう。それはヒトの場合も多くの場合に同じであり、「明日テストがあります」と先生が生徒に言えば「だからしっかり準備してきなさい」などの語用論的含意が伴うのが普通であ

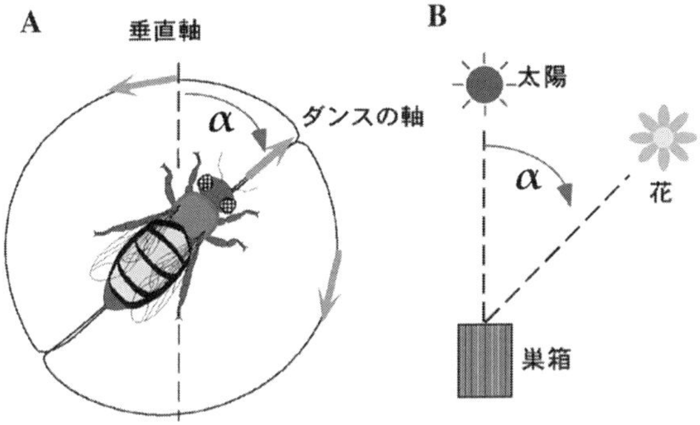

図2　ミツバチのダンス

フォン・フリッシュ（Karl von Frisch）の研究で明らかになったミツバチのコミュニケーションの仕組み。A図のような尻振りダンス（8の字ダンス）を行うとき、ハチの直進方向と重力の方向がなす角度は、B図における太陽・巣・花粉を繋いでできる角度に一致する。またダンスの時間は巣から花粉までの距離を表し（1秒＝約500 m）、尻振りの激しさは見つけた花粉の量に比例する。空間的超越性を示し、ある情報を別の情報に置き換えて表すという記号性を持つ点で、ミツバチのコミュニケーションはヒトの言語に最も近いとも言われる。

出所）金子・久保（2014: 588）から改変

る。命題内容だけを客観的に伝えることは、言語を持つヒトだから可能なのかもかもしれない。

しかしこれは、動物たちが過去や未来をまったく認識しないという意味ではなく、彼らも、過去の経験に基づいて未来の行動を計画する「心的時間旅行（mental time travel）」（Corballis 2019）を行う。たとえばカラスの仲間のカケスには「エピソード記憶」があるとされる（Clayton and Dickinson 1998）。カケスは餌を貯蔵する習性を持つが、一定時間の経過後その餌を食べに戻るか戻らないかを、蓄えた餌が腐りやすいかどうかに応じて判断しているという。これは自分がいつどこにどんな餌を隠したかを記憶していなければできない。より最近では、タコの道具使用が報告されている（Finn et al. 2009）。タコは自らの身を守るためココナッツの殻や貝殻を携えて移動するが、それは今すぐ使うためではなく将来に備えてのことである。タコは見かけによらず（失礼！）驚くほど知性的な生き物であるが、この場合、未来に生じるかもしれない危険に対して予防策をとっているのである。程度の差は当然あるが、過去や未来について考えるのはヒトだけではない。ただしそのことを他者に伝えるには言語が必要で、それはヒトだけにできることなのかもしれない。

V 回帰性

近年の種間比較において人間言語だけの特質であることが強調されるものの１つに回帰（または再帰）(recursion) がある (Hauser et al. 2002)。一般に回帰とはある操作の出力が繰り返し同じ操作の入力になることで、その性質を回帰性 (recursiveness) と呼ぶ。人間言語ではさまざまな埋め込み構造があるが、これらは言語の回帰性を示す例である。次の (1a) は 従属節、(1b) は関係節、(1c) は名詞句の例であるが、いずれも同様の埋め込みパターンを無限に繰り返すことが原理的には可能である。したがって人間言語には一番長い文とか名詞句とかいうものは存在しない。

(1) a. [[次郎が学生だと] 花子が信じていると] 太郎が思っている。
b. [[太郎が食べたラーメンを] 作った花子を] 褒めた次郎
c. [[[太郎の] 友人の] 父親の] 妹

こういった回帰性が人間言語の普遍的な特徴であるのか (A)、言語だけの特徴なのか (B)、他の動物には見られない特徴なのか (C)、を巡っては検討が続けられており、はっきりした結論は出ていないようである。

(A) については、回帰を持たない言語としてピダハン語 (Pirahã) の例がよく挙げられる。Everett (2005) によると、この言語には (1) のような埋め込み構造がないという。しかし注意すべきなのは単文にも回帰性はあるという点である（下記）。回帰という仕組みは普遍的であるが、それを用いてどのような表現を実際に使うのかは言語間で違いがある。「大阪がキタが飲み屋が高い店が多いらしい」のような多重ガ格構文も回帰的であるが、これは日本語にはあっても英語にはない。だからと言って英語に回帰がないとはならないのと同様、ピダハン語に従属節がないとしても（これ自体にも異論がある）回帰がないと結論づけるのは早計であろう。

(B) については、一見して回帰的に見えるヒトの認知機能が言語以外にも多数見られる。それは音楽、自然数、心の理論（Theory of Mind; Premack and Woodruff 1978）などであり、たとえば心の理論は他者の信念や思考を読み取る能力であり他種でも限定的にみられるが、ヒトで特に発達している。「僕が空腹であるということを君は知っているということを僕は知っているということを君は……」のようなことであるが、この例からも分かるように心の理論は言語の埋め込み構造と密接に関係している。両者が進化的・発達的にどういう関係にあるのかは大きな研究テーマであるが、他種にもある萌芽的な心の理論がヒトでは言語の助けを借りて大きく発達したというのが妥当な見方であろう。

（C）については、ホシムクドリが音響上の回帰構造を認識できるという報告が一時話題となった（Gentner et al. 2006）。しかしこれには、実験の設計上の問題や、回帰構造とされる信号を非回帰的にも処理できるといった問題があり、あまり信憑性がなかった。今のところヒト以外の動物に回帰はないという見方が支持を集めているが、対象をさらに拡げればそうではないことが判明する可能性もある。冒頭で述べたように、ヒトの言語はコミュニケーションだけのために使われるのではない。するとコミュニケーションに限らず動物のあらゆる認知能力を調べて比較することが重要になる。たとえば歩行や走行運動はそれまでに移動した経路にさらに同じ運動を足すことの繰り返しであるから、回帰的行動と見ることもできる。特に注目されるのが物体の回帰的組み合わせを伴う道具使用である。かつてはヒトだけの行動とも考えられた道具の使用は、実は哺乳類、鳥類から上述のタコ、さらに昆虫まで多くの動物もこれを行うことが判明している。言語の回帰性は既に言語と無関係なところで他種にも進化していた回帰的能力がルーツとなって、結果的にヒトの言語にも取り込まれたのではないだろうか。

VI　線形文法から階層文法へ

動物に人間言語を覚えさせようとする研究は古くから多数あり、たとえば1,000語以上覚えたイヌのチェイサー（Chaser）や色・形・数の違いを正確に表したヨウムのアレックス（Alex）の話は、一般にもよく知られているだろう。動物たちにしてみれば、彼らなりの優れたコミュニケーション方法があるのに、その上ヒトの言葉まで覚えさせられることは余計なお世話であろうが、ヒトの言語の起源や進化を考える上では、他の動物たちにどの程度の言語「的」能力があるのかを調べることは重要である。特にヒトの言語の際立つ特徴として指摘されるのは、語に加えて、語同士を組み合わせて文を作るための文法（統語）操作の存在である。動物たちも個々の信号を組み合わせて新しい信号を作ることがあり、その点では動物のコミュニケーションにも文法があるといえるだろう。しかし決定的に違っているのは、動物ではそれらの信号を一列に（線形的に）並べ、語順にしたがって意味を表したり理解するのに対し、人間言語では階層構造を用いているという点である。たとえば「太郎がラーメンを食べた」という文は［太郎が ラーメンを 食べた］のような平板な構造ではなく［太郎が［ラーメンを 食べた］］という階層的な構造をなしている。これはまず［ラーメンを食べた］というまとまりを文法の組み合わせ操作（生成文法理論では「併合」(merge) と呼ばれる）で作り、そこにさらに［太郎が］を回帰的に併合してできる構造である。このことから、単文においても回帰性が既に存在することが分かる。

階層的な文法によって作られた構造を音声などに変換して発話した段階では、人間言語も線形的な信号となる。しかし意味が語順だけでは決まらず階層構造に依存することは、語順が同一でも複数の意味がある曖昧な表現を考えればすぐに分かる。

(2) a. 太郎は昨日花子が泣いたと言った。
　　b. 太郎は昨日［花子が泣いたと］言った。
　　c. 太郎は［昨日花子が泣いたと］言った。

(3) a. 黒いイヌの尻尾
　　b. ［黒い［イヌの 尻尾］］
　　c. ［［黒い イヌの］尻尾］

(2a) は、副詞の「昨日」が (2b) のように主節の要素なのか（太郎が言ったのが昨日)、(2c) のように従属節の要素なのか (花子が泣いたのが昨日) で意味が曖昧である。(3a) は、(3b) の構造を持つのか (尻尾が黒い) (3c) の構造を持つのか (イヌが黒い) で意味が曖昧である。コミュニケーションの観点から考えると、このような構造的曖昧性は発信者の意図する意味が受信者に正しく伝わらない可能性を高めるため、むしろ非効率的だといえる。そのように考えると、階層的な文法が進化したのは、コミュニケーションに好都合だったというより、より複雑な思考を可能にした点で適応的だったからであろう。またこのことは、階層的な文法構造を持たない動物のコミュニケーションの形式が、複雑な思考には使われていなさそうだということとも関係するだろう。

動物たちにも語順に基づく線形文法がある、もしくは学習可能であるということは多くの研究によって示されている。海洋生物学者のハーマン (Louis Herman) はイルカの認知能力の研究で知られるが、ジェスチャーで「ボール^浮き輪^運ぶ」と合図したときにはイルカは浮き輪をボールに運び、「浮き輪^ボール^運ぶ」のときは逆にボールを浮き輪に運んだという (Herman 2010)。「A を B に運ぶ」と「B を A に運ぶ」の意味の違いを語順に基づいて理解することが、イルカにもできるのだ。ただしヒトの言語では、「A を B に運ぶ」「B に A を運ぶ」と語順を変えても意味は変わらない場合もある。この日本語の例の場合は格助詞「を」「に」の働きによるが、語順だけでは意味が決まらない点がイルカのコミュニケーションの場合とは大きく異なる。

近年大きく注目されているのが動物言語学者の鈴木俊貴らによるシジュウカラのコミュニケーションの研究である (Suzuki et al. 2017 ほか多数)。シジュウカラは「警戒しろ」を意味するコール ABC と「集まれ」を意味するコール D を組み合わせて「警戒しながら集まれ」という合成的なコール ABC+D を作る。しかしこの語順を人工的に逆転させ D + ABC という信号を聞かせても意味を成さないようで何の反応も起きない。これはシジュウカラのコミュニケーションの形態が厳しく語順に制限され、一種の線形文法を持つことを示唆する。人間言語なら「集まれ + 警戒しろ」でもちゃんと意味を成すだろう。またこの例はシジュウカラが 2 つの要素を組み合わせるだけの萌芽的な併合 (原型併合) を使っているという可能性も示している。

私たちの遠い祖先は、現在みられる形でのヒトの言語が出現する前、より原始的な言語（原型言語）を使っていたと推定されるが、その原型言語には原型併合と線形文法が備わっていたかもしれない。シジュウカラのコミュニケーションはそのことを教えてくれているのではないだろうか。

Ⅶ　むすび

本章では、ヒトの言語と動物のコミュニケーションを比較し、ヒトの言語はコミュニケーションのためだけではなく思考のツールとしても重要な役割を果たすこと、またそれが回帰性・階層文法・併合といった特質と繋がっていることを述べた。しかし私たちはまだ動物のコミュニケーションのすべてを知っているわけではなく、今後の研究の進展によりこれらの特質が人間言語だけのものではないことが判明するかもしれない（と期待するのはヒトだけなのだろうが）。

なお動物たちの素晴らしいコミュニケーション能力や認知能力についてより詳しく知りたい方には、『言葉を使う動物たち』（エヴァ・メイヤー著 安部恵子訳 柏書房 2020）、『数をかぞえるクマ サーフィンするヤギ』（ベリンダ・レシオ著 中尾ゆかり訳 NHK 出版 2017）や『動物の言葉 驚異のコミュニケーション・パワー』（日経ナショナル・ジオグラフィック社 2020）などをお薦めしたい。

参考文献

Clayton, Nicola S. and Anthony Dickinson (1998) Episodic-like memory during cache recovery by scrub jays. *Nature* 395: 272-274.

Corballis, Michael C. (2019) Language, memory, and mental time travel: An evolutionary perspective. *Frontiers in Human Neuroscience* 13: 217.

Everett, Daniel L. (2005) Cultural constraints on grammar and cognition in Pirahã. *Current Anthropology* 464: 621-646.

Finn, Julian K., Tom Tregenza and Mark D. Norman (2009) Defensive tool use in a coconut-carrying octopus. *Current Biology* 19(23): R1069-R1070.

Gentner, Timothy Q., Kimberly M. Fenn, Daniel Margoliash and Howard C. Nusbaum (2006) Recursive syntactic pattern learning by songbirds. *Nature* 440: 1204-1207.

Hauser, Marc D., Noam Chomsky and W. Tecumseh Fitch (2002) The faculty of language: What is it, who has it, and how did it evolve? *Science* 298: 1569-1578.

Herman, Louis M. (2010) What laboratory research has told us about dolphin cognition. *International Journal of Comparative Psychology* 23: 310-330.

Hockett, Charles F. (1960) The origin of speech. *Scientific American* 203(3): 88-96.

金子九美・久保健雄 (2014)「ミツバチの「尻振りダンス」の分子・神経的基盤の解析」『生化学』86(5): 588-594.

Premack, David and Guy Woodruff (1978) Does the chimpanzee have a theory of mind? *Behavioral and Brain Sciences* 4(4): 515-629.

Suzuki, Toshitaka N., David Wheatcroft and Michael Griesser (2017) Wild birds use an ordering rule to decode novel call sequences. *Current Biology* 27: 2331-2336.

von Frisch, Karl (1962) Dialects in the language of bees. *Scientific American* 207(2): 78-89.

ことばの原理

言語シグナルの分析

（言語の二重分節と音声学・音韻論）

青井隼人・ロバート ジョンソン[1]・菊澤律子

人間の言語は、認知能力の範囲内で効率よく、かつ、無限の意味情報を伝えることができるようになっている。その土台には、境界がはっきりしない無限のシグナルの連続体を、人間の認知能力内におさまる有限数の「音素」として切り分けて認識し、その有限の要素を組み合わせる規則を持つことによって無限の意味を産出し伝える、という仕組みがある。ここでは、二重分節と呼ばれるその仕組みの概要からはじめて、人間のコミュニケーションの土台を構成する「音」や「音素」に関わる「音声学」、「音韻論」、「音素配列論」について、音声言語および手話言語の例を挙げつつ、解説する。

I 二重分節

二重分節（double articulation）とは、言語に用いられる「記号（形）」は「意味を持った最小の単位」に分けることができ、そこからさらに「意味を持たない最小の単位」に分けることができるという性質のことである。「意味を持った最小の単位」（形態素）のレベルを第1次分節、「意味を持たない最小の単位」（音素）のレベルを第2次分節と呼ぶ。アンドレ・マルティネ（André Martinet（1908～1999））により提唱された概念である。

第1次分節：形態素（意味を持った最小の言語単位）

ことばを話すとき、わたしたちは1つの語だけを提示して済ますことはあまりしない。たとえば、「こいぬ」と単に1つの語を言うのではなく、「子犬の絵を描いたの」のように、ふつうは複数の語を組み立てて表現する。

発話が複数の語を組み立てて作られるように、1つの語もより小さな単位の組み合わせでできあがっている。たとえば先ほどの「子犬」は、「子」と「犬」の2つの要素に分けることができる。「子」と「犬」はそれぞれに意味がある要素であり、それらの意味が組み合わさって「子犬」の意味となる。「子」や「犬」のように、語をつくるための要素は「形態素（マルティネの用語では「記号素」）」と呼ばれる。

また「食べられる」という語は「食べ」「られ」「る」の3つの要素に分けることができる。「食べられる」が「食べ」と「られる」で分けられることは、「食べさせる」「食べます」「食べない」のような別の語形と比べることによってわかる。つまり、これらの4つの語形からは「食べ」という共通の形態素を拾い出すことができる。同様に、「食べられた」「食べられない」「食べられそう」などとの比較から、「られる」はさらに「られ」と「る」に分けられることがわかる。

「られ」「る」などの形態素は、「子」や「犬」と違い、それぞれを取り出して単独で発話に使うことがない。そのためそれぞれの形態素の意味を掴みにくいかもしれない。しかし「られ」には〈可能〉、「る」には〈非過去〉といった意味が備わっている。したがって、「食べられる」という語も、やはり「食べ」「られ」「る」の3つの形態素が組み合わさってできあがっているといえる。

手話言語の場合にも、同様に、語をさらに小さい意味をもつ形態素に分けることができる。たとえば、図1の「パーティー」や「経済」では、いずれも、手型（「猪口」(a)もしくは「金」(b)）、両手の動き（「行き交う」）が形態素となっている。

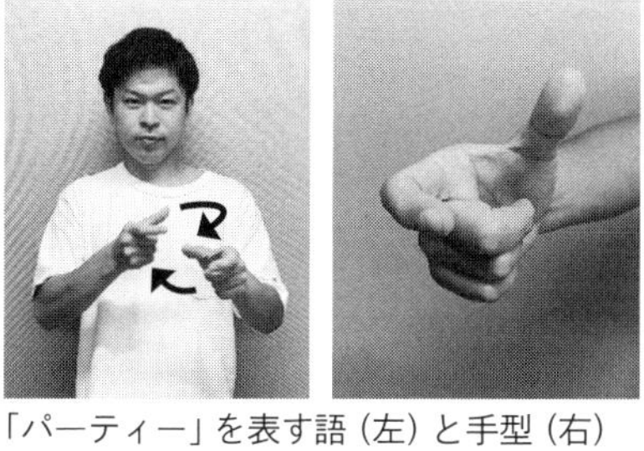

「パーティー」を表す語（左）と手型（右）

図1(a)

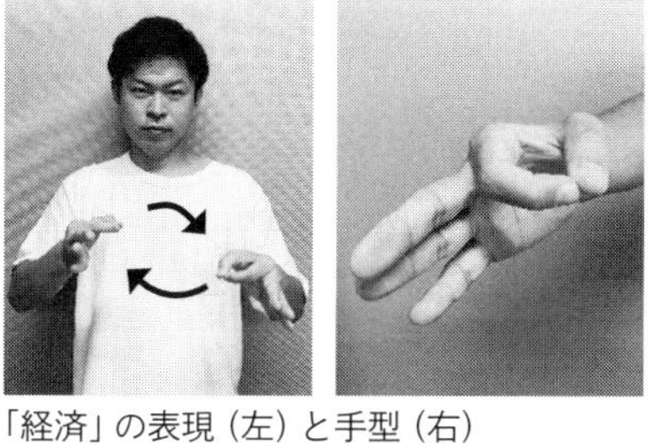

「経済」の表現（左）と手型（右）

図1(b)

第2次分節：音素（意味を持たない最小の言語単位）

形態素は、語よりも小さい単位だが、語と同様に意味を持っている。「意味を持った最小の言語単位」が形態素なのである。

形態素は、意味をもつことを条件にしなければ、さらに小さい単位に分けることができる。たとえば「犬」は「い」と「ぬ」という2つの音節に分けることができる。このとき、「犬」を構成する「い」と「ぬ」のそれぞれにはもはや意味が備わっていない。言い換えれば、「い」と「ぬ」の意味が組み合わさって「犬」の意味がつくられていると考えることはできない。

「犬」を構成する2つの音節のうち「ぬ」は、さらにより小さい単位に分けられる。それが「意味を持たない最小の言語単位」の音素である。「犬」の場合、/i/ /n/ /u/ の3つの音素に分けることができる。音素とは、その言語の意味の区別に関わる分節音（子音と母音）のことである。たとえば、/i/ /n/ /u/ の3つの音素のうち、最後の母音が /e/ に変わると「稲」という別の語になる。また真ん中の子音が /s/ に変わると「椅子」となり、やはり別の語になってしまう。

手話言語の場合には、指の曲げ伸ばしの組み合わせや接触・非接触の組み合わせ（図2(a)）、手の位置（図2(b)）などの他、手のひらの向き、動きなどが弁別的な要素となっており、その具体的な出現形が音素に相当すると考えられている。

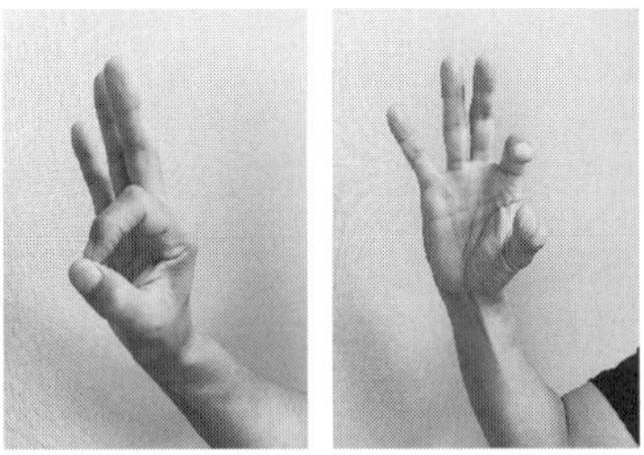

「お金」（左）と「トイレ」（右）

図2(a)

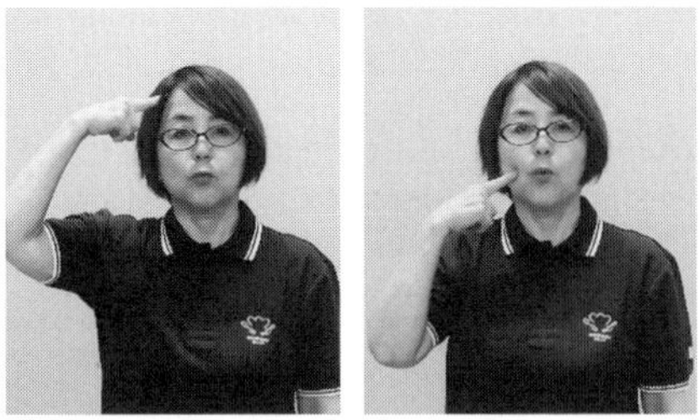

「思う」（左）と「うそ」（右）

図2(b)

手話言語の二重分節

上記で日本手話の形態素と音素について示したように、手話言語も二重分節性をもつ。音声言語は、話者によって口などの発話器官から音声が発信され、聞き手によって聴覚的に処理される言葉である。一方、手話言語では、手や顔、体を使って発話し、受け手は、視覚的にこれを処理する。世界には数多くの音声言語があるように、手話言語もまた多様である。

ただし、言語に関する研究は、長く、音声言語を対象としてきたため、このような言語の要素や構造に関する専門用語や分野名には、「音声学（Phonetics）」「音韻論（Phonology）」「音素配列論（Phonotactics）」など、「音（声）（phone）」という語が含まれている。手話は、腕や手、顔などといった、目に見える一連の形や動作からなっており、「音」を使用するわけではないため、これらの名称は一見、不適切であるようにみえるかもしれない。けれども、音韻論を、さきに述べたように「シグナルの生成と構成のパターンの研究」ととらえれば、この分野は、音声言語にも手話言語にも当てはまる。手話言語のシグナルが、基本的な物理的単位からなっており（音声学）、特定の配列で構成され（音素配列論）、語彙には、言語的もしくは社会的文脈により入れ替わる形を含むことがある（音交替）。このように、これまで音声言語で使われてきた概念がそのまま当てはまることから、専門分野名は、手話言語の分析にもこのような用語をそのまま使うことが多い。逆に言えば、ほかでもなく「手話言語が音声言語と同様の構造を持つ」ということでもあり、本章でもこれらの用語を踏襲する。

自然言語の特質としての二重分節

「言語記号は2つのレベルで分節することができる」と聞いても、あまりにも当たり前すぎて、それの何が特別なのかすぐには気がつかないかもしれない。しかし二重分節は人間の自然言語を特徴付ける重要な性質のひとつである。動物のコミュニケーションにおいて、人間言語と同等の二重分節性が確認されている例はない。

たとえばシジュウカラは、複数の鳴き声のパターンを使い分けてコミュニケーションをはかる。さらにそれらのパターンを組み合わせて、より複雑なメッセージを伝達することもできる。その仕組みは、さながら「語」を組み合わせて表現をつくるかのようである。しかし鳴き声のパターンをさらに切り分けて、新しいパターンをつくる構成要素としているかといえば、それは定かではない。言い換えれば、シジュウカラのコミュニケーションに第２次分節は認め難い。

それでは二重分節は人間の言語にとってどのような意味があるのだろうか。実は、膨大な数の記号を、限られた要素でつくることを可能にしているのが二重分節なのである。どのような言語にも、何千・何万といった数の形態素が存在しているが、それを構成している要素（音素）の数は有限である（どんなに多くても170程度）。これはすなわち新しい意味ごとにまったく新しい専用の形を用意しているわけではないということである。いわば、有限の音素を使いまわして新しい形態素がつくられている。たとえば「犬」と「ウニ」を比較してみよう。この２つはまったく異なる生き物を指し示している別の語（形態素）である。ところがそれぞれの語を構成している音素に注目してみると、いずれも /i/ /n/ /u/ の３つで構成されており、違うのはその並び順であることがわかる。つまり音素を組み替えることで、新たな形態素がつくられているのである。このことは、手話言語の場合でも同様である。

Ⅱ 音声学

音声学は、人間の言語で使われるシグナルについて、探究する学問領域であり、音声言語の場合には聴覚で認識されるシグナルが、手話言語の場合には視覚シグナルが対象となる。音声言語の場合には、音声器官によって生み出される音声を観察・分析の対象とする（ただし咳などのような、コミュニケーションを目的としない音は対象に含まれない）。手話言語の場合には、構音器官が両方の手と腕、顔、上体など複数あり同時に動くので、音声言語よりもかなり複雑になる。このことにより、手話言語の音声学を専門とする研究は少ない。音声学は、発話から聴取までのプロセスのどこに注目するかによって、調音音声学・音響音声学・聴覚音声学の３分野に大きく分けられる。以下、それぞれについて説明する。

調音音声学

調音音声学とは、構音器官によって、シグナルが生み出される過程に注目する分野である。言語の伝達に使われるのが音声シグナルの場合でも視覚シグナルの場合でも、その産出過程が主な観察対象となる。

音声言語の場合には、音声が身体の内部で生成される。その過程は、大きく以下の3つの段階に分けられる。

①始動：気道内に空気の流れ（気流）を発生させる

②発声：口の中の空間（共鳴腔）を響かせるための音源を声帯によって調整する

③調音：上あごや舌などを動かして、音声を加工する。

調音の観察・記述のために広く用いられている表記体系に国際音声字母（International Phonetic Alphabet；IPA）がある。IPAでは、子音の調音を、有声性（声帯の振動を伴うかどうか）、調音位置（声道のどこで気流を妨害するか）、調音様式（どのような方法で気流を妨害するか）の3つの観点で分類している。また、母音の調音を、円唇性（唇を丸めるか、すぼめるか）、舌の位置（上あごにもっとも近づく舌の部位はどこか）、開口度（どれくらい口を大きく開くか）の3つの観点で分類している。図3には、音声の産出に関わる器官（音声器官）と各部位の名称を示した。

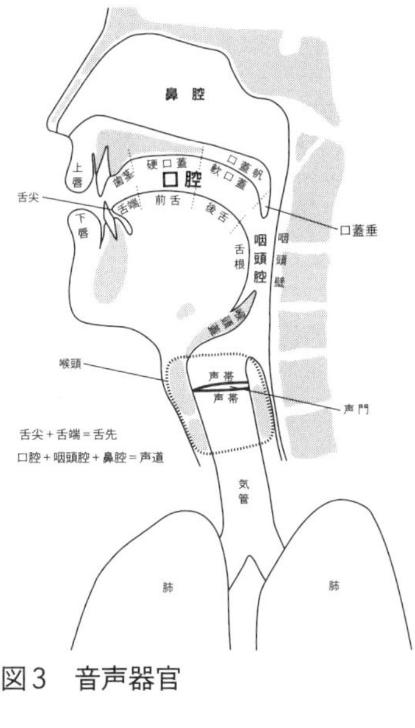

図3　音声器官

手話言語の場合には、「手話」という名称から手の形だけが伝達に用いられると誤解されることが多いが、実際には、上半身で産出される複数の視覚情報が伝達に用いられる。具体的な構音器官と言語シグナルの産出方法としては、手指と腕の形と動き、口の動きを含む顔面で示される特定のパターン、上体の動きがある。このうち、手指表現以外の構成素をまとめて非手指表現、もしくはNM（non-manual）と呼ぶこともある。

手話言語の場合には、構音器官が両方の手と腕、顔、上体など複数あり同時に動くので、その観察は、音声言語よりもかなり複雑になる。また、音声シグナルの産出と異なり、視覚シグナルは、その産出の経緯がすべて目に見える。このことは、言語学的な観察をより容易にする面と困難にする面の両方をもっている。手話言語の音声学を専門とする研究者は少なく、個別の手話言語の記述をスムーズに進める妨げにもなっているのが現状である。

音響音声学

言語音の物理的特性（周波数・音圧・時間長など）に注目するのが音響音声学である。言語音も含め、音は振動として空気中を伝播する。この空気中を伝わる振動を波として記録することで、静的なものとして観察することが可能になる（図4）。

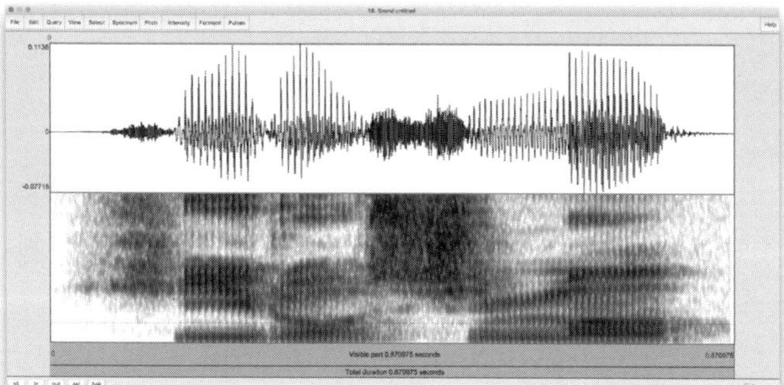

図4　音響分析ソフトウェアPraat（Boersma, Paul and David Weenink）による音声の可視化

音響音声学的な分析をおこなうことによって、目に見える形で音声を観察することができる。したがって、音響音声学的な資料は、調音音声学的あるいは聴覚音声学的な記述の妥当性を裏付けるための補助的な資料としてもしばしば参照される。たとえば、周波数は高さと、音圧は強さと、そして時間長は長さとそれぞれ相関する。

このような音響音声学的な分析に相当する手話言語研究は、現在のところ、工学系の応用のためのものが中心となっている。たとえば、正面および左右と上部に設置したカメラで撮影した映像データ、モーションキャプチャーによる三次元動作データ、Kinectセンサーによる深度データなどをとる方法がある。これらは、手話表現の自動読み取りやアバターを使った表現の合成などに用いられている（長嶋他 2020, 長嶋 2020, 2022）。また、近年では、動画の自動解析の技術が進み、VisionPoseのような、顔の動きや骨格を動画から自動生成することができるツールも開発されている（図5）。今後、手話言語の調音音声学的な研究が進めば、それに伴い、このようなツールを活用した音響音声学的研究も言語研究において活用できるようになると思われる。

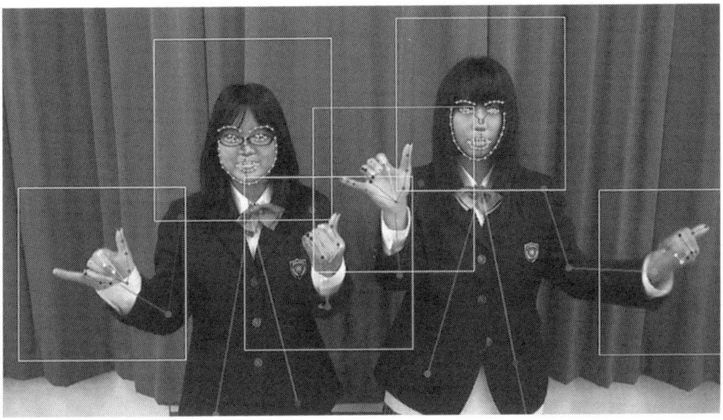

図5　VisionPoseによる動画分析例（山岡2018）

聴覚音声学／視覚音声学？

言語音が聴取され、また認識される過程に注目するのが聴覚音声学である。これは、知覚音声学とも呼ばれる。聴覚音声学は、調音音声学・音響音声学に比べて、研究があまり進んでいない。それは言語音の認識に関わるプロセス（言語音に対する心理学的・神経学的な反応）を観測・計測することが困難だからである。聴覚音声学では、被験者にさまざまな音声を聴かせて、それがどのように聴こえたかという解釈を分析することで、言語音の知覚のメカニズムを探る。

手話言語の場合には、被験者にさまざまな視覚情報を見せて、どのように解釈できるか、という方法が、音声言語における音響音声学的な実験にあたる。こちらも現時点でそのような研究は多くは行われておらず、今後の発展に俟つ分野となっている。

Ⅲ 音韻論と音素配列

音韻論とは、言語の音声システムを探究する研究分野である。主な研究対象として、分節音と超分節音（韻律）がある。

分節音韻論

人間の音声器官はさまざまな音声を生み出すことができる。実際、言語音を記述する際に広く用いられる国際音声字母（IPA）では、子音に79種（うち肺臓気流音59種、非肺臓気流音20種）、母音に28種、さらにその他の記号として10種の記号が用意されている。ところがこれらすべての分節音を区別するような言語は存在しない。私たちは人間に産出可能な言語音の一部だけを有意味な要素として利用している。たとえば英語では歯の摩擦音［θ］と歯茎の摩擦音［s］とを区別するが、現代共通日本語にはそのような区別はない。その言語で意味の区別に関わる分節音を音素という。いくつの音素があり、それらがどのように対立し合っているかは、言語によって異なっており、ひとつひとつの言語にどのような音素があるのかを明らかにすることが、音韻論的な分析の第一歩である。手話言語においても、意味の区別に関わる音素があり、音素がどのように対立し合っているかは、言語によって異なる。たとえば、アメリカ手話では、薬指だけを立てた手の構えは使われないが、少し前の日本手話にはこの手型があった。音声言語では言語によって響きが違って聞こえるように、手話言語の場合には見え方が違っている。

どのような言語も、人間に産出可能な言語音のすべてを区別できるわけではないため、音声学的な観点から言えば異なる複数の分節音がその言語では同じ音素として扱われるというようなことが起こる。「赤 /aka/」と「秋 /aki/」を繰り返し交互に発音してみよう。すると、/k/ を調音するときに上あごに接する舌の位置が異なっていることに気がつく。つまり「赤」の

/k/ に比べて、「秋」の /k/ は舌の位置がやや前進している。この2つの /k/ のあいだにみられる（調音音声学的には明瞭な）差を現代共通日本語では区別しない。また、日本手話の場合には、指を伸ばすか曲げるか、という対立があり、たとえば、図6(a)(b)のように一本の指を伸ばせば、数字の「1」、曲げれば「10」となる。この場合、認識されるのは、指が伸びているか曲がっているか、であり、角度をどれくらい曲げるか、ではない。したがって、図6の(c)も、「10」と解釈される。/k/ の実際の調音における舌の位置が前後すること同様、この実際の視覚情報で認識できる形態間には明瞭な差があるが、日本手話ではその差は音素として区別されず、すべて曲がっているものとして認識され、「10」という意味に解釈される。

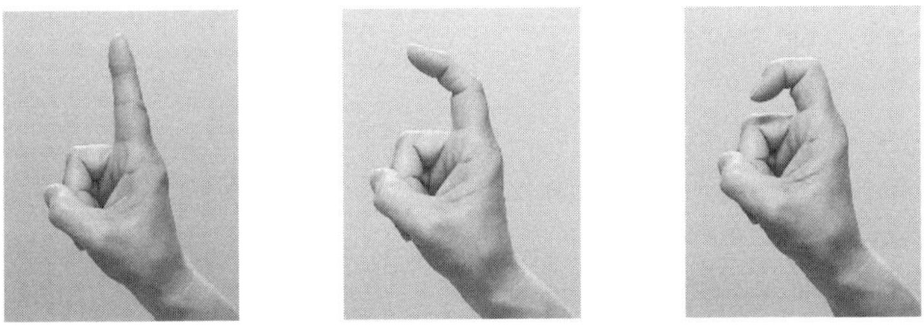

図6(a)　日本手話の「1」　(b)　日本手話の「10」　(c)　日本手話の「10」

このように、ひとつひとつの音素がどのような条件のときにどのような物理的な形で実現するかという問題も音韻論が寄せる関心のひとつである。

つぎに、どんな音素をいくつ持つかだけでなく、それらの音素をどのように並べるかについての決まりを音素配列論というが、こちらも言語によって異なっている。たとえば、しりとり遊びには「最後に『ん』がつく語を言うと負け」というルールが存在するが、これは、現代共通日本語に「ん」から始まる語が存在しないからこそ成立する。つまり現代共通日本語には、音の並べ方について、「直後に母音のない子音 /n/ は語中や語末では「餡子 /anko/」「本 /hon/」など「ん」が出現できるが語の最初には来られない」という決まりがある。一方で、世界の言語には、ンデベレ語のように、語頭に「ん」がくるものも珍しくなく、そのような言語ではこのルールは成立しない。また、ドイツ語の単語は /pf/ という音で始まることがあるが、英語にもともとある（借用語ではない）語がこのような組み合わせで始まることはないし、日本語にもない。また、英語の場合には、3つの子音連続で始まる単語の場合、1つ目は必ず /s/、2つ目は /p/、/t/ または /k/、そして3つ目は /r/ または /l/ と決まっている。このパターンは英語特有のものである。他の音声言語には、語頭に3つの子音が現れることができる場合でも、英語のような制約がない言語もあれば、語頭に複数の子音が現れることができないものもある。

手話言語の場合には、たとえば、手指の形を構成する要素の配列パターンが、言語によって異なっていることが知られている。たとえばアメリカ手話では、ある表現が3つの手型からなる場合、1つ目と最後の手型が必ず同じになる。

このように、手話言語でも言語により音素配列の傾向が異なるが、これに加え、音声言語にはない特徴がある。音声言語の場合には、音声はかならず連続する1本のシグナルとして生成される。したがって、音声言語の音素配列を考えるときには、上でみたように、基本的には前にくるか、後ろにくるか、という区別になる。これに対して、手話言語の場合には、複数の器官による同時調音がおこる。たとえば、手指表現のみをとっても、左と右という2つの互いに独立した調音器官があるという点であり、さらに手指表現以外の器官も加わって、複数の器官が同時に動いていることになる。このことが、音声言語とは調音上大きく異なっている点であり、また、構成素の配列分析が難しい所以でもある。

手話言語には、片手だけを使う手話表現もたくさんあるが、両手を使うものも同じ数ほどある。視覚刺激の受容という観点でみると、ヒトが別々に動く2つの物体を同時に情報処理することは難しい。また、それぞれの手で異なる動作を同時に行うのは、簡単ではない。このような、ヒトにとってやや不自然な動作ができるようになるためには、練習と集中力が必要だ。手話言語の両手を使う表現では、音素配列的な規則がみられるが、このような身体的な複雑さを回避するということがその理由の1つにあげられる。たとえばアメリカ手話の場合には、両方の手が制約なしに動く場合、それらは同じ動きであるか、もしくは左右対称の動作をすることが知られている。さらにこの傾向が進んだものが、両手がともに動く場合には、手型が同じであるという規則である。逆に言えばこのことは、2つの手が異なる手型である場合には、片方の手は動かさないということでもある。

これは、音声言語でも手話言語でも、言語の産出には、筋肉の動きによる運動を伴うので、知覚および運動能力への適応が必要であること、かつ、その適応方法は言語によって違っていることを反映している。

なお、本章では詳しく触れないが、手指以外の調音器官でも、言語によりその使い方や配列が異なっている。その例として、日本手話では、他の手話言語と比べてうなずきの使用が多く、多様であることがあげられる。

超分節音韻論

複数の分節音にまたがって現れる音声的な特徴（高さや大きさ）を超分節的特徴と呼び、そのような特徴を研究対象とする分野を超分節音韻論という。超分節的特徴のうち、とくに言語的に見て有意味な区別に関わるものは韻律的特徴とも呼ばれる（逆にそうでない特徴はパラ言語的特徴と呼ばれる）。

韻律的特徴に含まれるものとしてピッチ（高さ）がある。現代共通日本語ではピッチの違いが語の区別に関与する。たとえば「あめ」は、「あ /a/」と「め /me/」の相対的なピッチの違いによって2つの意味が区別される。すなわち「あ /a/」を高く言えば「雨」の意味に、反対に「め /me/」を高く言えば「飴」の意味になる。一方、英語ではストレス（大きさ）の違いが語の区別に関わっている。たとえば desert [dézəɻt]「砂漠」と dessert [dizə́ɻt]「デザート」は、どこにストレスを置くかによって意味が区別されている。

すべてが音で構成され、音の特徴で表現される音声言語に対し、手話言語の超分節音韻論は、視覚で認識される要素で表現される。傾向としては、手指表現以外の顔の表現の一部や上体の動きなどは超分節的で、複数の手指表現（とそれに伴う口の形）にまたがって使われ、意味が加えられることが多い。

Ⅳ　手話言語の音韻分析の歴史

言語学に馴染みがない人たちには、「手話」は、「本物の言語」とは異なる単純な意思伝達のための仕組み、もしくは音声言語の「くずれた」表現方法という見方をされがちである。日本社会では、近年になって、手話が言語であるという認識が広まりつつある。これは、手話には内部構造や文法があることが見えづらいことが大きな理由のひとつだと考えられる。ここでは手話言語の研究史の概要を示すが、それにより、手話言語における音・音素・音素配列の特徴、とくに音声言語との類似性と相違点をみることができる。

言語研究においては、1950 年代から 60 年代にかけて、米国で、手話に関心がもたれるようになった。ギャローデット大学（Gallaudet University）の英語学の教授であったウィリアム・ストーキー（William Stokoe）は、聞こえない学生が使用していた手話には、単に英語を視覚化する以上の特徴があるらしいということに気づき、アメリカ手話の研究を始めた。そして、手話の表現（語）は単なるジェスチャーの羅列ではなく、一貫性のある、音声言語の語同様の構造があること、そして手話にも「意味をもった最小の単位」（形態素）と「意味をもたない最小の単位」（音素）という、第 1 次分節と第 2 次分節が存在するということを示したのである。これをきっかけに、手話言語が音声言語と同様の構造を持つ「言語」なのだという認識が広まり、手話言語学の研究が進んだことはよく知られている。現在の言語学では、音声言語も手話言語も、使うシグナルが異なるだけで、言語としての構造は共通していることが広く認識されている。

ストーキーが示したのは、語の内部構造を論理的に一貫した形で記述するためのもので、次に挙げる側面（aspects）と呼ばれる 3 つの構成素からなっていた。これらは、現在の言語学では素性（features）と呼ばれている。

- 位置（ストーキーの tabula「基板」）：話者の身体上もしくは前方の手話空間内の位置。額、胸、腕などを含む 12 があるとされた。
- 手型（ストーキーの designator「指示子」）：5 本の指の弁別的な組み合わせ。19 種類があるとされた。
- 動き（ストーキーの signation「表示」）：表現時に手が動く方法と方向。23 種類あるとされた。

ストーキーはさらに、これらそれぞれの素性について、数多くの構造的特徴を記述し、ひとつひとつを書き記すための記号を考案した。これは、現在、ストーキー法と呼ばれている。またストーキーは、上記の３つの要素が同時に産出されること、またそれが、有声無声の別、調音様式、調音位置という複数の要素が組み合わさって産出される音声言語における「音」に対応することから、手話の語は一連の流れではなく、同時に起こる複数の側面の組み合わせによるのだと主張した。もしストーキーの説が正しければ、実際には、音声言語と手話言語の語は、かなり異なる構造をもつものだということになってしまう。ここでは、図７と図８を例に、ストーキーの主張を説明する。いずれの図においても、縦例に各音素に付随する弁別素性を示している。

まず、図７には、英語の pat「軽くたたく」という意味の語を示してある。この語は、時間軸に沿って産出される /p/、/æ/、/t/ という３つの音素からなり、そのひとつひとつが弁別的特徴をもっている。そして図の横軸で示されるように、これらの３つの音の連なりがひとかたまりとなって、語の意味が表現されている。図８では、アメリカ手話の FOR「～のために」のストーキーによる弁別素性を示してある。ストーキーは、手話の語は、図８で縦線

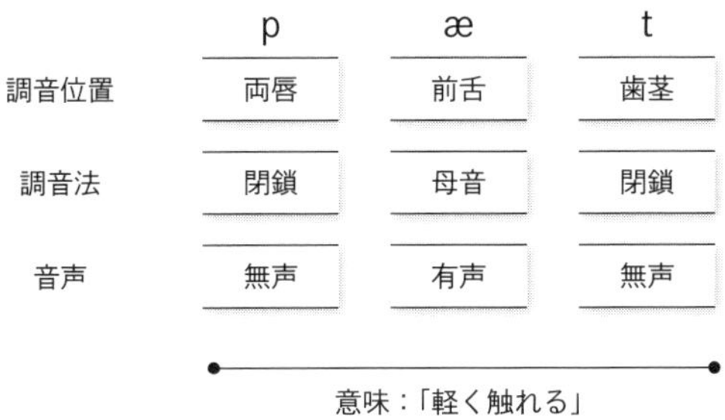

図７　英語の音素の３つの観点での描写の例

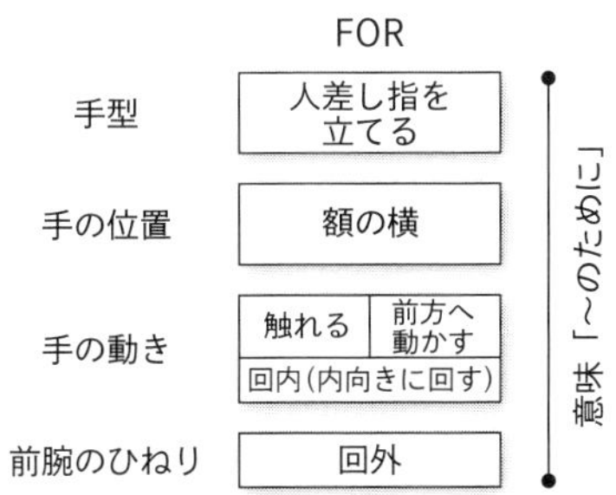

図８　アメリカ手話のFORの音素の構成

で示したように、ある特定の時間に同時に表出された特徴のかたまりにより意味が表現されると考えた。このような見方をすると、音声言語と手話言語の語の構造は、まったく違っているようにみえてしまう。

実際には、手話言語の場合には、表現が生成される間に起こる一連の動きが目に見え、手がある場所から別の場所に動く、あるいは、ある手型で始まりほかの手型で終わる。またはある方向を指すことに始まり、他の方を指すことで終わる。しかし、ストーキーの分析方法に従うと、1つの語に1つの手型、位置、動きしか紐づけることができない。そのため、手型の変化がある場合には「開く」「閉じる」、位置の変化がある場合には方向、「(自分から)離れて」「左」「回内」「下方へ」を記す記号等により記述されていた。

これを受けて1980年代初期に、スコット・リデル (Scott Liddell) が、手の形状と位置の「変化」も、手話表現においては弁別的であることを示した。リデルは手話の語を一連の動きのまとまりと考え、それぞれの表現において手が最初の位置にある時点の素性の組み合わせと終点の位置にある時点の素性の組み合わせ、およびその間の変化という3要素で記述することを提案した。各位置における手型は、音声言語の音素同様、弁別素性を持っている。

ストーキーとリデルの記述法の違いをアメリカ手話のWOMAN「女性」とMAN「男性」(図9) で示す。これらの語では、開いた手の顎もしくは額から下に動き胸の前の位置でとまる。まずストーキーの記述法｛起点の手の位置と手型、動き｝では、WOMANは｛顎、開いた手型、下向き｝、MANは｛額、開いた手型、下向き｝となり、図9でいうと、どちらも左側の写真

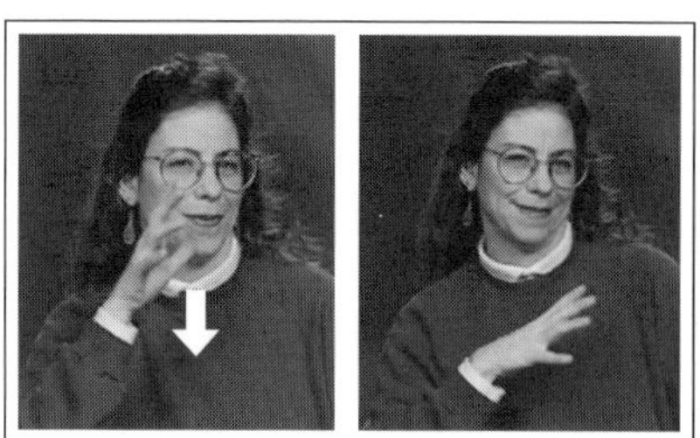
アメリカ手話のWOMAN「女」

図9 (a)

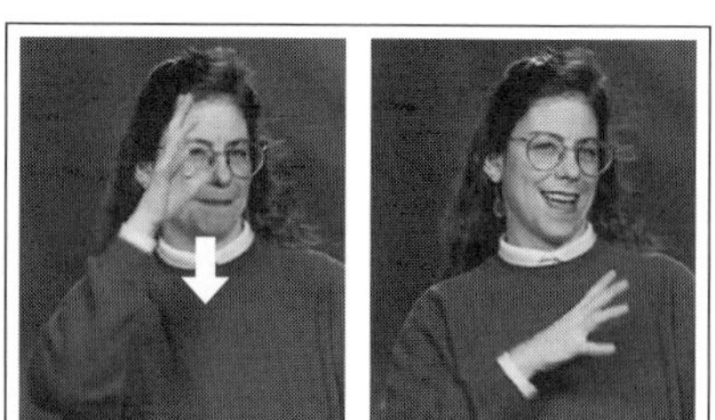
アメリカ手話のMAN「男」

図9 (b)

出所）図版は、Patrie and Johnson 2011より引用

の情報のみが記述され、どちらも胸の位置まで手が下りる（MANの手の動きの方がWOMANの動きより大きい）という情報が入っていない。一方、リデルの記述の場合には、最初と最後の時点における素性の束を描写し、その間の変化はいずれも同じであるとする。この方法の場合、どこまで動かすかを特定する必要はなく、手は2つの位置の間を移動するだけだとみなされるが、図9の右側の写真の情報も記述される。

その後長年にわたって、リデルとロバート・ジョンソン（Robert Johnson）は、手話表出の各時点での手の位置と手型、そして、その移行を記録する、すなわち手話の連続的な変化を記述するための体系を考案した。その土台となったのは、手話の表出においては、手が一瞬だけある位置で止まるものと、停止をせず次の位置に動き、次の表現に直接移行するものがあるという発見である。さらに、ふたつの位置間の移行には、速い動きとゆっくりして持続的な動きという2種類があることもわかった。手型と位置関係の推移を記録することで、音声言語と同様、手話表現においても、意味が、ひとつひとつの静止した要素の組み合わせではなく、一連の流れに結び付いていることが明らかになったのである。このような連続性の解析により、さらに、手話の語彙における重要なパターンが見えるようになり、音素の組み合わせのパターンが、個別の言語により異なっていることを明示することができるようになった。

V　おわりに

本章では、文および談話を構成する一番小さな単位、音素とそれを取り巻く研究分野について概説した。とくに、手話言語においても、音声言語同様、音素が積み重なって語や文ができることを、その研究史も含めて紹介した。

物理的につながったシグナルの連続体を有限の単位に切り分け、そこから無限の組み合わせを生み出すためにもっている人間のツール、それが、言語である。次の章では、人間の言語が音や音素を組み合わせて、どんな風に語や文を作り出しているのか、見ていくことにする。

注

1 ロバート・ジョンソンの原文は英語で、和訳は白川憩が担当した。

参考文献

長嶋祐二 (2020)「手話の工学的研究と 3 次元動作データベース構築」人工知能学会第 88 回言語・音声理解と対話処理研究会資料・東海大学, 2020 年 3 月 1 日.

長嶋祐二 (2022)「工学院大学 多用途型日本手話言語データベース (KoSign)」国立情報学研究所情報学研究データリポジトリ. https://doi.org/10.32130/rdata.5.1

長嶋祐二・酒向慎司・渡辺桂子・原大介・堀内靖雄・市川熹 (2020)「日本手話の多用途・3 次元高精度データベースの開発」『電子情報通信学会技術報告』118(440): 71-75.

Patrie, Carol J. and Robert E. Johnson (2011) *Fingerspelled word recognition: A rapid serial visual processing approach*. San Diego, CA: DawnSign Press.

山岡大地 (2018)「OpenPose とは｜ディープラーニングで人のポーズを解析」https://ledge.ai/openpose/ [2023 年 2 月アクセス].

チンパンジーのコミュニケーション

林 美里（中部学院大学・日本モンキーセンター）

チンパンジーは、ヒトのような話し言葉をもたない。ヒトのように母音や子音、音の高低などの発声を細かく調整することが難しいようだ。だが、チンパンジー同士では、音声や表情、身振り（ジェスチャー）を用いてコミュニケーションを行っている。グドールの『野生チンパンジーの世界』では、計32種類の音声が識別されていて、それぞれの発声との結びつきが推測される感情や気分などとの対応関係も示唆されている。ヒトの微細な表情分類をチンパンジーに適応したChimpFACSなどの手法も開発されている。さらに、チンパンジーなどの大型類人猿を対象とした身振りコミュニケーションについても、研究が進展してきた。複数の身振りや音声を組み合わせて、伝達の精度を上げているという指摘もされている。

チンパンジーの音声には、パントフートと呼ばれる長距離コミュニケーションがあり、発声の仕方に地域的な差があるという「方言」の存在や、発声している個体を識別できるという事実も知られている。また、野生チンパンジーではパントフートとともに板根を叩くドラミング行動も見られる。板根が発達した巨木の数は限られるので、パントフートをしている個体が誰で、どこにいるのかという情報を伝える機能があると考えられている。離れて行動していた個体同士が再会したときには、主に低順位の個体が高順位の個体に向けて、パントグラントと呼ばれるあいさつの発声をする。他にも、たくさんの果物をつけた木や、おいしい果物を見つけたときなどに、チンパンジーはフードグラントと呼ばれる音声を出す。先に果物を発見した個体は、静かに食べれば独占できるのにもかかわらず、わざわざ近くの仲間に食べ物の存在を知らせるような発声をするのだ。

身振りや表情によるコミュニケーションは、音声とは違って比較的近くにいる相手に対しておこなわれる。飼育下のチンパンジーの場合では、手の届かないものを相手に要求するなどの文脈で、ヒトの指差しにあたる「手差し」をする。しかも、相手が自分を見ていないときには、発声をして自分に注意を向けさせてから、要求の「手差し」をすることが多いようだ。ヒトと違ってチンパンジーは視線の向きをコミュニケーションの文脈で使うことは少ないが、身振りや表情をじっくり観察していると、チンパンジーの内面について多くのことが分かるような気がする。表情などが読みにくいゴリラやオランウータンと違って、チンパンジーは行動を通して多くの情報を他者に発信する種なのかもしれない。また、ヒトの場合は、さらに積極的・意図的に他者と情報を共有する方向に進化し、話し言葉・書き言葉を洗練させていったのかもしれない。

ことばの原理

コード化・恣意性・文法

桐生和幸

「言語は記号の体系だ」と言われることがある。記号はそれによって何かを表しているのだが、「言語」も「記号」としてなにがしかの意味を表すが、記号とその表す意味の関係はどのように決まっているのだろうか。また、記号を並べることで、何らかのメッセージを込めることもできるが、その点で言語はメッセージを伝達する機能を主とする記号といえる。ただ、単なる記号と異なり、記号としての言語は、言語記号の並べ方にもルールがある。言語学では、そのような言語記号の組み合わせや配列についての規則体系を文法と呼ぶ。ただ、言語学では「文法」といっても、語や文など記号の組み合わせのレベルを区別するし、また、形式的な観点から、あるいは、機能の観点から見るのかで文法というものの様相もだいぶ違ってくる。本章では、記号としての言語の特徴と文法とは何かについて概観する。

I 記号の体系としてのことば

ヒトは、言語音をその言語体系に基づいて意味のある単位に分節する能力がある。ソシュール (1972) はそのような人間の言語能力をランガージュと呼んだ。そしてその能力に基づいた各言語の体系をラングと呼び、そのラングにもとづいてことばを使用する言語活動をパロールと呼んだ。

ソシュールによれば、ラングは概念を表す記号の体系である。記号は、記号表現と記号内容からなり、ソシュールはそれぞれシニフィアン (記号)、シニフィエ (意味) と呼んだ。たとえば、「木」という概念は、日本語であれば /ki/ という聴覚的なイメージ (つまり、音素列) で表される。図1のようにこの概念と聴覚的なイメージが合わさって一つの記号を形成していると考えた。つまり、木を表す言語記号は、/ki/ というシニフィアンと「木」というシニフィエとが表裏一体でその2つからなっている。

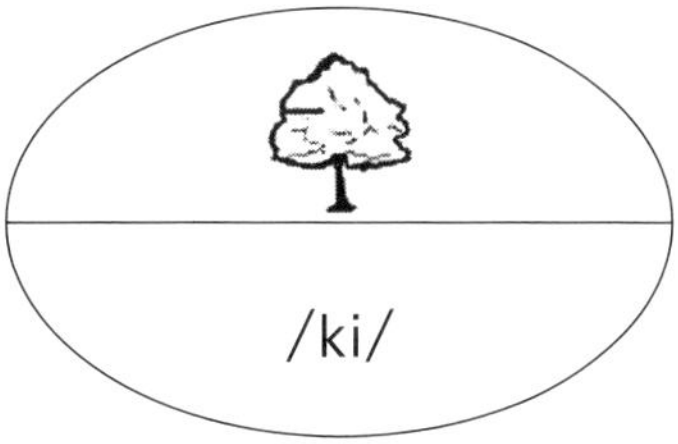

図1　「木」という記号

言語記号を作る記号表現（音素列）と記号内容（意味）の関係に内在的な必然性はない。「木」というものを日本語では /ki/、英語では /tri:/（tree）というように、全く異なる音声で表されることからわかるように、「木」というものを /ki/ という記号表現で表す必然性はない。このような記号表現と記号内容の結びつきに見られる特徴を「恣意性」と呼ぶ。（記号論では記号のうち恣意的に記号表現と記号内容が結びついているものを象徴記号と呼ぶ。）

ただし、記号表現と記号内容の関係が恣意的であるとはいえ、特定の記号表現と記号内容を時と場合によってその対応関係を勝手に変えることはできない。「木」を指すのにある時は /ki/ と言ってみたり、ある時は /me/ と言ってみたりすることはしない。記号表現と記号内容の結びつきは、内在的には恣意的であるが、個々の記号表現がどのような記号内容を持つかは、その言語記号を使う社会集団によって慣習的に決まっている。このような言語集団ごとの決まりの体系がラングである。

恣意性は、言語を含む記号の持つ1つの特徴ではあるが、記号的な作用を持つものの中には、記号表現と記号内容が完全に恣意的であるものばかりではない。たとえば、という記号は、実際の象の姿の特徴を捉え似せている点で記号表現と記号内容の結びつきは完全に恣意的なものではない。このような記号内容の特徴に近かったり類似したりする特徴を持つ記号を類像記号という。言語にもオノマトペ（擬声語・擬態語）のように類像性（アイコニシティ）のあるものもある。それでもたとえば犬の鳴き声が日本語で「わんわん」、英語では bow-wow というように異なった記号表現で表されることから、恣意性も備えていることが分かる。類像性と恣意性は排他的なものではない。

音声言語に対して手話言語は、空間を利用することで類像性がより高い表現を備えている。特に、物や動作を表す語彙は、特徴を表す語彙よりも類像性が高いものが多い。たとえば、日本手話では「木」を表す手話表現は、図2のような動きを取るが、これは木の幹の部分を類像的に表したものだといえる。

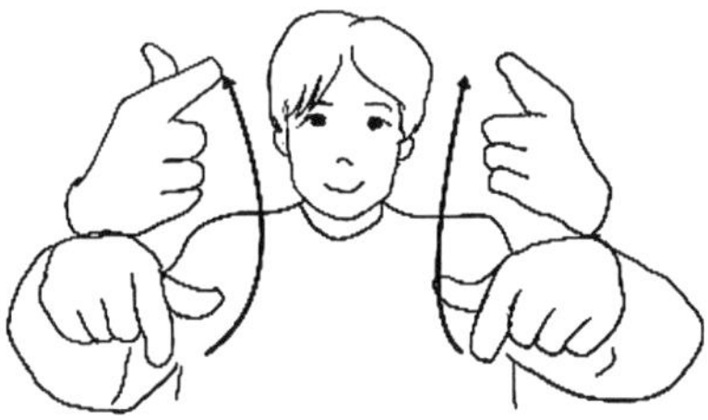

図2 「木」の意味の日本手話表現　図3 「食べる」の意味の日本手話表現

また、「食べる」という動作は、図3のように非利き手で器を持つような構えをしつつ、利き手で人差し指と中指を箸のように見立てて口元へ動かす動作からなるが、これも実際の食べるときの動きを模している。

記号的な作用を持つものの中には、記号表現と記号内容との間の因果関係や近接性を通じて直接的な関係がみられるものもある。たとえば、煙が火を表す場合、両者には因果関係がある。このような特徴を備えた記号は指標記号と呼ぶ。言語記号は大部分が象徴記号だが、直示表現（deictic expressions）と呼ばれる「これ」「それ」のような指示語や「私」「あなた」のような人称代名詞は、直接現場にあるものと結びつく点で指標的な特徴も持つ。手話言語でも指さしが指標的な機能を持ち、日本手話では一人称、二人称の区別だけでなく、体から上向きかつ外側に指さしをすることでその場にいない三人称のものを指す文法的な機能を持つ。

Ⅱ　どのように言語化するか：コードとコード化

言語は記号として恣意的な側面を持つが、ある言語においてどの概念がどの記号に対応するかは言語ごとに慣習的に決まっており、記号表現と記号内容との対応に関する規則体系が言語には備わっている。このような慣習的規則体系をコードと呼ぶ（ヤーコブソン 1973）。言語を用いたメッセージのやり取りは、概念を符号化（encoding）し、それを復号化（decoding）するという一連のプロセスでもある。同じ言語を使用する者同士は、共通するコードを持っていることで、その規則に基づいて情報を正確にやり取りすることができる。

言語間の差異は、それぞれの言語が現実世界を言語としてどうコード化しているかが反映されている。たとえば、兄弟関係を考えた場合、英語では性別差に基づくbrother、sisterという区別しかないが、日本語では「兄」「弟」「姉」「妹」のようにさらに年齢差に応じた語彙がある。日本語では、性別差だけでなく、年齢による違いが兄弟語彙を形成する際にコード化されているのである。

言語ごとのコード化の差は、語彙だけにみられるものではなく、構文のレベルでも異なりがみられる。たとえば、英語では、The bottle floated into the cave. という表現が可能だが、これを直訳した日本語「瓶は洞窟の中に浮かんだ。」は、英文の持つ意味に対応していない。「瓶は浮かびながら洞窟の中に入って行った。」のように言わなければならない。英語のfloat（浮かぶ）は、様態だけでなく移動の概念もコード化しているのに対して、日本語の「浮かぶ」は様態しかコード化しておらず、移動の部分は別の移動表現「行く」で表さなければならない。

また、手話言語でも似た違いが見られ、日本語では「車で行く」「飛行機で来る」のように移動動詞「行く」には移動の様態がコード化されていないが、日本手話では移動手段に移動の方向をコード化して表すこともできる。この場合、車、自転車、飛行機を表すCL表現と呼ばれる手型に移動の方向を表す運動を加えて表現する。

Ⅲ　文法

言語コードは、単なる語彙に関する規則体系だけではない。語形変化や複数の語を組み合わせ新しい語を作ったり、句や文といったレベルの言語構造体を作ったり、意味を解釈したりするための規則体系も含まれる。このような規則体系を文法と呼ぶ。

「文法」と呼ばれるものにはいくつか種類がある。ことばの規則体系を一定の価値観にもとづいて、言葉はこのように使うべきだ、という観点から整理した文法を「規範文法」と呼ぶ。学校で習うような言葉の文法規則がこれに当たる。逆に、言語の姿をありのままに記述し体系として整理したものは「記述文法」と呼ばれる。

言語学で言語の法則性について研究を行う下位分野としては、すでに見た音声学や音韻論のほか、形態素や語の構成に関する形態論、語の配列の規則を扱う統語論、言葉の意味に係る意味論、言外の意味や運用、文脈に係る談話を扱う語用論があるが、「文法」と名の付くものがどの範囲のものを含むかは、研究の枠組みによって異なる。伝統的には、文法は形態論、および、語の配列に係る統語論を指す。また、チョムスキーが提唱する生成文法では、人間の生得的な言語能力を広義の文法と考え、狭義の文法としては、言語形式に係る統語論に限定している。また、言語を機能的な観点から見るアプローチでは、形態論、統語論に加え意味論や語用論を含めて包括的に文法を考える。さらに、認知文法のように形態論、統語論、意味論を独立した別々のものとしては考えず、語、句、文といった言語形式は連続的構造体であり、どの言語形式も意味と結びつく記号として捉え分析する文法理論もある。

形態論：語彙の体系と語彙の成り立ち

音素を組み合わせることで単語ができあがると上で述べたが、「音素」と「語」というレベルの間にはもう一段階存在する。音素が組み合わさってできあがる意味の最小単位のことを「形態素」(morpheme) と呼ぶ。

形態素１つで語になる場合もあれば、形態素が複数組み合わさって１つの語を形成する場合もある。たとえば、/yama/ という音素列は、「山」という意味を表す形態素であり、そのまま１語として機能する。それに対して、「山際」という意味を表す語は、yama と giwa という２つの形態素から作られている。giwa というのは、「キワ」という意味を表す形態素 kiwa の別の形で、形態素がある環境において別の形になる場合、実際に現れる形を異形態 (allomorph) と呼ぶ。

また、「お山」のような語の「山」の前についている「お」は、名詞についてその語を丁寧な意味に変える働きを持つ形態素である。ただし、上に見たkiwaという形態素とは異なり、単独では使うことができない。単独で語になれる形態素を自由形態素（free morpheme）と呼び、他の形態素につかないと使えない形態素を拘束形態素（bound morpheme）と呼ぶ。

拘束形態素には、特定の種類の形態素につく接辞（affix）と種類を問わず付くことのできる接語（clitic）がある。たとえば、「（もちろん）食べさせたさ。」の「食べさせたさ」という表現は、tabe-sase-ta=saと形態的に分析できる。tabeの部分は、「食べる」という動作を表す動詞の「語根」（root）と呼ばれるもので、それに使役の意味を表す形態素 -sase と過去・完了の意味を表す -ta という形態素からなっている。-sase も -ta も動詞にしかつかない接辞で、特に後ろにつくものは接尾辞（suffix）と呼ぶ。上の「お山」の「お」は前につくことから接頭辞（prefix）と呼ばれる。

最後についている =sa は、接語とよばれる拘束形態素で、形態的には独立しているが音韻的には従属先に依存しているものをいう。接語自体は新たな語を形成するのではなく、語よりも大きなレベルに付属する文法的な要素である。接語が従属する先は、特定の種類の形態素に限らないことも多く、強い主張を表す終助詞「さ」も動詞につくだけでなく「月曜日さ」のように名詞に、あるいは、「月曜日にさ」のように「名詞＋助詞」という句のレベルにも付属できる。日本語のように前に来る要素に従属するものを前接語（enclitic）と呼び、逆に後ろに来る要素に従属するものを後接語（proclitic）と呼ぶ。ちなみに、接辞と接語の境界を表す記号として、上の例のように、それぞれハイフンとイコール記号が使われることが多い。

手話言語の場合はどうであろうか。手話言語の語彙も形態論的な構造を持っているので、上で見た異形態、自由形態素、拘束形態素、接語の存在を認めることができる。ただ、音声言語の場合、基本的には音形を持つ形態素は同時に発音されることはなく、順番に並ぶという線条性が強く働く。しかし、手話言語ではその制約が強くなく、複数の形態素を物理的に同時に表出することができる（神田・藤野 1996）。

たとえば、日本手話の「家族」という表現は、〈家〉＋〈人々〉という２つの語から作られる複合語であるが、〈家〉の後に〈人々〉を線条的に表す場合もあるものの、両方を同時に表して「家族」を意味することもできる。その際、単独では両手で屋根のような形を作って表される〈家〉の手型が、非利き手側のみと〈人々〉を同時に表して表現される。この場合、複合語という環境において片手のみで表されるものは、〈家〉の異形態と考えられる。

また、「父」や「母」を表す語では、〈肉親〉を表す形態素を表出したのち、それぞれ〈男〉、〈女〉という語を表出するが、同時に〈目上〉を意味する上方向の動きが加わる。〈肉親〉を表す形態素は、語幹〈男〉〈女〉の前につく接頭辞と考えられる。また、〈目上〉を表す上方向の動きは手型のない拘束形態素であるといえる。

他にも数字が含まれる語の場合に形態素の同時表出が見られることが多い。たとえば、日本手話で人数を表す場合、利き手で数を示しながらその手で人という漢字をなぞるように手を動かす。日本語であれば、数詞「3」に類別詞（classifier）と呼ばれる数を数える際に使う接尾辞「人」がついて線条的に「3人」という語が形成されるが、日本手話では〈3〉を表す手型で漢字の「人」をなぞって表される動き（拘束形態素）で同時に表出される。

語形成：複合、派生、屈折

形態素には、いくつか種類があることを見た。2つ以上の形態素を組み合わせて語を形成することを「語形成」という。語形成のパターンには、複合、派生と呼ばれるものがある。

単独で語となる複数の自由形態素を組み合わせて新しい語を作ることを「複合」（または「合成」）という。複合語には、「言語研究」のような組み合わせた語の総和的な意味を持つものやbaseballのように単なる総和ではなく新しい概念を指すようなパターンがある。また、日本語動詞の場合、「叩き切る」のように前部要素も後部要素も元の語彙的意味を保持する語彙的な複合と、「食べきる」のように後部要素が語彙的な意味を失って文法的な意味を付加する働きをする統語的な複合と呼ばれるものがある。

複合語においては、「山際」のように音韻的な変化が見られることがある。「山際」の場合、日本語では「連濁」と呼ばれる音韻的現象がみられ、/k/という無声音が/g/という有声音に変化している。他にも「私立大学」の場合、東京方言では「私立」と「大学」のアクセント「しりつ」「だいがく」が変化し、「しりつだいがく」と全体として１つの山を形成するアクセントパターンに変化する。しかし、「格差是正」のような場合は、「かくさぜせい」と元のアクセントが保持される。両者の違いは、その内部構造にあり、「私立大学」は前部要素が後部要素の属性を表すが、「格差是正」は「格差を是正する」という目的語＋動詞という構造になっている。

手話言語でも複合語の形成には音韻的な特徴が関係してくることがある。先に見た家族のように音韻的消失だけではなく、同じ空間での表出といった音韻的特徴も見られる。

派生は、語幹となる自由形態素に拘束形態素を付けることで新たな語を作る語形成をいう。派生には、「箸」に丁寧さを表す接頭辞「お」が付く場合のように全体としては品詞が変わらないパターンと、「高み」のように「高い」という形容詞の語幹「たか」に「み」を付けることで結果的に名詞となるような品詞を変える派生がある。

音韻的な特徴の変化で品詞を変える派生もある。英語では、import という語は、第１音節に強勢が置かれれば「輸入」という名詞であり、第２音節にアクセントが置かれると「輸入する」という意味の動詞となる。

屈折は、語の品詞を変えないが文法的な意味を変える。日本語ではいわゆる動詞や形容詞の活用が屈折といえる。たとえば、「見-る」を「見-た」と語形を変えると過去の意味を表す。屈折接辞は、日本語の過去・完了のように接辞であることが多い（英語の複数形 -s や過去の -ed も）が、音韻的な交替によって屈折が起こることもある。たとえば、英語の man の複数形は men であり、母音が /æ/ から /e/ に交代することで複数形になっている。また、sheep の複数形のように形態的にまったく変化しないような場合もあるが、この場合、複数を表すゼロの接辞が付くとみなす考え方もある。

屈折によって表される文法的な範疇（カテゴリ）にはさまざまなものがある。人称や性や数といった範疇、出来事を時間の中に位置づけるテンス（時制）、開始・進行・完了といった出来事の展開にかかわるアスペクト（相）、話し手の心的態度を表すムード（法）、能動・受動といった出来事とその参加者の関係を表すヴォイス（態）などがある。ヨーロッパの言語では、これらの文法範疇を屈折によって表す言語が多くある（たとえば、ラテン語のaperieturという動詞は、「開ける」という動詞の活用形の一つで「直説法・受動・未来・三人称・単数」という文法カテゴリを含んでいる）。その一方で、日本語のように「あけ-られ-る＝だろう」のように別々の形態素がありそれを組み合わせて表す言語もある。中には、特定の文法的範疇を区別しない言語もある。特に時制を表さない言語は多くあり、手話言語も文法的範疇としての時制を備えていないことが多い。

音声言語では、文法的な要素は特定の形態素だけでなく音韻的にもコード化される。たとえば、日本語の疑問文では文末に「か」を置き、文末イントネーションを上げることで疑問文が作られる。また、英語のようにイントネーションだけでなく語順を変更することで疑問文を表す言語もある。さらに、手話言語では、手指以外の表情や体の向きといった非手指動作が文法的な機能を担う（岡・赤堀 2011、松岡 2015）。日本手話では、「眉上げ＋あご引き動作」が諾否（YES/NO）疑問のマーカーとして働き、手指動作と同時に表出される。

統語論：語の配列に関する文法

言語の特性として文は語に、語は音素に分節できるという二重分節性があることは見た。たとえば「太郎が甘いカレーを食べた。」という文の場合、語のレベルで分けると「太郎」「が」「甘い」「カレー」「を」「食べた」となる。文の分析においては、これらの語がどのような規則で並んでいるのか、その構造を見ることになる。語よりも大きな単位で形成される言語構造の分析を行うのが統語論と呼ばれる分野である。

(1) 句構造

文構造の分析においては、語がどのようにまとまりを作っていくかを見る。上の例では、それぞれの語が隣り合ってまとまっている単位で見ると、「食べた」以外が「太郎が」と「甘いカレーを」のようにそれぞれまとまっていることが分かる。語がまとまった単位のことを「句（phrase）」と呼ぶ。「太郎が」は名詞（Noun: N）と後置詞（Postposition: Po）である助詞が結合して1

つの句を形成している。これは名詞が中心なので名詞句（Noun Phrase: NP）とみなそう。また、「甘いカレーを」でも、「甘い」という形容詞（Adjective: A）と名詞「カレー」と助詞の「を」がついて「甘いカレーを」という名詞句を形成している。そして、次のまとまりとしては「太郎は」と「甘いカレーを」がひとまとまりの句を形成するというよりも「甘いカレーを食べた」で名詞句と動詞がひとまとまりになって、全体として動詞句（Verb Phrase: VP）というまとまりを形成している。そして、最後に「太郎が」と「甘いカレーを作った」がまとまって文（Sentence: S）が構成されている。このような句構造を表すのにブラケット（［　］）と各句を表す標識を使い（1）のように表すことができる。

（1）　［S［NP［N 太郎］［Po が］］［VP［NP［A 甘い］［N カレー］［Po を］］
　　　［V 食べた］］］。

ブラケットで表す句構造は、見た目複雑なのでより視覚的になるよう（2）のような樹形図を使って表すこともできる。

（2）
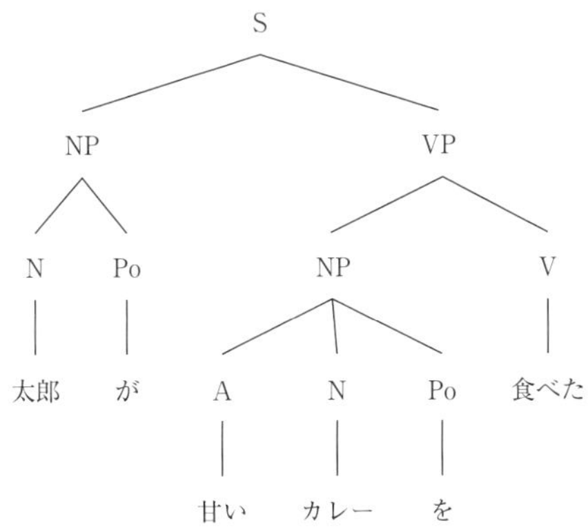

(2) 句構造規則と文の生成

チョムスキーが提唱した初期の変形生成文法（Chomsky 1965）では、（3）のような句構造規則と呼ばれるものを設定し、その規則の組み合わせによって無限の言語構造を生み出すことができると考える（矢印は左側を右側の構成素で置き換えるという意味になる。カッコ内の要素は必須ではない）。

(3) S → NP VP
VP → NP V
NP → (A) N Po

句構造規則はその言語での正しい配列の言語構造のみを生成し、たとえば(4)のような句構造規則に合わない構造を排除できる（言語学ではある言語構造が文法的でないことを示すのに * を使って表す）。

(4) a. *[NP [Po が] [N 太郎]]
b. *[S [NP [N 太郎] [Po が]] [VP [V 食べた] [NP [N カレー] [Po を]]]]。

このような句構造を考えると、主語や目的語といった文法関係も意味と切り離して構造的に定義することが可能になる。つまり、主語とはSの直下にあり、VPと同じ階層にあるNPであり、目的語は、VPの直下にありVと同じ階層にあるNPとなる。

受動文のような文を考えた場合、どうだろうか。「カレーが太郎によって食べられた。」の句構造作る構成素を考えた場合、[NP カレーが] [NP 太郎によって] [V 食べられた] と3つのまとまりからなることが分かるが、能動文と同じような構造を持っていると分析するのは妥当ではない。「太郎によって」は伝統的な観点から見ても「目的語」ではないので、VP直下のNPとみなすことはできない。逆に「カレー」は少なくとも能動文では「食べる」の目的語であるから、VP直下のNPであるはずだが、「が」という主語を表す助詞がついていることからも主語であり、Sの直下にあるNPだとみなすことができる。そうなると、受動文には新しい受動文専用の句構造規則を設定する必要もあるが、そのようなやり方ではあらゆる文のパターンごとに句構造規則を作る必要が出てきてしまう。初期の標準理論と呼ばれる生成文法の枠組みでは、可能なすべての文を作る句構造規則を設けるのではなく、限られた数の句構造規則から基底となる構造（深層構造と呼ぶ）を生成し、別の構造を生成するための変形規則が適応され実際の形（表層構造と呼ぶ）が作られると考えた。なので、この受動文は、まず能動文を深層構造として持ち、そこにたとえば(5)のような変形規則が適用され表層構造としての受動文が生み出されると考えた。

(5) 受動変形
深層構造：　NP_1＝が　NP_2＝を　V-時制
表層構造：⇒NP_2＝が　NP_1＝によって　V-（ら）れ-時制

現在の生成文法の枠組み（chomsky 2015）では、(3)のような句構造規則や(5)のような構文独自の変形規則は想定せず、最小限の原理によって句構造がボトムアップで循環的に生成されるという仕組みに変わっているが、統語的な分析において(2)のような句構造を分析の中心的な基盤としている点では一貫している。

(3) 言語の機能と文法

句構造規則のような統語構造を生成するための規則を設けることで(4)のような非文を排除できる。では、「カレーが太郎を食べた。」という文はどうだろうか。形式的には(3)の句構造規則を使って生成できるが、意味的にはおかしい。生成文法では、出力された文構造の解釈は統語規則とは独立させ意味解釈部門で排除する仕組みを取っている。つまり、意味が構造を決定するというよりは構造が意味解釈に関係するという立場である。

生成文法のような形式を重視する文法理論とは逆に、意味が構造を決定するという立場を取るのが機能主義的な分析手法である。機能主義では言語が意味を伝えるための道具としての機能を果たすという観点から、構造的違いを意味と切り離して考えることはせず、文法形式（構文）と意味とは1対1で対応するものであると考える。

生成文法の標準理論では、深層構造が意味の解釈の根底にあると考えた。能動文と受動文は同じ深層構造を持つことから両者は意味が同じであるとみなしたのである。これは、真理条件的には正しい。能動文の表す命題が真であれば、対応する受動文も真になる。しかし、言語機能の観点から考えると、能動文と受動文が同じ意味機能を持つとはいえない。受動文に対応する能動文は、動作を行う「動作主」(agent) とその動作の対象となる「被動者」(patient) を事態の参与者としてとり、動作主の視点から被動者へ働きかけ、被動者が何らかの影響を受けるという動的な事態をコード化した構文であり、事態の中心は動作主にある。それに対し受動文は、被動者の視点から事態をコード化した構文であり、動作主の扱いは二次的な地位に降格させる機能があるといえる。

また、受動的な意味を表す言語形式(構文)は、言語によってさまざまであり、かつ、その構文が別の意味を持つことも多い。たとえば、英語の受動構文は、(6b) のように be + 過去分詞という有標な (marked) 形をとるが、これは状態を表す (6b) のような形容詞文との共通性が見られるし、日本語の受動態を表す接辞は、「可能」「自発」「尊敬」という意味もコード化されており多義的である。また、(7) のスペイン語のように再帰代名詞 se を用いた構文が受動、(自動詞的な意味を表す) 中間態などの意味を表すものもある。(原語の下の日本語はグロスと呼ばれるその形態の意味を表すものである。)

(6) a. John broke the vase. 「ジョンがその花瓶を壊した。」
b. The vase was broken (by John). 「その花瓶は(ジョンに)壊された。」
c. The vase is broken. 「その花瓶は、壊れている(状態)。」

(7) a. Maria movió el carro. (他動詞文)
マリア 動かした その 車
「マリアがその車を動かした。」
b. El carro se mueve bien. (中間構文)
その 車 SELF 動かす よく
「その車はよく動く。(直訳:その車は自分を良く動かす。)」

類型的には、受動構文とみなされるものの形式はさまざまであるが、これらに共通する機能として、他動詞文の中心となる動作主の存在を薄め「他動性を低める」というものがある。この観点から見れば、日本語の受動文における「思われる」のような「自発」や、「歌える」のように個別の動的な事態というよりは主語の能力の有無を表す「可能」も、他動性の低さという点で共通している。

形式主義では、通時的な観点から言語の変化を考慮することはあまりないが、機能主義では、通時的な変化が特定の構文の動機づけになっていると考える。通時的な変化を考慮することで構文の持つ機能の多義性を理解することが可能になる。こうした通時的な変化においては、語彙的な要素が文法的な機能を担うように変化することが広く観察されるが、このようなプロセスを「文法化」(grammaticalization) と呼ぶ。文法化は語彙的な意味が希薄化し、文法的な機能を持つものとして再解釈され、その新しい解釈が慣習化されるプロセスである。たとえば、日本語の事態の継続を表す「テイル」という形式も存在動詞「いる」が文法化することで成立したもので、その文法化の過程は歴史的に以下のように考えられる。「いる」という存在動詞は、「そこに座って、いるよ」のような2つの継起的な事態を表すのに使うことができるが、文全体は座った結果そこにいるという結果状態としての解釈も可能であることから、Vテイルというパターンにおいて「いる」の存在の意味が希薄化し状態の継続を表す助動詞として再解釈された(文法化)。その後、状態の機能が静的な動詞から「食べている」のような動作の継続も表す意味にも文法機能が拡張されたと考えられる。

(4) 人間の認知機能と文法

言語の機能的な動機付けを人間の認知的な側面から説明しようとするのがラネカー (Langacker 2008) らの認知文法である。認知文法では、言語形式は人間の事態の認知の仕方が反映されたものだと考える。

重要な概念として、図 (figure) と地 (background) がある。人間が物を認知する場合、形を持ち際立つものを前景に見て、それ以外を背景として認知する。前景となるものを図、背景となるものを地と呼ぶ。たとえば、図4の「ルビンの盃」とよばれる図案で考えてみよう。どこを図として着目するかで盃に見えたり人の向かい合う顔に見えたりする。言語にも図と地の違いが反映

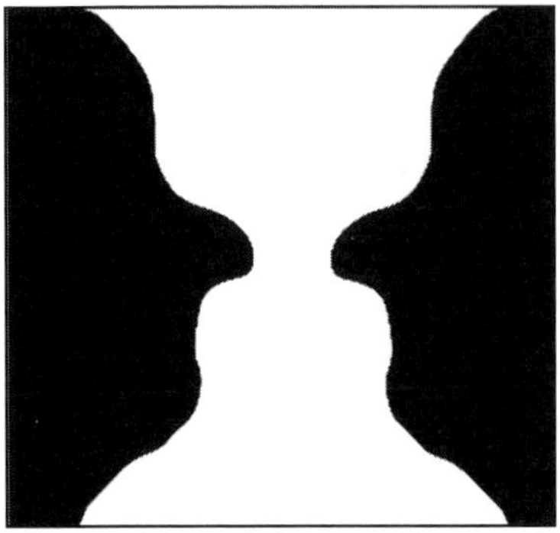

図4　ルビンの盃

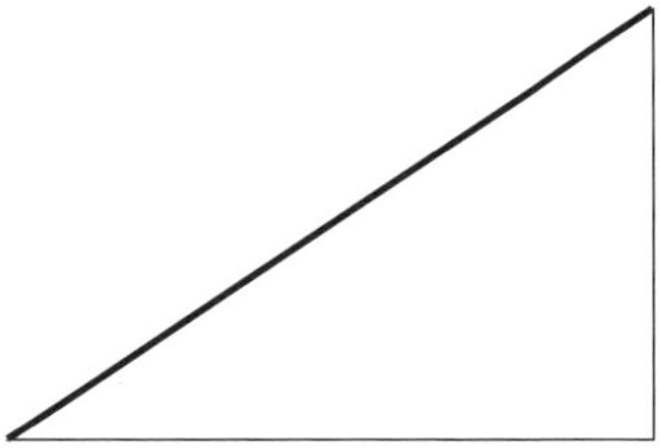

図5　直角三角形

されている表現が多くみられる。たとえば、「斜辺」ということばを理解するには、斜辺が図5のような直角三角形の一部であるという全体像（これを認知ドメインと呼ぶ）と切り離して考えることはできない。「斜辺」は認知ドメインである直角三角形の中で図として解釈されたもの（この作用をプロファイルという）である。

（6、7）のような能動文、中間構文、受動文の差は、何がプロファイルされているかの違いに関係する。典型的な他動詞構文は、動作主（AG）が被動者（PT）に働きかけ、その結果対象が何らかの影響を受ける、という図式である。認知文法ではこのような事態の参与者の関係性を捉え説明する1つの方法として図6(a)のようなイメージスキーマを使う。

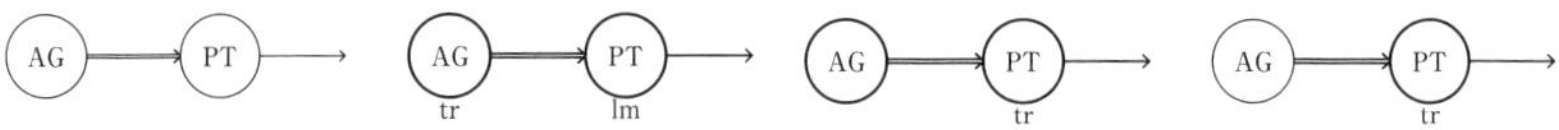

(a) 他動詞文　(b) 能動文　(c) 受動文　(d) 中間構文

図6　他動性の差における参与者のプロファイリング

図6(a)は、他動的事態のプロトタイプで、それが無標な形として表れたのが(6a)のような能動文である。能動文ではAGからPTへの働きかけ全体がプロファイルされる（図6(b)）。このとき、2つの参与者のうち特にAGが「最も際立つ参与者（トラジェクター：tr）」として選ばれ、構文的には主語として表れる。PTはAGに比べて「相対的に際立ちの弱い参与者（ランドマーク：

lm)」としてプロファイルされ、構文的には目的語として表れる。また、(6b)のような受動文は、プロファイルされる範囲は同じだが、PTがtrとして選ばれ、その結果主語に現れる(図6(c))。AGがtrではなくPTがtrとなる点において無標な捉え方ではないことをbe＋過去分詞という有標な形式でコード化しているといえる。さらに、(7b)のような中間構文は、AGが背景化され、PTがtrとして選ばれ主語となる構文である(図6(d))。

機能主義や認知文法では、次の章で見る語用論的な要因も特定の表現が用いられる動機づけとなると考える。たとえば、受動態を表す有標な形式をコード化していない言語はPTを際立たせる別の形式によって受動文的な意味を文脈的に表すことができる。

たとえば、ネパールのネワール語という言語は、能動文(8a)に対応する受動態を表す文法形式を持たないが、(8b)のように被動者を文頭に出すことで、受動文のような解釈を持たせることができる。もちろん、文脈によって直訳のような解釈も可能であるが、この場合、被動者が話者であるということが語用論的に受動的な意味を強めている。逆に日本語では(8b)のような直訳ではなく受動文を使うのが自然である。これは共感性の高いものが主語になりやすい(エンパシー)という認知的特性が関係している。

(8)　a.　wə̃ː　jitəː　dalə　ka.
　　　彼が　僕を　叩いた　よ
　　　「彼が僕を叩いたんだ。」
　　b.　jitəː　wə̃　dalə　ka.
　　　僕を　彼が　叩いた　よ
　　　「僕は彼に叩かれたたんだよ。(直訳：僕を彼が叩いたんだよ。)」

また、日本手話でも受動マーカーと呼べるような文法化された形式はないが、文末に現れる指さし(pt)の違いによって能動文と受動文のような違いを表すことが可能である。(9a)では、文末が三人称を指す指さしpt3が使われており、男性を表す代名詞として使われている〈男〉と一致しており、この場合、能動文のように解釈ができる。それに対して、(9b)では、文末に話者を指す指さしpt1が使われており、受動文のような解釈ができる。

(9) a. 男　pt1　好き　(pt3)　「彼は私を好きだ。」
　　b. 男　pt1　好き　pt1　「私は彼に好かれている。」

(9b)のような構文パターンが受動態の意味をコード化した多義的な構文とみることには議論の余地があるものの、少なくとも無標の能動文として解釈できる(9a)では文末のpt3はなくてかまわないが、(9b)の文末のpt1は必須であり、そこに有標性が認められることから、語用論的に受動文としての解釈が可能となっているといえる。

おわりに

記号体系としての言語を体系的に整理し、その原理を科学的に探究していこうとするのが言語学である。分節されたレベルに応じて音韻論、形態論、統語論などの形式に係る下位分野があり、また、語彙や構文の意味を扱う意味論、言語運用の側面を扱う語用論などの下位分野がある。言語の文法を扱うアプローチとして、意味と形式を切り離し形式に特に着目して分析を進める形式的文法理論、また、その逆に意味と形式を不可分のものとして扱う機能主義的・認知論的文法理論があることを見た。言語の真の姿を見極めていくにはさまざまな視点からの分析が必要であり、現在の言語分析や言語理論は進化を続けより深いレベルでの理論的な精緻化が各分野で進んでいる。しかし、同時にその分析のもととなるさまざまな言語の現象を形式、意味の両面から正確にとらえ記述するという作業も重要な言語学における研究分野である。現在世界の言語の中には消滅の危機に瀕している言語も多数あり、その全体像を含めた記述を緊急に進めることが求められているが、言語ドキュメンテーションの手法の開発やデジタル化による言語データアーカイブも整備されてきており、多様なデータを扱えるようになってきてもいる。また、大量の言語データを扱うことのできるコーパスの整備に伴い、言語分析は内省的な判断だけに頼らない、パロールとラングをより有機的に結びつける方法論が今後ますます重要になってきている。

参考文献

Chomsky, Noam (1965) *Aspects of the theory syntax*. Cambridge, Massachusetts: MIT Press.
Chomsky, Noam (2015) *The minimalist program*. Cambridge, Massachusetts: MIT Press.
神田和幸・藤野信行（1996）『基礎からの手話学』東京：福村出版.
Langacker, Ronald W. (2008) *Cognitive grammar: A basic Introduction*. Oxford: Oxford University Press.
松岡和美（2015）『日本手話で学ぶ手話言語学の基礎』東京：くろしお出版.
岡典栄・赤堀仁美（2011）『文法が基礎からわかる日本手話の仕組み』東京：大修館書店.
ソシュール フェルディナンド（1972）『一般言語学講義』小林英夫（訳）東京：岩波書店.
ヤーコブソン ローマン（1973）『一般言語学』川本茂雄（監修）田村すゞ子・村崎恭子・長嶋善郎・中野直子（訳）東京：みすず書房.

ことばの原理

語用論

高嶋由布子

I　はじめに

ひとのことばは、一般的に使われる中で自然に習得される。典型的な環境に生まれた赤ん坊は、母親をはじめとした養育者との関わり合いのなかからことばを習得していき、1歳の誕生日を迎えるまえに、指さしをはじめ、養育者にメッセージを発しはじめる。そのあと、「ママ」や「マンマ」のような初語を発し、次第に「ことば」を使うようになっていく。

原初的な養育者とのやりとりは、次第に複雑化する。そして、それは単純な情報のやりとりではなく、お互いの意図の推論に依存したやりとりになっている。私の子が3歳頃のビデオに、私が「パパがおもち買ってきてくれると良いねえ」というと、子は「Fちゃん、おもちすき」と答えるという会話があった。子どもは、「うん」とも言わず、自分の好みを語っている。5歳頃では、よく食卓で「喉かわいた」「牛乳欲しい」と言うので、私は「『牛乳下さい』と言いなさい」と訂正している。

自分の好みや状態（もちが好き、喉が渇いている）をいえば、希望の食べ物や飲み物が出てくると思っているのは、どういう仕組みなのだろうか。そのうちコミュニケーションの技巧を増してくると「まんじゅう怖い」と言い出すのだろうか。

Ⅱ　間接発話

理由だけで依頼したり断ったりできる

私は、「牛乳下さい」と依頼をするのが正しいやり方だと、子どもに教えようとしている。それが意図明示的でシンプルだからだ。ただ実際には、私たちはいろいろなやり方で依頼をする。子どもは、明示的な依頼の仕方をする前から、大人を動かす術を知っている。「ください」より「喉かわいた」だとか「牛乳欲しい」のほうが先である。このとき発話した子ども本人は、自分の状態を言っているだけで、相手が動くことを期待していないかもしれない。そもそも赤ん坊は泣くことで不快な状態を親に知らせ、それを取り除かせることに成功している。だから、何かを言えば、相手が対処してくれるという経験のほうが、明確な依頼をしてそれに応答をもらうことよりも、原初的なのだろう。現にことばを覚えた子どもは「おもちすき」と言うことで「おもちが食べたい」ことを母親にわからせることに成功している。

こうした経験が積み重なって、子どもがことばの使い方を覚えていくのだから、ことばは相手に何かを伝える手がかりに過ぎないといえる。

私たちは断るときも間接的に話している。3歳のFちゃんは、残っている甘いおもち（わらび餅）を指さして、「Fちゃん、おもちが好きなの」という。それに対して私が「このおもちは、パパのだからね」と答えると「はーい」と返事が返ってくる。この会話は、一足飛びである。「おもちが好き」は、ただの心の状態を示すだけでなく、そのおもちが食べたい、食べてもいいかというリクエストを含んでいる。それに対して、私は「パパのだから」と理由を言うことで、「Fちゃんにはあげられない」ことを含意し、リクエストを断っている。子どもはその含意を捉えて「はーい」と返事をしたことで、余ったおもちはパパが食べるので、自分のリクエストは却下されたと理解したことを示している。

こうしたやりとりは日常茶飯事だ。意図をできるだけ明示して意思確認のためにことばを使うなら、「この残っているおもちはFちゃんが食べてもよいですか」「いいえ、だめです。なぜならこれはパパがあとで食べるからです」というやりとりのほうが、正確に確認できるだろう。しかし私たちは、このような言語使用をあまりしないものだ。

裏側の意味を推測させる
「まんじゅう怖い」「ぼっちゃんピアノ上手にならはりましたなあ」

日本の有名な落語に「まんじゅう怖い」がある。ある男が「まんじゅうが怖い」というと、それを聞いた仲間達は嫌がらせにまんじゅうをたくさん渡す。ところが実際は、この男、大のまんじゅう好きで、嫌がらせをしようとしている仲間達に一杯食わせ、まんまと大好物をせしめるという話である。Fちゃんが「おもちすき」と言ったら、おもちが得られたのに対し、この男は「まんじゅう怖い」と逆のことを言ってまんじゅうを得た。

この男は、仲間達が自分に嫌がらせをしてやろうと思っていることをわかっていて「まんじゅう怖い」と言ったのである。そうした状況でなければ「まんじゅうが苦手である」ことを表明する意味がない。まんじゅうを目の前にしてこのセリフを言ったら、同席したまんじゅうが好きな人にまんじゅうを取られてしまうかもしれない。だから、ここぞというタイミングを見計らわないと「まんじゅう怖い」といって、本当は大好きなまんじゅうをたくさん得られることはない。相手が嫌がらせをしようとしているということを察知して、自分が欲しいものを「怖い」という計算が必要なのである。

京都の話として、隣人に「ぼっちゃんピアノ上手にならはりましたなあ」といわれるというものがある。隣人からそう言われたら、どう反応するのが正しいのだろうか。京都の文化についてステレオタイプ的なイメージを持っていない学生に聞くと、褒められてうれしいので「ありがとう」と言うだろうと解釈する。しかし、京都でこれを言われたら、十中八九「すみません、うるさかったですか」が正解である、というのがステレオタイプである。本当に褒められているのかもしれないが、まず謝っておくのが処世術である。

ここで隣人が言及しているのはピアノの腕なのだが、発している真のメッセージは「坊ちゃんのピアノがうちまで聞こえてくる」(だから良し悪しが判断できる)である。これは裏のメッセージを伝える婉曲表現なのだが、相手が真のメッセージに気づかなくても、体面が保てるという意味で、よくできている。一方で、それを言われた側は、「この人はなぜこんなことを言ってくるのだろう」と考え、相手がそのタイミングでそれを言ってくる理由を察知し、当意即妙に謝罪を返すのが、このやりとりの文化の礎となっている。

相手がどんな意図を持っているのかを読みとって、「まんじゅう怖い」といって逆手がとれたり、ただ子どものお稽古事を褒めたと見せかけて、実は謝罪と対応を要求しているという意図を読んで応答しなければならなかったりする。つまり私たちのことばのやりとりは、お互いの意図を読み合う推論能力に支えられているのである。

語用論の理論

言語が字義通りの意味のやりとりとして使われているわけではないことは上の例でおわかりいただけたと思う。ことばが使われるときに、どんな効力を発揮するのか説明する研究分野が語用論である。語用論の理論は、言語が実際の使用において、語や文法から導き出される論理的意味と異なる「意味」あるいは「効力」を発揮するのを説明するために構築されてきた。この研究領域は哲学から出発し、文法研究を語用論的観点から説明する機能言語学派と、言語使用の理論からなぜその表現が適切なのか説明するグライス派、聞き手の推論がどうなるのかを説明する関連性理論などへと発展してきた（詳細についてはAriel 2010のレビュー参照）。

言語哲学者グライスは、会話が円滑になされているときに想定すべき「協調の原理」と、その実践のためのルールである「会話の格律」を提案した。協調の原理は、自分が参加している会話の目的や方向性にあった貢献をすることであり、格律には、真なることをいう「質」、必要な情報量を提供し、不必要なほど多くはいわないという「量」、関連性のあることをいう「関係」、曖昧さや多義を避けて明瞭に話すという「様態」の4つがある。

グライスの提案は会話を成り立たせている法則のようなものとして簡潔でわかりやすい。しかし、上で挙げたような間接発話は、量的に必要なことだけ、曖昧さを避けていう発話ではない。曖昧さを避けて端的に依頼するなら「牛乳下さい」のほうが「喉渇いた（から牛乳かなにか飲み物が欲しい）」より明瞭だし、会話のターン数も少なくて済む。グライスは、この「格律（maxim)」を逸脱を許さないルールとして提案したのではなく、見かけ上は逸脱していても協調的だという原理（principle）が守られていると考える（グライス 1998［Grice 1989］）。

関連性理論は、相手が何か言ったときに、最も関連があるように解釈して会話をつなげているという考え方である。聞き手の推論能力を信頼して、発話者は一足飛びに伝えたいことを伝えたり、はっきり言いにくいことを言わなかったりするというわけだ（ウィルスン・ウォートン 2009）。

会話は、協調的な相手とのやりとりのなかで、効率よく、かつ人間関係を損なわない形で行われているという考え方が、ポライトネス理論である（Brown & Levinson 1978）。はっきり断ったり、苦情を言ったりすることで相手との関係が悪くなったり、簡潔すぎる形の依頼は命令に聞こえたりする。相手との関係をよく保つために、冗長に見える言い方を選択することも、よくある。それゆえに、私たちは理路整然とではなく、ただ理由を言うだけで断ったり、うるさいといわずに坊っちゃんのピアノを褒めたりする。このとき、受け手がその意図を推測してくれることも前提としている。そうでなければ、ただ苦情を言って相手と関係が悪くなるのを甘んじて受け入れるか、うるさいのを我慢するかのどちらかになってしまう。

Ⅲ　手話は直接的なのか

直接的な表現を日本語に訳す

手話指導者のろう者が日本手話の通訳者に覚えてもらいたいこととして書いたものに以下のようなエピソードがある。

ある催しの待合室で聴者の来賓が、ろう者の主催者と手話通訳をはさんで挨拶を交わしており、大会がボチボチ始まるという場面である。ろう者が来賓の方に手話で［終わる／かまわない］と言ったのを、「終わりにしていいですか」と通訳者が日本語にした。［終わる／かまわない］は、慣習的に話を切り上げるのに使われており、失礼な発話ではない。しかし、日本語では、「終わりにしていいですか」はぶしつけに響く。手話通訳者は、失礼な発話ではないはずの表現と同じ結果を生み出す「『そろそろよろしいでしょうか？　大会が始まりますのでお席のほうへお願いします』などと言い換えられる通訳技術をもっていなくてはならない」(坂田ら 2008)。

来賓のような目上の人との話を中断することは、日本語の行動規範からすると行儀の良いことではない。「そろそろ」「ぼちぼち」などとことばを濁して、目上の人が主体的に中断する判断を行うのを待つのが、礼儀正しいやり方なのである。日本手話話者が、目上の立場になる来賓に「話を終えてもいいか」と直接聞くのは、これとは前提としている行動様式が違う。それは、京都とそれ以外の日本で婉曲表現の意図が、通じやすかったり通じにくかったりするような差なのではないだろうか。

ろう文化はよく「直接的」だと考えられている。これは日本に限ったことではなく、アメリカ手話でも研究がされている (Hoza 2007)。ただ、この理由を、聴覚障害児の語用論的発達における障害に短絡的に結びつける人もいるから、注意しなければならない。ではなぜ、直接的であることが、聴覚障害児の語用論的発達と関係があると見なされているのだろうか。

手話言語は劣った言語であるという誤解

音声言語より手話言語のほうが、直接的であり、抽象的な内容の表現ができないという誤解は、現在まで続いている。

米川 (1984: 295) は、敬語システムが発達した日本語・日本社会に囲まれているが、日本手話には敬語が発達していないことを指摘している。彼はこの理由を、語彙数が少ないことと社会参加の範囲が限られていることと考え、ろう者が日本社会に参加するのに、敬語語彙を造語する必要があると主張した。全日本ろうあ連盟傘下の日本手話研究所は、日本語の新語に対応する語や抽象的な語が足りないので、手話の語彙を増やすべきであると主張し、毎年新しい手話表現を策定し、本を出版している (e.g. 全日本ろうあ連盟〈編〉2019)。また、手話言語には書き言葉がないため、生活言語にとどまり学習言語として機能しにくいという主張もある (上農 2019)。2020 年に出た聴覚障害教育の手引きでも、学習言語で重要なのは日本語の読み書きだとされ、暗に手話は抽象概念を整理する学習言語たり得ないことが示されている (文部科学省 2020)。これらは、学習言語という概念を「現に日本語の社会生活や授業で使っている言語体系と一致しない」と狭く捉えていることからくる誤解だと考えられる。

語彙の数が少ないと決めつけるのは、手話を一段低く見る人にみられる典型的な見方であるが、他の面でも同様の決めつけがある。手話言語はマイノリティの言語であり、語彙数が少ないだけでなく、音声言語より世代間継承が弱いという面がある。

手話が言語であることが言語学者に「発見」されたのが1960年ごろであり（Stokoe 1960など）、2006年に採択された国連障害者の権利条約には手話が言語であること、その習得環境を整える必要性も明記された。先天的聴覚障害者の9割が聞こえる親の元に生まれてくる。こうした人たちの親が手話を使わず、聴覚を活用するための訓練を施したとしても、生まれてすぐからしばらく、コミュニケーションの面では、十分な刺激がないことになる。日本では、親が手話を使えない場合に、聞こえない子が幼児期に手話を身につけるための環境は、ほとんど整備されていない（高嶋・杉本 2020）。2022年の現在に至るまで、ほとんどの聴覚障害児は、幼児期に視覚的コミュニケーションの補助は乏しく、音声言語を習得するための訓練を受けている。

先天的な聴覚障害児が、早期から音声言語を身につけるための訓練に集中させられ、それがうまくいかず、長じてのちに手話を身につけることがある。Mayberry（2007）はこうした「レイト・サイナー」は先に学んだ音声英語も、後に習得したアメリカ手話も文法性判断に劣るという結果を示している。

安易に病理的な視点から考えてしまえば、手話を使う人たちのコミュニティは言語発達に困難を抱える人たちの集まりであり、それが「直接的な話し方」の原因と解釈してしまう。しかし、傾向として直接的な話し方を好むだけなのか、そもそも直接的な話し方しかできないのかについて確かめてみると、前者であることが示されている。吉岡（2013）は、日本手話のポライトネス方略を実験的な手法を用いて収集し、間接発話を含む多くの方略が用いられることを示している。

聴覚障害がもたらす二次障害としての語用論の障害

聴覚障害が音声言語の語用論に影響するというのは、ほとんど自明視されている。音声言語の運用については、後天的な聴覚障害でも聞こえなくなることで的確なやりとりがしにくくなり、一方的に話してしまうなどの傾向がある。また、先天性の聴覚障害者であれば補聴器や人工内耳で音声言語が習得できても、語用論的には非典型的な発達となる（Most et al. 2010）。では、手話に関してはどうなのだろうか。

現在まで、手話コミュニティのなかには、学齢期に聾学校で、或いは青年期に地域のろうコミュニティで、手話を身につけた人が多い。もうひとつのパターンが、親が手話を使う「ろう者」で子も手話を母語として身につけるケースだ。一般的な言語習得の段階と同じ発達経緯をたどると言われている。これは先天的聴覚障害の1割以下であるが、こうしたメンバーがいることで、聾学校の子どもたちは上の世代からの手話を身につけることができる。手話の習得環境は、音声言語の親から子へという習得環境と異なり、かなりの割合が「子どもから子どもへ」「若者同士」などの会話で成り立っている。

手話話者にとって社会人になってからの上下関係がある会話は、手話のわからない上司や雇用主に対して日本語で行うことが大半である。手話を第一言語とするろう者の第二言語としての日本語の運用が、日本語母語話者のそれと異なることは、語用論的スキルが足りていないこととイコールではない。繰り返しになるが、吉岡（2013）は手話話者が多様なポライトネス方略を駆使することを報告している。

第二言語の適切な語用論的運用の習得は、別の問題である。すなわち謙譲語・尊敬語など複雑なシステムを持つ敬語体系を使いこなしている日本語話者が、第二言語として学んだ英語の敬語を使いこなすことが難しいどころか「敬語がない」と勘違いしてしまう人さえいるような難しさがある。ここで考えておかねばならないのは、第一言語での経験が年の近い友人同士などほとんど立場の違わない者同士の会話である場合、その知識を会社での上下関係などに転用するのが難しいことである。つまり、コミュニティの性質の違いから、ろう学校や当事者団体の先輩・後輩関係という概念を、そのまま職場での上司との関係に転用してうまくいくのか否かについて知る必要がある。

Ⅳ　相手の意図を読むスキルと文化

他者の意図を読む力

相手に自分の意図をくみ取ってもらいつつ、相手の意図を理解しながら進むコミュニケーションは、他者の心を読む（mind-reading）能力に支えられている。他者が自己と異なる考えを持っていることを心の理論という。これに関して、定型発達児では4～6歳でパスする一次誤信念課題というものがある。自閉症児はこれにパスすることが難しく、それによって「他者の心を読む」ことの障害だと考えられている。自閉症児でも言語が習得できる高機能自閉症児では、言語発達に伴い、定型発達より遅れるものの、この課題ができるようになるという。よって、この他者の心を読む能力は、言語運用能力と相関関係があると考えられている。

アメリカの調査（Schick et al. 2007）では、聴覚障害児にこの一次誤信念課題をさせると、親がろう者で手話で育った子どもは定型発達相当で一次誤信念課題をパスするのに対し、重度難聴者で聴者の親を持ち手話で学んでいる子、音声英語の訓練を受けている子それぞれが定型発達よりこの課題の成績が低い。日本の同様の大規模調査（Fujino et al. 2017）でも、聴覚障害児は定型発達児に比べて低いスコアを示しており、一次誤信念課題を10歳で6割しかパスしていない。発達障害などの重複が報告されている子どもを除外した調査なので、日本の聴覚障害児は全般的に他者の心を読むスキルが低いといえる。

この他者の心を読むスキルは、語用論能力の基礎である。相手の発話の意図を読める、かつ相手が意図を読めると信じているからこそ、婉曲表現を発することで、ピアノの音がうるさいことに気づかせることができるのだ。ろう・難聴児は、婉曲表現の一種である皮肉だけでなく嘘の理解も苦手だと考えられている。スペインでは、González-Cuenca & Linero（2020）が調査結果を報告しており、広く心の理論の発達の遅延と相関関係があることを指摘している。ただしこの調査も、音声言語を中心に行われており、手話を使う子には手話通訳者が通訳したとある。

聴覚障害児全般の他者の心を読むスキルは定型発達児より低いと言えそうだが、Schick et al. (2007) の調査で重要なのは、親が手話を使うろう児であればテストされた心を読む力は定型発達相当で身についているという点である。

嘘と皮肉とコミュニティ

手話コミュニティは、定型発達相当で他者の心を読むスキルが身につく人がいても、そうでない人が多いから、手話話者は直接的な話し方をするのだろうか。そもそも本当に直接的な話し方ばかりなのだろうか。それには以下の反例がある。

ろう者たちは、手話を学ぶ人たちに、「手話が上手になったね、ありがとう」と言い続けてきた。本心でなくても、手話を学ぶ人たちを褒めて、手話人口を増やすことは、彼らのコミュニティにとって重要なことだ。これは、自分の本心と違っても、相手を嫌な気持ちにさせないための「やさしい嘘」である。

もう一段階上の推論計算が必要な皮肉についても、実例がある。ある学会で、ろう者Kさんが「手話ができないのに手話を研究するなんてかっこいいですね」と日本手話でコメントした。Kさんが本当は褒めていないということは、その会場にいた多くのろう者に認識されていた。文脈情報として、「手話言語の研究をする人は、聴者でもまずその手話言語を身につけることが必要だ」という信念が、参加者であるろう者たちに共有されていた。したがって、それを参照して「かっこいい」は、字義通りの意味とは逆で使った皮肉だ、と判断できる。

この台詞を言ったKさんは、よく皮肉をいう人物だった。その発言に立ち会ったろう者は、「Kさんが言ったから、皮肉と解釈できたのかもしれない」といった。そこで「別のろう者Sさんが言ったら、どういう解釈になると思いますか」と聞いてみた。Sさんは大変やさしく面倒見がよく、皮肉など言いそうにない人物である。すると「Sさんがそう言ったのなら、それは本気でかっこいいと思っているのだろう」と言う。他の複数のろう者に訊いても同じ答えだった。では「あなたはかっこいいと思うのか？」と確認すると「そうは思わない。しかしSさんが『かっこいい』というなら、Sさんはかっこいいと思っている」という。

誰がそれを言ったかで解釈が定まるというのは、その場で文脈情報や言い方などから推論しているのではなく、この人はこのようなことを言いそうだというステレオタイプを形成しており、それに基づいて発話を解釈している、ということかもしれない。こうした特徴は親密な人間関係の中では意図をその場で推論しなくてよいので楽なのだろう。その近道が主張されているとしても、文化の中に皮肉を言う人がいるのだから、やはり遠まわしな言い方を使うこともあるし、解釈もできるのだ。

皮肉のマーカー

往年の大女優が意地悪な姑を演じているのを想像して欲しい。嫌味なキャラクターで嫁が管理する息子夫婦の家にやってきて、棚の縁をなでて「アラ、綺麗にしてるのね」と微笑めば、それが皮肉だとわかる。字義通りの意味とその態度が一致していないことから「裏の意味」を察知するよう促されるからだ。

声色や佇まいのようなパラ言語要素は、手話言語ではどのように表されるのだろうか。イタリア手話の研究では、発話のあとに片方の口角を上げると皮肉を表すというマーカーが発見されている（Mantovan et al. 2019）。

現在までのところ、日本手話の皮肉マーカーは報告されていない。しかし皮肉という概念はある。大原省三の手話の語源に関する大著では、「皮肉」という項目がある（大原 1987）。手の甲をつねる動きで「意地悪」という意味でも用いられる。一方、私が聞いてまわったKさんの皮肉、すなわち言った言葉に裏の意味があることを表す場合、手の甲と手のひらを順に指さす語のほうが適切であるという。それを表す語があるため、日本手話の文化のなかにも当然皮肉はある。しかし、まだその形式に定型のものがあるかは明らかになっていない。

V　おわりに

人間の言語は、運用においては簡潔明瞭に意味を伝達するものではなく、意図を読み合うことを前提にやりとりされている。相手の意図を読みながら、遠回しに文句を言うのは、人間関係を維持するのに重要な役割を果たしているのかもしれない。

聴覚障害児の言語発達は、親から子へ自然な会話のなかで習得するという典型例とは異なるケースも多い。手話ができても日本語の運用がうまくいかないことは、第二言語での語用論の習得という難しい問題に関わっており、語用論的スキルを支える意図読みで引っかかっているのか、手話で経験していない関係性に適応できていないのか、第二言語の運用能力をもっと学ぶ必要があるのかなどいくつかの段階がある。

手話話者が、どのような背景をもって、どのような意図でその表現を使うのか、コミュニティの大きさや誰が言うかなどの文脈をふまえ、音声言語と比較する研究は、手話通訳にとって重要なだけでなく、人間のコミュニケーション様式がコミュニティの特徴をどのように反映するのか明らかにするためにも重要である。

参考文献

Ariel, Mira (2010) *Defining pragmatics*. Cambridge: Cambridge University Press.

Brown, Penelope and Stephen C. Levinson (1978) *Politeness: Some universals in language usage*. Cambridge: Cambridge University Press.

Fujino, Hiroshi, Kunihiro Fukushima and Akie Fujiyoshi (2017) Theory of mind and language development in Japanese children with hearing loss. *International Journal of Pediatric Otorhinolaryngology* 96: 77-83.

González-Cuenca, Antonia and María José Linero (2020) Lies and irony understanding in deaf and hearing adolescents. *Journal of Deaf Studies and Deaf Education* 25(4): 517-529.

Grice, Paul (1989) *Studies in the way of words*. Cambridge, MA: Harvard University Press.（清塚邦彦訳 1998『論理と会話』東京：勁草書房）.

Hoza, Jack (2007) *It's not what you sign, it's how you sign it: Politeness in American Sign Language*. Washington: Gallaudet University Press.

Mantovan, Lara, Beatrice Giustolisi and Francesca Panzeri (2019) Signing something while meaning its opposite: The expression of irony in Italian Sign Language (LIS). *Journal of Pragmatics* 142: 47-61.

Mayberry, Rachel I. (2007) When timing is everything: Age of first-language acquisition effects on second-language learning. *Applied Psycholinguistics* 28(3): 537-549.

文部科学省（2020）『聴覚障害教育の手引き：言語に関する指導の充実を目指して』東京：ジアース教育新社.

Most, Tova, Ella Shina-August and Sara Meilijson (2010) Pragmatic abilities of children with hearing loss using cochlear implants or hearing aids compared to hearing children. *Journal of Deaf Studies and Deaf Education* 15(4): 422-437.

大原省三（1987）『手話の知恵―その語源を中心に―』東京：全日本ろうあ連盟.

坂田加代子・矢野一規・米内山明宏（2008）『驚きの手話「パ」「ポ」翻訳～翻訳で変わる日本語と手話の関係～』大阪：星湖舎.

Schick, Brenda, Peter de Villiers, Jill de Villiers and Robert Hoffmeister (2007) Language and theory of mind: A study of deaf children. *Child Development* 78(2): 376-396.

Stokoe, William C. (1960) Sign language structure: An outline of the visual communication systems of the American deaf. *Studies in Linguistics* 8.

高嶋由布子・杉本篤史（2020）「人工内耳時代の言語権―ろう・難聴児の言語剥奪を防ぐには―」『言語政策』16: 1-28.

上農正剛（2019）「聴覚障害児の二言語教育における各言語の位置づけ」『九州保健福祉大学研究紀要』20: 35-43.

ウィルスン ディアドリ・ウォートン ティム（2009）『最新語用論入門12章』今井邦彦（編）東京：大修館書店.

米川明彦（1984）『手話言語の記述的研究』東京：明治書院.

吉岡佳子（2013）「日本手話におけるポライトネス」『手話学研究』22: 3-36.

全日本ろうあ連盟（編）（2019）『わたしたちの手話 新しい手話2020』東京：全日本ろうあ連盟.

人工言語

千田俊太郎

言語の中にはその形成の経緯・時期がある程度分かっているものがある。比較的短期間に、言語の内発的な分化以上の力がはたらいて形成を遂げたことがはっきりしている言語として、接触言語と人工言語がある。このうち人工言語（計画言語）は、成文化された新しい言語規範の提案に始まることに特徴がある。

人工言語はその設計目的によっていくつかの種類に分けることができる。異なる言語背景をもつ人々の橋渡しのための国際補助語のほか、スタートレックのクリンゴン語やトールキンのエルフ語など作品世界の一部として創作される芸術言語、その他の実験的な言語があり、デザインの提出に終わった言語案を含めれば、知られるだけでも数百を下らない。

実際の使用実績の面で注目に値する、いわば本当の言語としての人工言語は少ない。ヴォラピュクはそれなりの規模で使われた初めての「人造」国際補助語である。ヴォラピュクの作り手シュライヤーは、人の手で設計することにより、特定の民族語ではないという意味で中立的な、また不必要な不規則性を排除した学習容易な国際語を作ることが可能であり、また必要であるとする国際語思想を広める先鞭をつけた。数年遅れて発表されたエスペラントは、創始者ザメンホフのカリスマ性もあって国際語思想の賛同者たちを取り込みながら急成長し、今日に至るまで複数の国際組織が維持され、草の根での国際交流運動も各地で行われているほか、インターネット上での会合が頻々と行われている。インターネット時代に入って発表されたトキポナは音素数や語彙数を抑えた最小主義的な実験的計画言語であり、ファンを増やしている。

一般に、言語は無意識的に運用されるだけではなく、時に個人・集団の意識的な創意工夫の影響を受けつつ部分的あるいは体系的に更新されたり維持されたりすることがある。これは、明治維新以前と以後の日本語の辿った過程が分かりやすい。異文化の体系的な受容に伴って、膨大な量の新しい語彙ばかりでなく、新時代の統一文体が生まれたのである。その際、取替の対象となった諸々の文体もまた、教育・学習を通じて維持されてきたものであったことはいうまでもない。文字使用と教育制度は言語に多大な人為を及ぼす。今日でも学術用語の整備・統一、古典語の維持や危機言語の再活性化、標準語の制定と普及などのほか、「やさしい日本語」に代表される簡化言語の実践が、世界で行われていることをみれば、人工言語という主題は、誰にとっても他人事ではない。

ことばの原理

会話の連鎖組織

坊農真弓

I 連鎖の基本形：隣接ペア

人間が日常的に行う会話は、「連なり」によって紡ぎ出される。これを連鎖組織（sequence organization）と呼ぶ。たとえば、Aさんが「明日映画に行きませんか？」と誘えば、誘われた人（Bさん）は「いいですね！行きましょう」と誘いを受けるか、「明日ですか…。明日はその、ええーっと用事があって」のように断るかもしれない。この連なりを「隣接ペア（adjacency pair）」と呼ぶ。

(1) A：「明日映画に行きませんか？」（誘い）
　　B：「いいですね！行きましょう。」（受諾）

(2) A：「明日映画に行きませんか？」（誘い）
　　B：「明日ですか…明日はその、ええーっと用事があって…」（断り）

隣接ペアは2つの行為によって構成される。たとえば、先ほどの例であれば、(1)「誘い」-「受諾」、(2)「誘い」-「断り」という行為がペアになっていると考える。そして、隣接ペアを構成する1つ目の行為を第一成分（first pair part: 1PP）と呼び、2つ目の行為を第二成分（second pair part: 2PP）と呼ぶ。

(1) **第一成分（1PP）**「明日映画に行きませんか？」（誘い）

第二成分（2PP）「いいですね！行きましょう。」（受諾）

なぜこんな当たり前なことに名前をつけて呼ぶのだろうか。なぜなら、名前があることによって、会話の連鎖組織の分析が可能になるからである。たとえば、次のような例を思い浮かべてほしい。

(3) A：「明日映画に行きませんか？」（誘い）
　　（…沈黙…）
　A：「あのー、明日ってお忙しいですか？」（問いかけ）

Aさんは目の前にいるBさんを映画に誘ったが、Bさんはすぐさま答えず、沈黙が生じた。すると、AはBに何らかの事情があると思い、Bの都合を問いかける質問に切り替えた。このような場合、次のように行為の成分を理解する。

(3) A（**1PP**）：「明日映画に行きませんか？」（誘い）
　　（…沈黙…）
　A（**1PP**）：「あのー、明日ってお忙しいですか？」（問いかけ）

AさんはBさんを誘った後の、この沈黙の連鎖的な位置は、BさんがAさんの誘いに何らかの答えを示す場所であったと考える。すなわち、ここでAさんとBさん2人の間に2PPの不在が顕在化された。その結果、Aさんは質問の仕方を変更し、新しい1PP「あのー、明日ってお忙しいですか？」（問いかけ）を発し、Bさんの都合を聞くことにした。このように、「質問」という行為には、「返答」という行為がペアになっている。

私たちの日常会話はもっと複雑な構造を持っている。次節では、連鎖の基本形が拡張されるさまを解説する。

Ⅱ　連鎖の拡張[1]

挿入連鎖

用例(4)をみてほしい。AさんはBさんのそばにあるペンを取ってほしいと依頼する。Bさんの目に付くところには赤ペンと青ペンがあった。どちらか分からないBさんは即座に返答せずに「赤ペンと青ペンがあるけど？」と質問を返す。そして、Aさんの返答を受けて、Bさんは赤ペンを手渡した。

(4)　A：「そこのペン取ってくれる？」(依頼)
　　B：「赤ペンと青ペンがあるけど？」(質問)
　　A：「赤ペンお願い」(返答)
　　B：「はい、どうぞ」(手渡す)(返答)

会話の連鎖における行為の種類を見ると、依頼のあとに質問が来ていて、その後返答が2つ続く。隣接ペアの第一成分と第二成分に着目すると、やりとりの構造が見えてくる。

(4)　A(**1PP**)-**1**：「そこのペン取ってくれる？」(依頼)
　　B(**1PP**)-**2**：「赤ペンと青ペンがあるけど？」(質問)
　　A(**2PP**)-**2**：「赤ペンお願い」(返答)
　　B(**2PP**)-**1**：「はい、どうぞ」(手渡す)(返答)

このやりとりは、大きな隣接ペアとその間に挟まるもう一つの隣接ペアによって構成される。詳しくみていくと、Aさんの「そこのペン取ってくれる？」という依頼と、Bさんの「はい、どうぞ」といって手渡す返答によって隣接ペア1が構成されており、Bさんの「赤ペンと青ペンがあるけど？」という質問と、Aさんの「赤ペンお願い」という返答によって隣接ペア2が構成されている。すなわち、隣接ペア1に隣接ペア2が挿入されているのである。このような連鎖の拡張を挿入連鎖(insert expansion)と呼ぶ。

第三成分による終結

用例(5)をみてほしい。Aさんは教師、Bさんは生徒の一人のような教室場面である。Aさんが算数の問いを質問し、Bさんが返答する。そして、教師であるAさんはその答えが正しいことを評価する。

(5) A：「1+1は？」(質問)
B：「2です。」(返答)
A：「はい、そうです」(評価)

(5) A (**1PP**)：「1+1は？」(質問)
B (**2PP**)：「2です。」(返答)
A (**3PP**)：「はい、そうです」(評価)

この3つ目の発話を第三成分による終結(sequence closing third)と呼ぶ〔例文(5)、(6)のように1PPや2PPと関連づけて3PPと表されることもある〕。また、いち早く教室場面の談話を分析したメーハンはこの連鎖構造をIRF(Initiation-Response-Follow-up)もしくはIRE(Initiation-Response-Evaluation)と呼んだ(Mehan 1979)。教室場面の談話に限らず、第三成分による終結は日常会話の至る所でみられる。そして、第三成分は評価発話になることが一般的である。たとえば次のような場合である。

(6) A (**1PP**)：「昨日の算数のテスト何点だった？」(質問)
B (**1PP**)：「100点。」(返答)
A (**3PP**)：「すご！」(評価)

前方拡張

用例(7)をみてほしい。AさんはBさんを映画に誘うことがこのやりとりの目的である。しかし、いきなり誘うのは唐突すぎるので、Bさんの予定を聞いてから誘うことにした。

(7) A：「ねえねえ、明日って暇？」(質問)
B：「うん、暇だよ。」(返答)
A：「じゃあ、映画行かない？」(誘い)
B：「いいね！行こう。」(返答)

会話の本題の前にやりとりされる連鎖を前方拡張 (pre-expansion) と呼ぶ。用例(7)の連鎖構造は次のように、本題の前に準備としての隣接ペアが置かれる。

(7) A (**1PP**)**-pre**：「ねえねえ、明日って暇？」(質問)
B (**2PP**)**-pre**：「うん、暇だよ。」(返答)
A (**1PP**)：「じゃあ、映画行かない？」(誘い)
B (**2PP**)：「いいね！行こう。」(返答)

また用例(8)のように、前方拡張はさらに拡張されることもある。A さんは社交辞令の一つとしてB さんの体調を訪ね、その後明日の都合を聞くことにした。

(8) A (**1PP**)**-prepre**：「おはよう、元気だった？」(質問)
B (**2PP**)**-prepre**：「うん、この通り。」(返答)
A (**1PP**)**-pre**：「ねえねえ、明日って暇？」(質問)
B (**2PP**)**-pre**：「うん、暇だよ。」(返答)
A (**1PP**)：「じゃあ、映画行かない？」(誘い)
B (**2PP**)：「いいね！行こう。」(返答)

アメリカの緊急電話番号である 911 のやりとりを題材として発展した会話の連鎖構造の分析は、会話とは目的を有するものであり、その目的を達成する隣接ペアを本題 (body) と考え、その連鎖に前置きされる隣接ペアを前方拡張と考えた。きりがないのでこれ以上説明しないが、電話対話の場合は冒頭の「もしもし」「もしもし」の連鎖などさらに前方に拡張することも可能である。

後方拡張

用例(9)は、用例(8)の続きである。Aさんは映画に誘うという本題のやりとりを終えたのち、それに関連する具体的な進め方について、「じゃあ、具体的には明日放課後決めよ」と提案している。

(9)　A(**1PP**)：「じゃあ、映画行かない？」(誘い)
　　B(**2PP**)：「いいね！行こう。」(返答)
　　A(**1PP**)**-post**：「じゃあ、具体的には明日放課後決めよ」(提案)
　　B(**2PP**)**-post**：「オッケー」(返答)

このように、会話の本題の後ろに続く関連した隣接ペアを後方拡張(post-expansion)と呼ぶ。前方拡張同様、後方拡張も「バイバイ」「バイバイ」の連鎖など更なる拡張が可能である。

Ⅲ　修復の連鎖

近年世界的に注目を集めている一つの会話分析の理論がある。それは修復の連鎖(repair sequence)である。修復の連鎖は、会話におけるトラブルをどのように解決するかを観察するための理論枠組みである。修復の連鎖の中でも、「他者開始の修復(other-initiated repair: OIR)」に注目が集まっている。これも前節で解説した連鎖の拡張の一種として捉えられることができるため、以下で詳しく説明したい。

誰が開始し、誰が修復するのか

修復の連鎖は、誰が開始し(initiation)、誰が修復する(repair)のかという観点から、理論上4通りのやり方を想定できる。それらは、

自己開始の自己修復(self-initiated self-repair)
自己開始の他者修復(self-initiated other-repair)
他者開始の自己修復(other-initiated self-repair)

他者開始の他者修復（other-initiated other-repair）

である。修復の連鎖の最初の論文を執筆したシェグロフらは、社会的規範として自分で開始し、自分で修復することが、会話上の波風を立てずに、円滑に修復されるという意味で優先性が高いとした（Schegloff et al. 1977）。一方で、他者による開始や他者による修復は、相手の発した発言やふるまいに聞き取り不可能もしくは理解不可能な箇所があることを示し、自分の理解を示すなど、それまで進められてきた会話の本体から、横道に逸れることを必要とするため、副次的連鎖（side sequence）を生じさせる。

2015年ごろから、オランダのマックスプランク心理言語学研究所の所長を務めていたスティーブ・レビンソンや、当時同研究所に在籍したニック・エンフィールドのグループが、コミュニケーションにおける「話す」、「聞く」、「理解する」といった間主観性（intersubjectivity）の問題に関わる現象としてOIRに着目し、OIRのコーディング手法を開発したり（Dingemanse et al. 2014）、多言語比較（Dingemanse et al. 2015）するなど、研究を積み上げてきた（Kendrick 2015; Dingemanse & Enfield 2015; Dingemanse et al. 2016; Floyd et al. 2016;）。またそれに続き、視覚言語である手話でもOIRが確認されている（Manrique & Enfield 2015; Manrique 2016; Byun et al. 2018）。

シェグロフらの5フォーマット

シェグロフらは、OIRの手法として、5つのフォーマットを紹介している（Schegloff et al. 1977: 367-8）。

シェグロフらの5フォーマット

(1)「え？（huh?）」「なんて？（pardon?）」などの無限定質問（open class）

(2)「何？（what?）」「誰？（who?）」「いつ？（when?）」などのカテゴリ限定質問

(3) トラブル源の一部を繰り返し、疑問詞をつける手法

(4) トラブル源の一部を繰り返す手法

(5)「ってこと？（Y'mean?）」と理解候補を提示する手法

の5つである。Kitzinger (2013) はこれについて、トラブル源の繰り返しと、理解候補の提示の重要性を説明し、(1) から (5) は理解の程度による弱いもの (無限定質問) から、強いもの (理解候補) の連続であると指摘する。

次に用例を使ってシェグロフの5フォーマットを説明する。

(10) シェグロフのOIRフォーマット (1) 無限定質問

A (**1PP**)-**1**:「昨日の月9観た?」(質問)

B (**1PP**)-**2**:「え?」(無限定質問)

A (**2PP**)-**2**:「昨日の月9」(返答)

B (**2PP**)-**2**:「観た観た!」(返答)

用例 (10) はフォーマット (1) である。このOIRは全く何も聞こえていない、もしくは理解できていないときの聞き返しである。これは無限定質問 (open-class) (Drew 1997) と呼ばれる。

ニック・エンフィールドのグループは、このフォーマット (1) に着目し、Huh? という聞き返しが世界の31の音声言語に存在し、その形式と機能においてユニバーサルな特徴を持つことを指摘した (Dingemanse et al. 2013)。この成果は2015年のイグノーベル賞に輝いている[2]。

(11) シェグロフのOIRフォーマット (2) カテゴリ限定

A (**1PP**)-**1**:「昨日の月9観た?」(質問)

B (**1PP**)-**2**:「いつ?」(カテゴリ限定質問)

A (**2PP**)-**2**:「昨日」(返答)

B (**2PP**)-**1**:「観た観た!」(返答)

用例 (11) はフォーマット (2) である。このOIRは発話の「いつ」の部分だけ聞き取れなかった、もしくは理解できなかったときの聞き返しである。

(12) シェグロフのOIRフォーマット (3) トラブル源の繰り返し+疑問詞

A (**1PP**)-**1**:「昨日の月9観た?」(質問)

B (**1PP**)-**2**：「いつの月 9？」(カテゴリ限定質問)
A (**2PP**)-**2**：「昨日の」(返答)
B (**2PP**)-**1**：「観た観た！」(返答)

用例 (12) はフォーマット (3) である。この OIR はトラブルの源となった発話の一部 (ここでは「月 9」) は聞き取れた、すなわち問題になっていないことを示しつつ、わからなかった部分 (ここでは「昨日」) を疑問詞 (ここでは「いつ」) を用いて尋ねている。わからなかった部分がどこなのかが、より明確な手法である。

(13) シェグロフの OIR フォーマット (4) トラブル源の繰り返し
A (**1PP**)-**1**：「昨日の月 9 観た？」(質問)
B (**1PP**)-**2**：「昨日の月 9？」(確認要求)
A (**2PP**)-**2**：「うん」(返答)
B (**2PP**)-**1**：「観た観た！」(返答)

用例 (13) はフォーマット (4) である。この OIR はトラブル源をそのまま繰り返すものである。すなわち、聞き取りには問題がなく、理解をより深めるために確認の意味でトラブル源を繰り返している。

(14) シェグロフの OIR フォーマット (5) 理解候補の提示
A (**1PP**)-**1**：「昨日の月 9 観た？」(質問)
B (**1PP**)-**2**：「菅田将暉のドラマのこと？」(言い換え質問)
A (**2PP**)-**2**：「うん」(返答)
B (**2PP**)-**1**：「観た観た！」(返答)

用例 (14) はフォーマット (5) である。この OIR は言い換え質問である。前の発話をどのように理解したのかを言い換えて提示する。聞き取りと理解にほぼ問題はなく、相手との相互理解をさらに深めるために自らの理解に新しい情報を加えて言い換えている (ここでは「菅田将暉のドラマ」)。また、「ってこと？」の発話形式を持つことで、相手の発話の引用発話であることを明確にしており、発話の関連性を明示している。

コミュニケーションの本質を明らかにする修復の連鎖

これらのOIRは、用例(4)でみたような挿入連鎖の形になっている。OIRによって修復の連鎖が開始された場合、双方にとってのトラブルが解消されるまで、会話の本題に返らず、やりとり（「質問」-「応答」の隣接ペア）が拡張されることもある（Haakana et al., 2021）。これらの脇にそれた連鎖はサイドシークエンスと呼ばれる。コミュニケーションではこのような連鎖の拡張が可能だからこそ、トラブルがあってもその場で解決して先に進むことができる。会話分析では、こういった先に進む特徴を進行性（progressivity）と呼び、人間のコミュニケーションの原動力（エンジン）となっていると考える。

Ⅳ　コミュニケーションの普遍性

スティーブ・レビンソンやニック・エンフィールドのグループは、人間が持つコミュニケーションの普遍性を発見することを目指している。言語による違い、文化による違いに着目するのではなく、伝統的言語学者のソシュールや普遍文法の提案者のチョムスキーが進めてきたような人間が持つ言語能力の普遍的な共通基盤を模索している（Dingemanse & Enfield 2015）。

坊農・福島（2020）は、OIRの枠組みを用い、指点字通訳者を介した盲ろう者と聴者の会話を分析している。結果として、シェグロフのフォーマットのうち、盲ろう者は(4)(5)のフォーマットを頻繁に用いて、相手の意図や話す内容を理解しようとしていることが明らかになった。OIRの観察は、言語による違いや伝達メディア（聴覚、視覚、触覚）の違いを超えて、コミュニケーションにおける「話す」、「聞く」、「理解する」といった間主観性の問題にアプローチし、人間の本質を知るためのフレームワークとして注目されている。

注

1 本節で解説する連鎖の拡張は、会話分析の創始者の一人であるエマニュエル・シェグロフが議論を展開させてきた（Schegloff 2007; 伝 2008）。今なおさまざまな研究者が議論を加えている。

2 https://markdingemanse.net/huh/ig-nobel/ [2023年3月アクセス]

参考文献

坊農真弓・福島智 (2020)「研究者×当事者：福島智の世界とのつながりかた」『認知科学』27(2): 123-137.

Byun, Kang-Suk, Connie de Vos, Anastasia Bradford, Ulrike Zeshan and Levinson, Stephen C. Levinson (2018) First encounters: Repair sequences in cross-signing. *Topics in Cognitive Science* 10(2): 314-334.

伝康晴 (2008)「会話・対話・談話研究のための分析単位：隣接ペア」『人工知能』23(2): 271-276.

Drew, Paul (1997) "'Open' class repair initiators in response to sequential sources of troubles in conversation". *Journal of Pragmatics* 28(1): 69-101.

Dingemanse, Mark, Francisco Torreira and Nick J. Enfield (2013) Is "huh?" a universal word? Conversational infrastructure and the convergent evolution of linguistic items. *PLOS ONE* 8(11): 1-10.

Dingemanse, Mark, Joe Blythe and Tyko Dirksmeyer (2014) Formats for other-initiation of repair across languages: An exercise in pragmatic typology. *Studies in Language* 38(1): 5-43.

Dingemanse, Mark, Seán G. Roberts, Julija Baranova, Joe Blythe, Paul Drew, Simeon Floyd, Rosa S. Gisladottir, Kobin Kendrick, Stephen C. Levinson, Elizabeth Manrique, Giovanni Rossi and Nick J. Enfield (2015) Universal principles in the repair of communication problems. *PLOS ONE* 10(9): 1-10.

Dingemanse, Mark and Nick J. Enfield(2015) Other-initiated repair across languages: Towards a typology of conversational structures. *Open Linguistics*. 1(1): 96-118.

Dingemanse, Mark, Kobin H. Kendrick, Nick J. Enfield (2016) A coding scheme for other-initiated repair across languages. *Open Linguistics* 2(1): 35-46.

Floyd, Simon, Elizabeth Manrique, Giovanni Rossi and Francisco Torreira (2016) Timing of visual bodily behavior in repair sequences: Evidence from three languages. *Discourse Processes* 53(3): 175-204.

Haakana, Markku, Salla Kurhila, Niina Lilja and Marjo Savijärvi (2021) Extending sequences of other-initiated repair in Finnish conversation. In: Jan Lindström, Ritva Laury, Anssi Peräkylä and Marja-Leena Sorjonen (eds.) *Intersubjectivity in Action: Studies in language and social interaction*, 231-241. Amsterdam: John Benjamins.

Kendrick H, Kobin (2015) Other-initiated repair in English. *Open Linguistics* 1: 164-190.

Kitzinger, Celia (2013) Repair. In: Jack Sidnell and Tanya Stivers (eds.) *The handbook of conversation analysis*, 229-256. Chichester: Wiley-Blackwell.

Manrique, Elizabeth and Nick J. Enfield (2015) Suspending the next turn as a form of repair initiation: Evidence from argentine sign language. *Frontiers in Psychology* 6: 1 21.

Manrique, Elizabeth (2016) Other-initiated repair in argentine sign language. *Open Linguistics* 2(1): 1-34.

Mehan, Hugh (1979) *Learning lessons: Social organization in the classroom*. Cambridge, MA: Harvard University Press.

Schegloff, Emanuel A. (2007) *Sequence organization in interaction: A primer in conversation analysis*, vol. 1. Cambridge: Cambridge University Press.

Schegloff, Emanuel A., Gail Jefferson and Harvey Sacks (1977) The preference for self-correction in the organization of repair in conversation. *Language* 53(2): 361-382.

ことばの生理

ことばの身体的産出

平山　亮

はじめに

手話言語も音声言語も、身体的運動により実現されるコミュニケーション手段である。手話言語では、腕・手・指の身体的動作（手指動作）と、頭部・口・目・顔面・上半身の身体的動作（非手指動作）を組み合わせて、目で見ることができる身体運動として表出される。音声言語の多くの音は、肺からの息が、声帯で声となり、その声が顎・舌・唇などの身体的動作でさまざまな形に変形する声道を通りぬけていくときにさまざまに変化し、発話音声が口から出て、耳で聴くことのできる音として表出される。

人間がことばを話そうとするとき、まず脳内において話そうとする内容が組み立てられる。そのことばを発するためには、ことばの生成に関連するどの器官をどう動かせばよいのかという運動指令が脳内で作り出され、それが神経インパルスとして、神経により各器官の筋肉へと伝達され、それにより筋が収縮して、その結果として、ことばが物理的な信号として表出される。

ことばの生成に使われる器官は、ことばの生成を主目的とした器官ではなく、どれも生命の維持に必要不可欠な別の機能をもった器官であり、これらの器官をうまく制御してことばが生成されていることも興味深い。ことばの生成は、高度な随意運動であり、生まれたときから何十年も使ってきているはずの母語でさえ、なかなか流暢には話せない。

本章では、ことばの生成のしくみを生理学的な身体運動の観点から概観する。ことばを物理的な実体をもたない記号列のようなものと捉えるのではなく、生理学的・物理学的な実体をもったものであると捉えることによって、言語学的な諸現象について明らかにできる場合もあり、身体運動を考えることは、ことばの不思議を科学するためのひとつの重要な視点である。

I　手話言語生成運動

身体運動からみた手話言語の特徴

手話言語を音声言語と比較したとき最も異なる点は、視覚的言語であるという点である。話し手の身体的動作の内容を聞き手は直接見ることで読み取る。音声言語は音を介在させる聴覚的言語であるから、視覚的信号と聴覚的信号の物理的な特性の差が生じる。たとえば、視覚的信号を受け取るためには、明かりが必要で、視線を遮るものがないことが必要である。その代わり、雑音が多い環境でも受け取ることができ、また視界の範囲であれば遠くからでもある程度受け取ることができる。また網膜に映る画像は2次元であり、1次元の音響とは違って、同時に2つのことを提示するなどのより多様な表現方法を実現できる。手話動作自体は3次元空間での運動であり、2次元の視覚情報から3次元の空間情報への変換が脳内で行われているはずである。脳内に変換され認識されている座標系が空間座標系なのか、身体を中心とする身体座標系なのかといったことはあまりわかっていない。

手話動作の概要

言語の基本的な単位として単語があり、単語が並べられて、句や文が構成されることは手話言語も音声言語も同様である。身体的動作としては、手指動作と非手指動作で構成される。手指動作は手と指の動作という意味であるが、手の位置及び向きを変えたり動かしたりするには上腕・前腕の運動が必要であり、それらも含んで上肢（肩・上腕・前腕・手・指）の運動で作られる身体的動作が手指動作である。非手指動作は、手指動作以外の身体的動作のことで、うなずき、首振り、眉上げ、さまざまな口形、顔面表情、顔の向き、視線、体の向き、胸を張るなどの姿勢、頬を膨らます動作などがある。これらは、頸部、顔面、顎及び唇、体幹、肺などの運動で作られる。おおよその動作範囲は、体の前で腕が無理なく動かせる上半身の範囲内である。

手話動作の筋運動

手指動作は左右の上肢の運動で実現される。上肢の骨格を図1に示す。上腕には上腕骨、前腕には橈骨と尺骨、手には、手根に8骨、親指は3骨、人差指、中指、薬指、小指は各4骨、計30の骨がある（ウォーフィル 1998、Drake, Vogl, Mitchell 2019）。連続した骨の部分は関節を構成し、各骨には複数の筋が付着し、筋が収縮することによって関節運動が起こり、肩、肘、手首、指を曲げることができる。指の第1関節、第2関節のような関節を単軸性関節といい屈曲・伸展ができる。第3関節のような関節を球関節といい、屈曲・伸展と内転・外転ができる。手のひらを下向き・上向きにするために前腕から手首を捻る動作を回内・回外という。屈曲・伸展のように1つの軸の回りに動けることを1自由度といい、屈曲・伸展と内転・外転ができる場合は2自由度と数える。第1関節の屈曲・伸展、第2関節の屈曲・伸展、第3関節の屈曲・伸展と内転・外転で4自由度あるので、4つの指で合わせて、16自由度、加えて、親指の第1関節屈曲・伸展、第2関節屈曲・伸展、小指方向への内転、手の甲方向への内転・外転と4自由度あるので、手だけで合計20自由度ある。手首は屈曲・伸展と内転・外転で2自由度、手のひらの向きを外、下、内、上に向ける前腕の回内・回外で1自由度、肘の屈曲・伸展で1自由度、そして、上腕と肩について、前方挙上・後方挙上、内転・外転、内旋・外旋、水平屈曲・伸展、肩の屈曲・伸展・挙上・引き下げの6自由度とすれば、手指動作は30自由度の多関節骨格筋運動となり、極めて多様な運動が可能になっている。これらの関節を動かす筋肉は約50筋ある。ある運動を行うとき、中心的に働く筋を主働筋、それに逆らって働く筋を拮抗筋といい、主働筋と同じ方向の運動を起こすように働く筋を共同筋という。

非手指動作は、体幹に関しては、上半身の向きを変える、姿勢を変えるという動作がある。頭部の動作には、頸部の筋群により、顔の向きを変えることや、うなずき、首振り、あご上げの動作をすることなどがある。口・目・顔面の動作については約20ある顔面表情筋を協調して働かせて動作をする。まゆ上げ・下げ・寄せ、視線、まばたき、各種の口形、頬ふくらませ、また

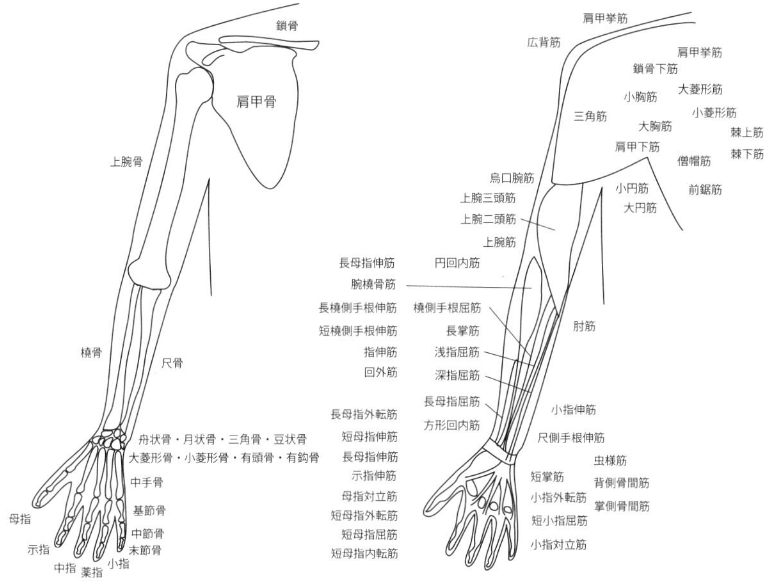

図1　上肢の骨格と主要な筋

感情を表す顔面表情などがある。

手指動作

手話言語の基本単位として音韻があり、手指動作の手の形、位置、動き、向きの4つの要素によって弁別するというのがよく知られた方法である（神田 1994）。ストーキーの記法、サットンのSign Writingなど、音韻を書き表す手法も考案されている。

手の形は、日本の手話学習者が使う『わたしたちの手話 学習辞典Ⅰ』（「わたしたちの手話」再編制作委員会・大杉・関編 2015）では手の形から辞書が引けるという配列になっていて、48種類に分類してある。そのうち22種類はインデックスとなっている。

手の位置は、他の器官あるいはもう一つの手との相対的な位置関係、もしくは仮想的な空間内の位置関係である。他の器官としては、髪の毛、額、こめかみ、頬、耳、目、鼻、唇、顎、首、胸、腹、肩などに触れたり近づけたりする。利き手が動作の中心となり、非利き手の上腕、前腕、手に接触させる、たたく、近寄せるなどの動作が使われる。

手の動きは、肩と肘を使って手の位置を動かす場合が多いが、手の位置は保持したまま、指だけ動かすような動きもある。

手の向きは、手のひらが前向き、後ろ向き、内向き、外向き、下向き、上向きの6通りのほか、それらの中間の斜め向きもある。手話の一部として使われる指文字を表すときにも手の向きは大事である。指文字の「わ」と「ゆ」、「な」と「に」と数字の「2」など、手の形は同じでも手の向きが変われば異なる文字を表す。

ひとつまたは複数の音韻をつなげて単語を表し、単語をつなげて句や文を作る。連続的な運動となるが、音韻の継続時間、語と語、句と句、文と文の間の停止時間の制御も意味を正しく伝えるために重要な要素である。

II　音声言語生成運動

音声生成のしくみ

音声言語は、身体運動により生成されるという面では手話と同じであるが、その大部分が外からは見えない体の内部の器官の運動であること、音響を介在させる聴覚的言語であるということが手話とは違う。

脳内でことばが組み立てられ、音声器官への運動指令が生成され、音声器官の身体的運動により言語音声が、耳により聴いて認識することができる音響信号として発せられる。脳のなかで話そうとすることばがどのように組み立てられるのか、また、音声器官への運動指令はどのように作成されるのかはわかっておらず、いくつもの仮説が提案されているが、発話意識からの言語の組立、音声器官への運動指令の作成までを統一的に説明し、かつ定量的に運動指令を生成でき、実験的に検証された仮説は今のところない（本多 1998）。

音声器官

ヒトがことばを発するときに活用する器官を音声器官という。音声器官は、呼吸器官（肺）、発声器官（声帯）、調音器官（舌、唇、顎など）の3つに分けられる。図2に音声器官を示す。以下にそれぞれの器官の役割を述べる。

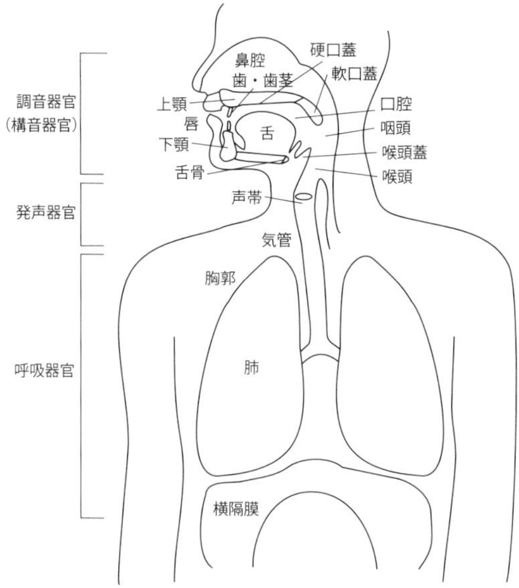

図2　音声器官

(1) 呼吸器官

音声は音、すなわち、空気の振動であるから、空気の流れがなければ音声は生成できない。声の元となる気流を作り出すのが呼吸器官である。呼吸器官とは、肺のことであるが、主機能は呼吸をして生命を維持することであり、常に自発的に呼吸が繰り返されている。肺の周囲は肋骨で囲われており、下部には、横隔膜があって、胃腸などの内臓と仕切られている。胸郭の筋として、外肋間筋、内肋間筋、肋下筋、胸横筋、肋骨挙筋、上後鋸筋、下後鋸筋、横隔膜がある。

肺自体には筋肉がなく、自らふくらんだりしぼんだりすることができない。息を吸うときには、筋肉の働きにより肋骨を上に、横隔膜を下に動かして、胸の体積を大きくすると、肺の中の圧力が下がり、肺の中に空気が入り込んでくる。息を吐くときには、逆に肋骨を下に、横隔膜を上に動かすことにより、胸の体積を小さくすると、肺の中の圧力が上がり、肺の中から空気が押し出されてくる。この空気の出し入れが、言語音の生成にも使われる。生命を維持するための呼吸は特に意識をしなくても自発的にほぼ規則正しい時間間隔で行われているが、ことばをしゃべったり、歌を歌ったりするときには、随意的に息をコントロールして、不規則な時間間隔で、吸ったり吐いたり止めたりする。ことばのもととなる声を作り出すためには、まずは、呼吸が大事である。

(2) 声帯

発声器官は、声帯で、喉頭にある。喉頭は気管の上部に位置し、肺の空気の通り道となる管状の部分であり、軟骨、粘膜があり、筋により動かすことができる。喉頭の中央付近に声帯がある。声帯は、薄い膜のような組織で、随意的に開いたり閉じたりすることができる。声帯が大きく開いている場合は、肺からの呼気は通り抜けるだけだが、声帯がわずかに開いているときに息を吐くと、細い隙間を通り抜ける空気により圧力が上下し、声帯同士が閉じたり開いたりを繰り返す声帯振動が生じる。このことにより空気振動が生じ、すなわち、音となる。これを声帯音源という。楽器のサックスのリードとマウスピースの細い隙間から息を入れるとリードが振動し、音が出るのと同じ原理である。

喉頭には、甲状軟骨、輪状軟骨、一対の披裂軟骨、喉頭蓋軟骨という５つの軟骨があり、輪状甲状筋、後輪状披裂筋、外側輪状披裂筋、斜披裂筋、横披裂筋、甲状披裂筋、声帯筋、甲状喉頭蓋筋が付着し、輪状甲状関節と一対の輪状披裂関節を構成している。輪状披裂関節は内転して声帯を近づけることができる。発声に重要な関節である。輪状甲状関節は声帯を引っ張って伸長させて声の周波数を調節することができる。また喉頭の上下動による管の長さが変わる筋運動によっても周波数は変わる。

声帯で作り出された音は、喉頭の上部にあたる咽頭を経て、口腔を通り抜けて、口から音として発せられる。鼻音の場合には、鼻腔も通って、鼻孔から音として発生される。声帯から唇・鼻孔までを声の通り道という意味で、声道という。

声帯音源は声帯が一定の周波数が継続して振動する音源で、母音をはじめとする多くの言語音を生成するための声として使われる。言語音には声帯振動を伴わない、声道の途中で生じる乱気流による雑音性の音も使われる。声帯振動を伴う言語音を有声音、伴わないものを無声音という。喉に指を当てて声を出せば、有声音を発音している時だけ、指に振動を感じる。

⑶ 調音器官

声帯で作り出された声は声道を通過するとき、下顎による口の開き、舌の位置、唇の開き方、口蓋帆による鼻腔の開閉で、声道を広くしたり狭くしたりすることにより、音響的な特徴が変化し、さまざまな言語音として生成される。下顎、舌、唇、口蓋帆のような器官を運動させて言語音を調節することを、調音または構音といい、これらの器官を調音器官または構音器官という。調音の様式には、声道の断面積を変えて異なる共鳴特性を作る、声道の途中にごく狭い隙間を作ることにより乱気流による非周期性の雑音を作る、唇または舌により声道の一部を閉鎖して息の流れを止めた状態から一気に開放して音を作る、口蓋帆により鼻腔へ気流を通し鼻音を作る、などがある（Borden, Harris 1980、Raphael, Borden, Harris 2012、Kahane 1986、Levelt 1989）。

調音器官の運動は、顎関節のみ多自由度関節運動であるが、それ以外は器官そのものが粘膜、皮膚、筋などの組織で、多数の協調的な筋の働きによって、器官自体が変形して形を作る複雑な運動である。図３に調音器官を制御する筋の一部を示す。

上顎は頭蓋の一部であるが、下顎は独立した骨であり、顎関節により上顎とつながっている。顎関節は多自由度の関節であり、咬筋、側頭筋、内側翼突筋、外側翼突筋、顎二腹筋の前腹、顎舌骨筋により制御される。

軟口蓋は、口蓋帆張筋、口蓋帆挙筋、口蓋垂筋、口蓋咽頭筋、口蓋舌筋、上咽頭収縮筋が粘膜で覆われている部位で、これらの筋活動により、鼻腔への気流を制御する。

唇を制御するのは顔面表情筋群であり、口輪筋、頬筋、上唇挙筋、下唇下制筋、口角挙筋、口角下制筋、オトガイ筋、大頬骨筋、小頬骨筋の協調的な活動により、唇のさまざまな形を作る。

舌は下顎の内側に位置し、舌体を構成する内舌筋（上縦舌筋、下縦舌筋、垂直舌筋、横舌筋）と外舌筋（オトガイ舌筋、舌骨舌筋、口蓋舌筋、茎突舌筋）がある。舌の下方には舌骨という小さい骨があり、上部に顎舌骨筋、顎二腹筋、茎突舌骨筋、下部に胸骨舌骨筋、胸骨甲状筋、甲状舌骨筋、肩甲舌骨筋が付着している。

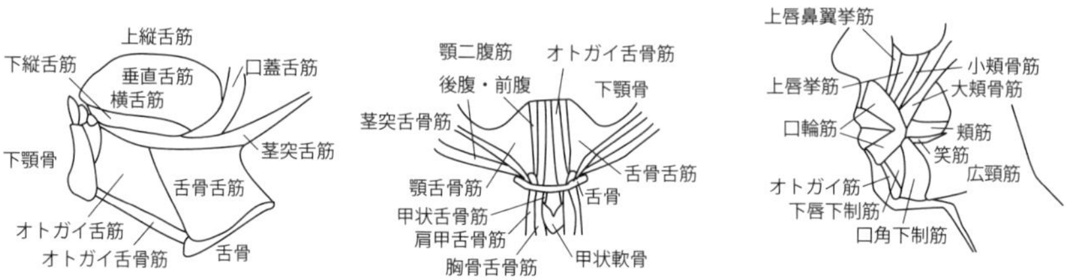

図3　調音器官と筋

日本語の音素と調音

日本語の語を構成する単位は、いわゆる五十音図で表されるかなに対応した音節（syllable）であり、清音、濁音、半濁音、拗音、撥音、促音、長音が含まれる。長音を除いて108種類あるとするのが一般的である（天沼・大坪・水谷 1978）。日本語の音節はひとつの子音（consonant）と後続するひとつの母音（vowel）という音素（phoneme）の組み合わせで表されるものが多い。音素は日本語として区別される音の最小単位である。日本語の音素は、母音、子音、半母音、特殊がある。音素はアルファベットで「/」で挟んで表すのが普通である。たとえば「か」は音素 /k/ と音素 /a/ の組み合わせで /ka/ と表す。おおよそローマ字表記と同じである。日本語の音素はおおよそ22音素ある。

母音：/a, i, u, e, o/

子音：/k, g, s, z, t, c, d, n, h, b, p, m, r/

半母音：/j, w/

特殊：/N, Q/

ほぼローマ字表記と似ているが、/ci/ は「ち」（/ti/「てぃ」と区別するため）、/ja, ju, jo/ は「やゆよ」、/N/ は「ん」（撥音：つまる音）、/Q/ は「っ」（促音：はねる音）を表す（天沼・大坪・水谷 1978）。ここの22音素は日本語として区別される最小単位を表したものだが、音声や調音の種類としては、音素はさらに細かく区別されるので、国際音声字母（IPA; International Phonetic Alphabet）などの音声記号を使って表記されることも多い。

母音の調音は、下顎による口の開き、舌の位置（前寄り、奥寄り）、唇を開く形によって調音される（Chiba, Kajiyama 1942、杉藤・本多 2003）。5つの母音とも声帯振動を伴う有声音である。また軟口蓋の奥の部分が挙上して鼻腔の入口を閉じ、気流が口腔のみを通過する非鼻音である。母音の調音により共鳴により強められる周波数が変化して各母音が特徴づけられる。「あ」は、口の開き大、舌やや奥、平唇、「い」は、口の開き小、舌前寄り、平唇やや横開き、「う」は、口の開き小、舌奥寄り、円唇やや突き出し、「え」は、口の開き中、舌前寄り、平唇、「お」は、口の開き中、舌奥寄り、円唇というのが母音の調音の特徴である。

子音の調音は、口腔内のどの位置を使って調音するかという調音位置（place of articulation）と、どのような方法で音をつくるかという調音様式（manner of articulation）（調音法）、有声（voiced）か無声（voiceless）かで区別される。

調音位置は、声道で一番狭くなる場所を表すが、口腔の上側のどの位置か、すなわち、上唇、歯、歯茎、硬口蓋、軟口蓋のどこが狭くなるかを調音点、その位置を狭めるために動かす唇、舌（先、前、中、奥）の調音器官を調音者と呼ぶ。この調音器官の運動によって、気流の流れに変化を与えて言語音を作る。

調音様式には、破裂、摩擦、破擦、鼻、はじきがある。

破裂は、声道を閉鎖して気流の流れを止め、続いて一気に開放することによって急激に勢いのある気流が飛び出すことによって一過性の音を作る。閉鎖音ともいう。「か」行は無声軟口蓋奥舌破裂音、「が」行は有声軟口蓋奥舌破裂音、「た」行は無声歯茎舌先破裂音、「だ」行は有声歯茎舌先破裂音、「ば」行は有声両唇破裂音、「ぱ」行は無声両唇破裂音である。

摩擦は、声道に隙間のある狭い場所を作ることにより渦流を発生させて継続的な音を作る。「さ」行は無声歯茎舌先摩擦音、「ざ」行は有声歯茎舌先摩擦音である。無声音の「は」行も摩擦で作られるが、「は」「へ」「ほ」は軟口蓋奥舌摩擦音、「ひ」は硬口蓋中舌摩擦音、「ふ」は両唇摩擦音である。また、「しゃ」「しゅ」「しょ」「じゃ」「じゅ」「じ」の子音部は硬口蓋前舌摩擦音である。

破擦は、破裂と摩擦の意味で、調音点に調音者を接触させて閉鎖した状態から開放して破裂させた後に狭い隙間を作って摩擦に移行する音である。「つ」「ち」の子音部は無声歯茎舌先破擦音、「ず」「じ」は有声歯茎舌先摩擦音である。また、「ちゃ」「ちゅ」「ちょ」は硬口蓋前舌破擦音である。「じゃ」「じゅ」「じょ」は硬口蓋前舌破擦音となる場合もある。

鼻（び）は、軟口蓋最後部の口蓋帆を弛めて気道からの気流が鼻腔に抜けるようにする調音法である。調音点の破裂との組み合わせで音を作る。「ま」行は両唇鼻音、「な」行は歯茎舌先鼻音である。また、「にゃ」「にゅ」「にょ」は硬口蓋中舌鼻音、また現在は使わない場合も多いがガ行鼻濁音は軟口蓋奥舌鼻音である。

はじきは、調音者が調音点を軽く打って音を出す調音法で、「ら」行の歯茎舌先はじき音が該当する。

半母音は、1音節にならない短い母音といった意味で後続の母音と合わさって1音節となる有声音で、「や」「ゆ」「よ」「わ」「を」が該当する。声道上に摩擦は生じない程度のやや狭い位置を作り母音のように共鳴させるが、すぐに後続の母音へ移行する。「ゃ」「ゅ」「ょ」を使った拗音も半母音を含み、子音＋半母音＋母音で1音節を形成する。

その他、特殊音素として撥音「ん」と促音「っ」がある。前後の音素により複数の調音及び音声がある。

Ⅲ　身体運動制御の側面から言語現象を調べる

調音結合

複数の音素がつながった一続きのことばを話すとき、前後の音素の影響を受けて、音声が多種多様に変化する現象を調音結合という。1音素ずつ区切ってゆっくり発音した音とはかなり異なる音響的な特徴をもった音が発せられている。

ことばの生成は筋による器官運動により生成されるものであって、調音器官は質量及び粘弾性をもった細胞であり、その運動は物理学的な制約を受ける。一瞬で次の位置に動かすことはできず、調音の目標を満たしながら、次々と器官を動かしていく必要があり、前の音が出たときにはもう次の音の調音へ向かって器官は動きだしている。通常の日本語の発話速度では、1秒間に7〜9音節程度発せられるので、1秒間に調音する音素数は14〜20程度となり、質量・粘弾性のある器官をこの速度で次々と動かすには高度な運動計画と制御が必要になる。

たとえば、「あいあ」と発話したときの「い」の部分の音だけを取り出して聞くと「え」と聞こえる。調音の口の開きは「あ」は大、「い」は小、「え」は中であるが、大小大と速く運動しようとしても大中大くらいまでしか動いていないからである。

その他、無声音と無声音に挟まれた有声音が無声化したり、前後の音素の調音の影響を受けて、音素が同化したり、欠落したり、変化してしまう現象は頻繁に観察できる。

「とうきょうとっきょきょかきょく」のような早口言葉の言い間違えは、速い調音運動から起こる。この場合「か」を「きゃ」と言い間違える。「か」と「きゃ」の調音の違いは子音と母音の間に半母音が入るかどうかの違いであるが、「か」というためには軟口蓋奥舌で /k/ の破裂直後に一気に /a/ に移行させる必要がある。さらにその直後には次の音節「きょ」を作るため奥舌を軟口蓋に接触させなければならない。奥舌の速度が少しでも遅かったり、奥舌と軟口蓋の間隔が十分に開ききっていなければ、半母音がはいって「きゃ」となってしまう。調音運動を考えることで、早口言葉の言い間違えについても、原因がわかってくる。

手話についても調音結合はあり、前後の音韻の影響を受けて、手の運動軌道はさまざまに変化し、同化、欠落も観察できる。

マガーク効果

「が」と発話したときの顔映像とともに「ば」の音声を聞かせると「だ」のような音に聞こえるという現象（McGurk 1976）があり、マガーク効果という。目をつぶるとあきらかに「ば」と聞こえてくる。これは視覚が音声言語の認識に影響を与えている証拠である。「ば」は有声両唇破裂音であり、口が閉じられて一気に開くことが視覚的にわかる。ところが「ば」の音が聞こえているのに、口が閉じられていない軟口蓋奥舌破裂音の「が」の口形を見せられると脳内で矛盾が生じて音声認識に誤りが生じる。このとき、両唇と軟口蓋奥舌の中間にある歯茎舌先破裂音の「だ」と聞こえるのは、身体的な運動である調音を予測して矛盾を補正するような能力が脳の認識機構の中に備わっているという可能性を示唆する。

音声知覚の運動説

人間の音声の認識にも調音運動が関係するという音声知覚の運動説 (Liberman 1985) があり、従来から真偽が議論され続けている。ある音素に対する音響は調音結合によりさまざまに変化しているのに何故人間は同じ音素として認識できるのかという問題において、人間が音声を認識するとき、音響信号から意図した音声学的動作 (phonetic gesture) を逆推定するような仕組みを脳内に有し、これを使って認識しているとする仮説である。脳科学では言語の認識において運動プログラムに関連のある運動前野の活動が観測されるなど、認識と運動の関連も示唆されている。

手話については、音響を介在せず、身体運動を見ているので、運動そのものの認識が手話認識につながる。手話を認識する際、運動生成のための脳内の運動プログラム・身体モデルが使われていると考えることは合理的である。

運動制御計算モデル

音声器官の運動は、多数の筋が協調して働く、高速かつ精密な高度な随意運動である。筋が収縮運動をするためには、脳から運動指令が伝えられる必要がある。脳内では、発話意図が情報源となって句や文章が単語を使って組み立てられ、音素列などの記号的な内容から、音声生成に関連する全ての筋への運動指令を生成して筋に伝達しなければならない。音素列だけでなく、抑揚、アクセント、声の高さ、声の大きさ、発話速度、はっきりしゃべるなどの話し方スタイルなど、さまざまな要因を満たす運動指令生成が必要となる。運動指令生成のために脳内でどのような計算が行われているのかについては、いくつかの仮説があるが、解明されているわけではなく、今後の研究の進展が望まれる。

手の運動については、特に到達運動について運動軌道を正確に再現できるモデルがいくつか提案されている。このようなモデルを使うと、手の開始位置、到達位置、途中経由位置から、動きを再現することができ、たとえば、手話アニメーションにおいて、自然で滑らかな動きを実現できるなどの応用ができる。手指の運動については、人間と同じ自由度で動かせる関節を持ったロボットハンドによる高度な運動制御技術などが発展しており、こういった運動制御計算モデルは、手話研究にも参考になる。

音声も手話も高速な身体運動であり、聴覚や視覚からのフィードバックを使った姿勢制御では間に合わないため、運動目標に対する運動指令をあらかじめ計算するフィードフォワード制御の役割が大きく、そのために、運動指令と器官運動を対応付ける内部モデルが脳内にあることが想定される。繰り返しの運動により段々にことばの生成が習得されていくので、内部モデルが繰り返しの学習により更新されていくと考えられる。

Ⅳ　器官運動模型を作成する

声帯音源生成、調音器官動作については、多数の筋が複雑に協調して働いているため、おおよその器官動作はわかっているものの、各筋がどう協調動作しているのかなどの詳細は明らかでないことも多い。体の内部での動作なのでなかなか実態が理解しにくい。器官の模型を作ってそれを使って動作を検討することは、器官動作を理解するのによい方法である。特に実際の器官や筋と同じような質量、粘性、弾性をもつ素材を使って作ると、筋肉を引っ

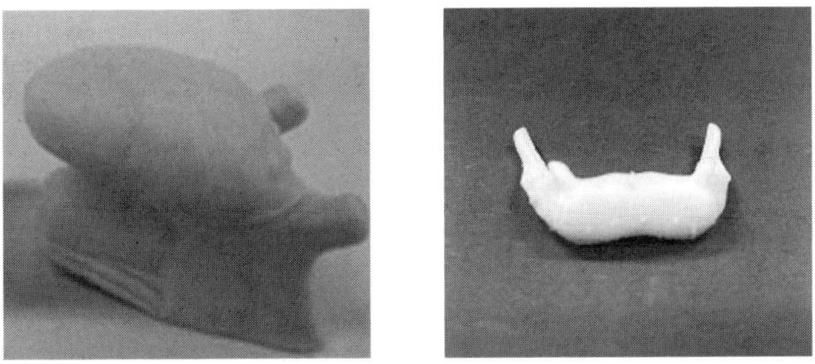

a. 粘弾性素材による舌　b. 硬質素材による舌骨模型

図4　器官模型

張って動かしてみるなどでき、音声生成運動の解明に役立つ。いくつかの模型作成例を図に示す。いずれは音声器官全体を作成し、動作させてみたいと考えている。

V おわりに

ことばは身体運動によって作り出されるコミュニケーション手段であり、物理的実体のない概念的な記号の組み合わせではなく、生理学的・物理学的実体を伴い、それらの制約のもとで手話生成、音声生成がなされているものであることを説明した。

参考文献

天沼寧・大坪一夫・水谷修（1978）『日本語音声学』東京：くろしお出版.

ウォーフィル ジョン H.（1998）『図説筋の機能解剖 第4版』矢谷令子・小川恵子（訳）東京：医学書院.

神田和幸（1994）『手話学講義：手話研究のための基礎知識』東京：福村出版.

本多清志（2018）『実験音声科学：音声事象の成立過程を探る』東京：コロナ社.

「わたしたちの手話」再編制作委員会・大杉豊・関宜正（編）（2015）『わたしたちの手話 学習辞典 I』東京：全日本ろうあ連盟.

Borden J. Gloria, Katherine S. Harris (1980) *Speech science primer—physiology, acoustics, and perception of speech*. Baltimore: Williams & Wilkins.

Raphael J. Lawrence, Gloria J. Borden and Katherine S. Harris (2012) *Speech science primer: Physiology, acoustics, and perception of speech*. 6th Edition. Philadelphia: Lippincott Williams & Wilkins.

Drake L. Richard, A. Wayne Vogl and Adam W. M. Michell (2019) *GRAY'S Anatomy for students*. 4th ed. Amsterdam: Elsevier.

Kahane, Joel C. (1986) *Anatomy and physiology of the speech mechanism*. Austin: Pro Ed.

Levelt, Willem J. M. (1989) *Speaking: From intention to articulation*. Cambridge, London: MIT Press.

Liberman, Alvin M., Ignatius G. Mattingly (1985) The motor theory of speech perception revised, *Cognition* 21: 1-36.

McGurk, McDonald (1976) Hearing lips and seeing voices. *Nature* 264: 746-748.

Chiba, Tsutomu, Masato Kajiyama (1942) *The vowel: Its nature and structure*. Tokyo: Tokyo-Kaiseikan.

杉藤美代子・本多清志（2003）『母音：その性質と構造』東京：岩波書店.

人類の進化と言語

野嶋洋子

言語は私達ヒトに特有の能力である。では、ヒトは進化の過程でどのように言語を操る能力を獲得し、「しゃべるヒト」になったのだろうか。言語の直接の証拠である文字資料がない時代にまで遡って言語を探ることは容易ではない。しかし、化石人骨の形質的特徴から、言語の使用に必要な器官が十分に発達していたか、言語を処理できる高度な脳を備えていたかを推測することはできる。特に、頭蓋骨から推定できる脳容量は認知の発達を知る主要な手掛かりとなる。ただし、言語を使用する身体的特徴を備えていたとしても、化石人骨からは、どのような思考を行っていたのかにまで迫ることはできない。一方、化石人骨が遺した人工的な道具（考古学的資料）からは、彼らがどのような生活を行っていたかだけでなく、その道具を製作・使用するためにどのような思考や学習プロセスが必要とされ、どのようなコミュニケーションがあったのかを推測することができる。つまり、形質人類学的研究と考古学的研究を組み合わせることで、認知やコミュニケーション能力の進化として、そこに介在する言語という非物質的なものを捉えることができるのである。

ヒトの祖先は、400 万年以上前のアフリカで、チンパンジーなどの類人猿と共通の祖先から分岐して進化し、約 190 万年前に出現したホモ・エレクトゥス（原人）はアフリカを出てアジアにまで拡がった。私達ホモ・サピエンスは約 20 万年前にアフリカに出現し、その後、世界各地に拡散していったと考えられる。考古学的証拠からは、この進化の過程で、ヒトの認知が大きく進化していったことを窺い知ることができる。それが端的に表れているのは石器である。最も古い道具は、礫の一部を打ち欠いただけの簡単なものだったが、ホモ・エレクトゥスが使用するようになったハンドアックスは規格的な形態をしており、完成形をあらかじめ思い描き、丁寧に打撃を加えて製作していることがわかる。時期がもっと新しくなると、形を整えた石核から定型的な剥片を取り出し、それを石器に加工するという技術が現れ、道具が完成するまでのプロセスがより複雑になる。

ホモ・サピエンスの石器製作技術はさらに高度化し、精緻な剥片素材は目的に応じて槍先・錐・彫器などさまざまな道具に加工され、それを用いて骨などを加工して別の道具を作る、弓矢や投槍器のように道具を組み合わせて使用するなど、いくつもの技術革新が見られる。ヨーロッパの洞窟壁画やビーナス像の彫刻のような創造性を示す芸術的表現や儀礼など、象徴的行動も顕著になり、広域な社会ネットワークを構築し集団を越えた交流を行っていた。このような革命的ともいえるホモ・サピエンスの認知の発達には、極めて複雑なコミュニケーションを可能にする言語という存在が大きく関わっていたにちがいない。

ことばの生理

ことばの脳内処理

井原　綾・藤巻則夫・尾島司郎

I　ことばと脳

脳は大脳、小脳、脳幹からなり、人では他の動物と比べて、認知、思考、言語などの高次な機能を担う大脳が格段に発達している。大脳の表面を大脳皮質といい、わずか数㎜の厚さの中に多数の神経細胞がつまっている。脳の神経細胞が脳内の他の部位との間、目や耳などの感覚器や体の筋肉との間で、信号をやり取りして、外界を知覚したり、手足を動かしたりといったさまざまな情報処理を行っている。大脳は左半球と右半球に分かれており、それぞれの半球は特に明瞭な深い溝によって、前頭葉、側頭葉、頭頂葉、後頭葉の４つに分かれている（図１左）。

脳は部位によって異なる機能を担っており、これを脳の機能局在という。たとえば、体を動かす司令は前頭葉にある運動野が出しているが、その運動

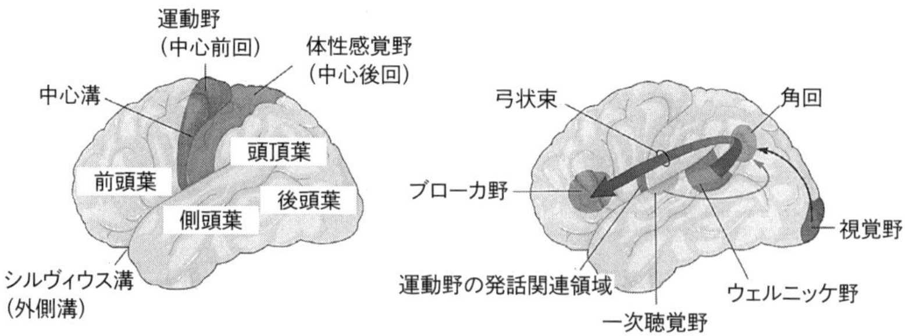

図１　大脳半球のおおまかな区分（左）と主な言語関連領域（右）
出所）Kandel（2000）の図を和訳

野の中でも動かす身体部位によって働く脳部位が異なる。触覚や痛覚などの感覚情報は、運動野のすぐ後方、頭頂葉の体性感覚野が受け取る。視覚情報は後頭葉にある視覚野で、聴覚情報は側頭葉にある聴覚野で受け取る。運動野と感覚野は左右の半球に対称的に配置されているが、言語機能を司る部位は多くの人で左半球に偏っている。言語処理には脳の広範囲が関わっているが、いわゆる言語野と呼ばれているのは、左半球のブローカ野（前頭下部）とウェルニッケ野（側頭後上部）で、弓状束によって双方向に情報を伝達している（図1右）。

言語機能のように脳の機能が片方の半球に偏っているとき、その半球を優位半球という。言語優位半球は左半球であることが多く、利き手によって比率が異なるが、右半球である人は、右利きの人の4%、左利きの人では27%にとどまる（Knecht et al. 2000）。最近の脳画像イメージング研究により、言語優位半球は脳構造の左右非対称性と密接な関係があることがわかっている。言語優位半球が右の人の右半球の前頭葉、側頭葉、島（シルヴィウス溝の中の部位）の部位は、左半球の部位と比べて大きい（Keller et al. 2018）。

II　話しことばと書きことばの入出力

ことばの入出力に関わる脳部位（図2、3）

話しことば（言語音）を「聞く」とき、耳に入った音（空気の振動）は周波数別に鼓膜の奥にある蝸牛で電気信号に変換される（Kandel 2000）。この信号は、脳の側頭上部にある聴覚野に送られた後、左半球の側頭後上部（ウェルニッケ野）で言語音として認識される。また、前頭下部や頭頂下部も言語音の短期記憶などに関わっている。言語音には子音・母音などの要素（音素）と、アクセントやイントネーションなどの要素（韻律）があるが、左半球側が急峻な時間変化をとらえ、右半球側はより長い時間的変化あるいは周波数の違いをとらえる（Zatorre et al. 2002, Hickok et al. 2007）。

書きことば（文字）を「読む」ときには、目に入った光が網膜で電気信号に変換され、脳の後頭部にある視覚野に送られる。一次視覚野で文字を構成する線分が識別された後、高次視覚野に送られ、後頭側頭腹側部で文字とし

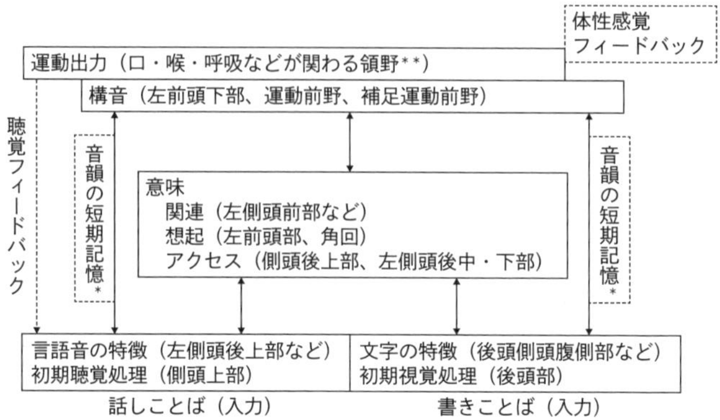

注*左前頭下部、側頭平面、側頭頭頂接合部、縁上回下部
**感覚運動野、島前部、補足運動野、帯状回、基底核、視床、小脳

図2　ことばの脳内処理

出所）Price（2012）の図を和訳・改変

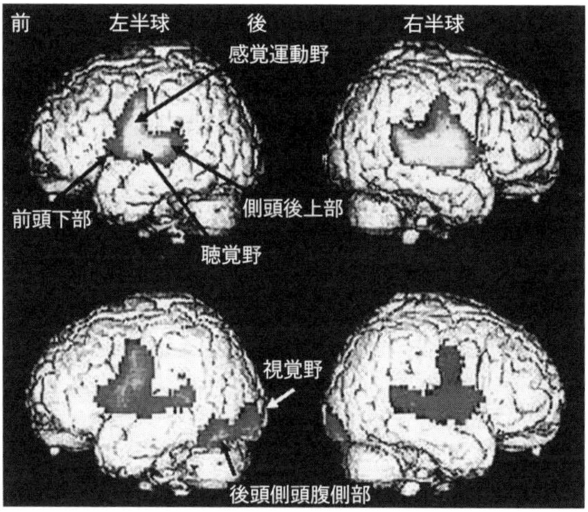

図3　話しことばを聞いて復唱するときの脳活動（上）
および書きことばを読むときの脳活動（下）

出所）Price（2000）の図を和訳・追記

て認識される。点字を読む場合には、指先の触覚の情報が脳の頭頂部にある体性感覚野に送られるが、早期に失明した視覚障害者では視覚野も活動することが報告されている（Sadato 2005）。これらの感覚情報はその後、脳内で意味を含むさまざまの処理がなされる。

「話す」ときには、音の時系列に応じて、呼気や舌・口・喉頭の制御を精密に行う必要があり、左前頭下部（ブローカ野）や島などでこの処理が行われる。前頭後方の中心溝に沿った一次運動野から、喉・口唇・舌などの構音器官を動かすための信号が出る。

文字を「書く」ときには、頭頂・前頭・小脳および感覚・運動や言語の処理部位などが働き、手・指に対応する一次運動野から手指を動かす信号が出る（Planton et al. 2013）。

ことばの入出力にかかる時間

文字や言語音を見聞きしてからの脳内処理の時間的経過は、脳波や脳磁界などの脳機能計測により細かく調べられている（Halgen et al. 2002, Marinkovic et al. 2003, Fujimaki et al. 2009）。たとえば文字を読む場合、最初に視覚情報の初期の処理が後頭部で行われるが、これに関わる脳活動は文字を見てから 0.1 秒くらいで最大となる。そして、その 0.05 秒くらい後には、文字認識に関わる後頭側頭腹側部の活動が最大となる。音声を聞く場合も同様に、音声の開始から 0.1 秒弱くらいで聴覚野の活動が最大となる。いずれの入力についても意味を含む語彙処理は、文字・音声の開始時点から 0.2 秒台で始まり、脳活動が最大となるのは 0.4 秒程度である。声に出して読む場合は、脳で運動関連の処理が開始してから、0.2 秒後くらいに筋肉が動き、発話を行う。このような脳の働きにより、我々は通常 1 秒あたり数個の単語を読むことができる。

Ⅲ　手話の脳内処理

手話は音声言語と入出力のモダリティは異なるものの、音声言語と同様の語彙体系や構造をもっている。手話の脳内処理は、音声言語と同様に、左半球のシルヴィウス溝周辺の前頭－側頭部を中心に行われているが、モダリティによる違いもみられる（MacSweeney et al. 2008）。たとえば、動物や道具などの名前を聾者が手話で言うときと音声言語話者が口頭で言うときには、共通して左半球の側頭部や前頭下部が活動する。加えて、左半球の頭頂部（縁

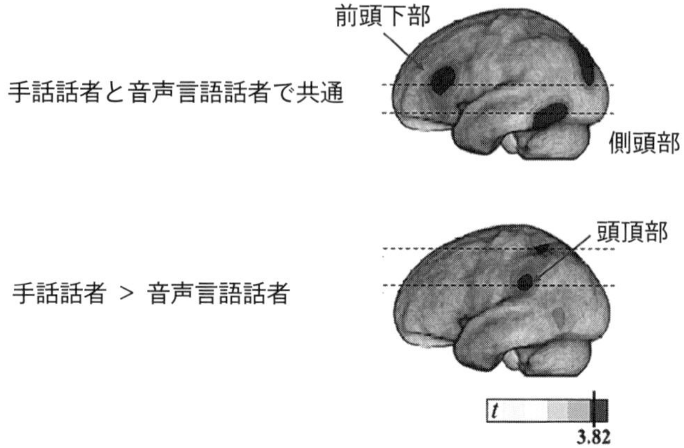

図4　物の名前をいうときの脳活動：手話話者と音声言語話者の比較
出所）Emmorey et al.（2007）の図を和訳・追記

上回、上頭頂部）の活動は、口頭で言うときと比べて、手話で言うときの方が大きい（図4；Emmorey et al. 2007）。

手話と同じく、ジャスチャーも手を使うコミュニケーション手段であるが、ジェスチャーは手話のような言語体系をもっていない。しかし、手話話者では音声言語話者と異なり、ジャスチャーを理解するときにも左半球の前頭―側頭部の言語関連ネットワークが（手話を理解するときよりも小さいながらも）活動する（Newman et al. 2015）。このことは、手話経験が非言語情報であるジャスチャーの認知処理に影響を与えたことを示している。

Ⅳ　意味の処理

意味のネットワーク

意味は脳内の多くの部位が関わる意味ネットワークで処理され、側頭前部はその要と考えられている。この部位が中心（ハブ）となって、感覚・運動・言語などの各領野と相互に接続し（スポーク）、意味処理が行われるという興味深いモデル（図5）が提唱されている（Patterson et al. 2007, Lambon Ralph et al. 2017）。このモデルは脳損傷患者が示す症状を説明する。側頭前部の損傷

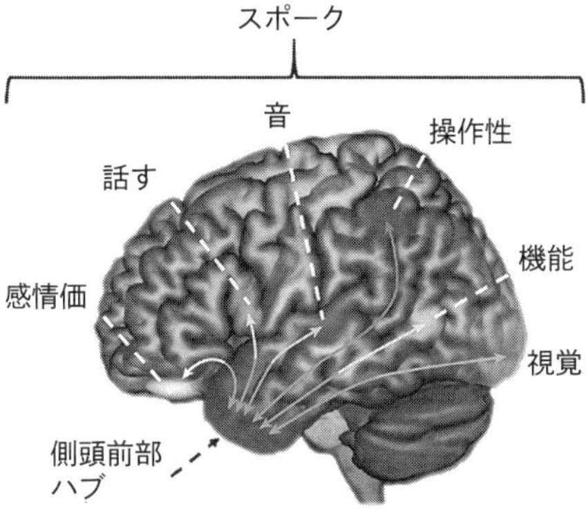

図５　ハブとスポークのモデル

出所）Lambon Ralph et al.（2017）の図を和訳・追記

により、他の認知機能は損なわれないが、意味処理だけが障害される意味性認知症が生じる。また、損なわれる意味内容が、カテゴリーや感覚・運動などのモダリティによらないことから、この部位がさまざまな意味に共通の処理要素であると考えられる。さらに脳機能計測の結果からは、側頭前部の脳活動について、顔でも建物でも、見慣れたものの処理の方が、見慣れないものより大きく、２つのものが意味的に離れている場合が近い場合より大きいなど、処理する特徴要素の多さと脳活動との関係が知られている（Zannino et al, 2009, Matsumoto et al. 2021）。

意味の自動的な処理

人はことばを見ると、自動的に文字の認識や意味の処理を行っている。それを示す例として、色を表す単語を見せて、その文字を書いたペンの色を判断して答えてもらうという実験を行うと、単語が意味する色とそれを書いたペンの色が異なる（例、「黄色」という文字が青色で書かれている）場合は、同じ（例、「黄色」という文字が黄色で書かれている）場合と比べて遅れる。これは、ストループ効果（スペアー・レムクール 1986）と呼ばれており、要求されなくても単語の意味処理を行っていることを示す現象である。

また無意味なパターン（####）のあと、２つの単語を連続して見せる実験で、１つ目の単語を意識に上らないほど短い時間（たとえば、0.05 秒間）呈示するようにして、２つ目の単語についてカテゴリー判断などを行うと、被験者は１つ目の単語が何かを認識できていないにもかかわらず、その単語との関連性によって２つ目の単語に対する応答が影響を受ける（Kinoshita et al. 2003, Fujimaki et al. 2010）。この現象は、意識にのぼっていないことばであっても、人は自動的に意味などの処理を行うことを示している。

言語理解のトップダウン処理

話を聞いたり、文章を読んだりするときに、音から意味、文字から意味とボトムアップ的に処理するだけでなく、文脈や、相手の話し方（プロソディ）、その場の状況などの非言語的な情報も利用して、トップダウン的な処理を並行して行っている。脳波や脳磁図を用いた研究により、各単語の入力を起点として約0.4秒後にピークを持つ電位成分（N400）が意味処理を反映することが明らかになっており（Kutas & Hillyard 1980）、その振幅は、脳内にある語彙へのアクセスのしやすさや文脈との統合のしやすさによって変動する（Kutas & Federmeier 2000）。たとえば、出現頻度が高い単語と比べ、低頻度の単語に対するN400の振幅は大きい。また、文脈と意味的に合わない単語では振幅が増大する（図6）。このことは、脳が次に来る情報を予測しながら、ことばを見聞きし、情報を受け取った後、瞬時に文脈と統

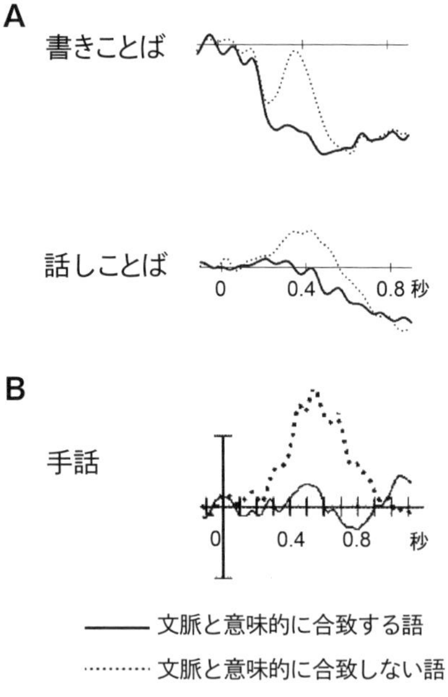

図6　意味処理を反映する事象関連電位N400
ことばのモダリティによらず、文脈と意味的に合致する単語と比べて、合致しない単語では振幅が大きい。
出所）A：Kutas & Federmeier (2000)、B：Capek et al. (2009) の図に日本語で説明追加

合して理解していることを示している。こうしたトップダウン的言語処理には左半球の前頭下部（ブローカ野）が関わっており、注意を伴う（非自動的な）意味の検索、文脈との統合、文脈に合う意味の選択（文脈に合わない意味の抑制）といった言語理解の中でも高次な機能を担っている（Badre et al. 2005, Ihara et al. 2007, Thompson-Schill et al. 1999）。

V　文法の処理

文法（統語）の重要な性質として、「文法と意味は別物である」というものがある。この性質は言語学で有名な次の文によって端的に表されている（Chomsky 1957）。

“Colorless green ideas sleep furiously.”（色のない緑の考えが猛烈に眠る）

この文は全く意味をなしてないものの、英語の母語話者ならば文法的に成り立つことが直感的に分かるといわれる。言語の脳科学においても文法と意味の独立性が研究されてきた。たとえば、文法的には正しいが意味的に間違っている文に対する脳波を成人母語話者で調べると、先述の（意味の処理を参照）N400と呼ばれる成分が出現することが知られている（Kutas & Hillyard 1980）。一方、全体として意味は理解できるが文法的に間違っている文に対する脳波を調べると、P600という成分が出現することが多い（Neville et al. 1991）。単語呈示後0.4秒付近で最大になるN400は、0.6秒付近かそれ以降で最大になるP600よりも出現タイミングが早い。文法処理に関連すると考えられる成分には他にも、ELAN、LANなどがある（Friederici 2017）。ELANはN400よりも早いタイミングで出現し（0.2秒付近で最大）、LANの出現はN400と同じようなタイミングだが頭皮上の分布や大きさが異なる。このことは、文字や音声が知覚された後、文処理の第1フェーズに相当する初期の文法処理が行われ（ELANに反映）、その後、第2フェーズの意味の処理（N400）や形態統語的な処理（LAN）などが並列的に進み、第3フェーズの後期文法処理（P600）に移行することを示している。初期の文法処理と後期の文法処理はそれぞれ、品詞に基づく文構造の構築と作り上げた文構造の再分析などを示す。文法処理に深く関与しているのは脳の左半球の前頭下部、特にブローカ野と呼ばれる部分だと報告されていることが多い。文法の中でも、人間の言語と動物のコミュニケーションを分ける最も重要な特徴だと言われる「階層性」も、このブローカ野で処理されているという説がある(Friederici 2017)。

VI　結語

今日、人工知能(AI)が飛躍的な進化を遂げているが、AIにとっても苦手とするところは「言語理解」であるといわれている。普段、人が見聞きすることばは、必ずしも、文法的に正しく、意味が明解であるとは限らない。しかし人は、迅速に、そして柔軟にことばを理解できる。脳の言語機能は、人ならではの優れた特性である。本章では、脳の言語機能の神経基盤について、脳機能計測研究の知見を中心にまとめた。人が言語をどのように習得するのか、脳の損傷などにより言語機能はどのように損なわれるのかについては、次章以降を御覧いただきたい。

参考文献

Badre, David, Russell A. Poldrack, E. Juliana Paré-Blagoev, Rachel Z. Insler and Anthony D. Wagner (2005) Dissociable controlled retrieval and generalized selection mechanisms in ventrolateral prefrontal cortex. *Neuron* 47: 907-918.

Capek, Cheryl M., Giordana Grossi, Aaron J. Newman, Susan L. McBurney, David Corina, Brigitte Roeder and Helen J. Neville (2009) Brain systems mediating semantic and syntactic processing in deaf native signers: Biological invariance and modality specificity. *Proceedings of the National Academy of Sciences of the United States of America* 106(21): 8784-8789.

Chomsky, Noam (1957) *Syntactic structures*. The Hague: Mouton.

Emmorey, Karen, Sonya Mehta and Thomas J. Grabowski (2007) The neural correlates of sign versus word production. *Neuroimage* 36: 202-208.

Friederici, Angela D. (2017) *Language in our brain: The origins of a uniquely human capacity*. Cambridge, MA: MIT Press.

Fujimaki, Norio, Tomoe Hayakawa, Aya Ihara, Qiang Wei, Shinji Munetsuna, Yasushi Terazono, Ayumu Matani and Tsutomu Murata (2009) Early neural activation for lexico-semantic access in the left anterior temporal area analyzed by an fMRI-assisted MEG multipole method. *NeuroImage* 44: 1093-1102.

Fujimaki, Norio, Tomoe Hayakawa, Aya Ihara, Ayumu Matani, Qiang Wei, Yasushi Terazono and Tsutomu Murata (2010) Masked immediate-repetition-priming effect on the early lexical process in the bilateral anterior temporal areas assessed by neuromagnetic responses. *Neuroscience Research* 68: 114-124.

Halgren, Eric, Rupali P. Dhond, Natalie Christensen, Cyma Van Petten, Ksenija Marincovic, Jefferey D. Lewine and Anders M. Dale (2002) N400-like magnetoencephalography responses modulated by semantic context, word frequency, and lexical class in sentences. *NeuroImage* 17: 1101-1116.

Hickok, Gregory and David Poeppel (2007) The cortical organization of speech processing. *Nature Reviews Neuroscience* 8: 393-402.

Ihara, Aya, Tomoe Hayakawa, Qiang Wei, Shinji Munetsuna and Norio Fujimaki (2007) Lexical access and selection of contextually appropriate meaning for ambiguous words. *Neuroimage* 38: 576–588.

Kandel, Eric R., James H. Schwartz and Thomas M. Jessell (eds.) (2000) *Principles of neural science*. 4th edition. New York: McGraw-Hill companies Inc.

Keller, Simon S., Neil Roberts, Gus Baker, Vanessa Sluming, Enis Cezayirli, Andrew Mayes, Paul Eldridge, Anthony G. Marson and Udo C. Wieshmann (2018) A voxel-based asymmetry study of the relationship between hemispheric asymmetry and language dominance in Wada tested patients. *Human Brain Mapping* 39(7): 3032-3045.

Kinoshita, Sachiko and Stephen J. Lupker (eds.) (2003) *Masked priming: The state of the art*. New York: Psychology Press Ltd.

Knecht, Stefan, Bianca Dräger, Michael Deppe, Lohaliz Bobe, Hubertus Lohmann, Agnes Flöel, E. Bernd Ringelstein and Hennig Henningsen (2000) Handedness and hemispheric language dominance in healthy humans. *Brain* 123(12): 2512-2518.

Kutas, Marta and Kara D. Federmeier (2000) Electrophysiology reveals semantic memory use in language comprehension. *Trends in Cognitive Sciences* 4: 463-470.

Kutas, Marta and Steven A. Hillyard (1980) Reading senseless sentences: Brain potentials reflect semantic incongruity. *Science* 207(4427): 203-205.

Lambon Ralph, Matthew A., Elizabeth Jefferies, Karalyn Patterson and Timothy T. Rogers (2017) The neural and computational bases of semantic cognition. *Nature Reviews Neuroscience* 18: 42-55.

MacSweeney, Mairéad, Cheryl M. Capek, Ruth Campbell and Bencie Woll (2008) The signing brain: The neurobiology of sign language. *Trends in Cognitive Sciences* 12(11): 432-440.

Marinkovic, Ksenija, Rupali P. Dhond, Anders M. Dale, Maureen Glessner, Valerie Carr and Eric Halgren (2003) Spatiotemporal dynamics of modality-specific and supramodal word processing. *Neuron* 38: 487-497.

Matsumoto, Atsushi, Takahiro Soshi, Norio Fujimaki and Aya S. Ihara (2021) Distinctive responses in anterior temporal lobe and ventrolateral prefrontal cortex during categorization of semantic information. *Scientific Reports* 11: 13343.

Neville, Helen, Janet L. Nicol, Andrew Barss, Kenneth I. Forster and Merrill F. Garrett (1991) Syntactically based sentence processing classes - evidence from event-related brain potentials. *Journal of Cognitive Neuroscience* 3: 151-165.

Newman, Aaron J., Ted Supalla, Nina Fernandez, Elissa L. Newport and Daphne Bavelier (2015) Neural systems supporting linguistic structure, linguistic experience, and symbolic communication in sign language and gesture. *Proceedings of the National Academy of Sciences of the United States of America* 112(37): 11684-11689.

Patterson, Karalyn, Peter J. Nestor and Timothy T. Rogers (2007) Where do you know what you know? The representation of semantic knowledge in the human brain. *Nature Reviews Neuroscience* 8: 976-987

Planton, Samuel, Mélanie Jucla, Franck-Emmanuel Roux and Jean-Françoir Démonet (2013) The "handwriting brain": A meta-analysis of neuroimaging studies of motor versus orthographic processes. *Cortex* 49: 2772-2787.

Price, Cathy J. (2000) The anatomy of language: Contributions from functional neuroimaging. *Journal of Anatomy* 197: 335-359.

Price, Cathy J. (2012) A review and synthesis of the first 20 years of PET and fMRI studies of heard speech, spoken language and reading. *NeuroImage* 62: 816-847.

Sadato, Norihiro (2005) How the blind "see" braille: Lessons from functional magnetic resonance imaging. *Neuroscientist* 11(6): 577-582.

K. T. スペアー・S. W. レムクール (1986)「視覚の情報処理 〈見ること〉のソフトウェア」苧阪直行他(訳)東京:サイエンス社.

Thompson-Schill, Sharon L., Mark D'Esposito and Irene P. Kan (1999) Effects of repetition and competition on activity in left prefrontal cortex during word generation. *Neuron* 23: 513-522.

Zannino, Gian D. Ivana Buccione, Roberta Perri, Emiliano Macaluso, Emanuele Lo Gerfo, Carlo Caltagirone and Giovanni A. Carlesimo (2009) Visual and semantic processing of living things and artifacts: An fMRI study. *Journal of Cognitive Neuroscience* 22(3): 554-570.

Zatorre, Robert J., Pascal Belin and Virginia B. Penhune (2002) Structure and function of auditory cortex: Music and speech. *Trends in Cognitive Sciences* 6: 37-46.

ことばの生理

言語習得

巽　智子

私たちは第一言語をどのように習得してきたのだろうか。人と話したり本を読んだりと、私たちは普段なんの気なしに言語を用いたりするが、これは言語に熟達したからこそ可能なことである。ここでは、言語使用の例を３つ挙げ、それぞれがどのような認知能力や学習プロセスの上に成り立っているのかを考えたい。

I 「おはよう」と言う

「おはよう」などの挨拶は、その言葉の意味内容よりも、それを言うという行為自体が重要な、儀礼的言語使用である。挨拶を促す周りの大人の期待に応えるように、小さい子供も、言語産出の最も早い段階（およそ１歳頃）から「バイバイ」などの簡単な挨拶を産出するようになる。挨拶ができるようになるには、どのような能力が必要だろうか。

他者を認識し、他者に倣う

「おはよう」という言葉を向けるべき相手はどのような存在だろうか。朝起きて、布団に対して「おはよう」と言うことは基本的にないだろう。コミュニケーションの相手を認識するには、社会的認知の能力が必要となる。他人が自分と同様に意識や意図をもった主体であるという認識は間主観性と呼ばれ、９カ月頃に出現するとされる（Tomasello 2005）。

その上で挨拶を交わすという儀礼的やりとりを行うには、他人の行動の模倣が必要である。他人が自分に「おはよう」と言う行動を見て、それを今度は自分から他人にやってみるのである。このような模倣にどの程度の意図理解が伴っているのかは明らかでない。言語行動以外の意図理解を伴った模倣がおよそ1歳過ぎから現れることを考えると、何らかの意図理解の上で挨拶をしている可能性はある。この可能性に対して、他人の挨拶行動の意図が不明でも、とりあえず模倣をして学習していくプロセス（Gergely & Csibra 2020）の重要性も議論されている。

言語形式を知覚し産出する

「おはよう」の音声形式を自分で発するには、聞こえてくる [ohajo:] という音声のパターンを知覚、記憶した上で、調音運動を行う必要がある。音声形式の知覚能力は産出能力に先立って発達する。生後6カ月頃から、耳にする言語で繰り返し現れる音韻の種類や頻度、プロソディーを認識できるようになり、1歳になる頃には音韻の組み合わせのパターンも統計的に学習できるようになる（Kuhl 2004）。そうして知覚の能力が先行して発達する一方で、音声形式を自ら産出するには、調音器官（肺、喉、舌など）の発達及びこれらの器官を用いた精密な運動の習熟が必要である。発音はまず肺などから空気を送り、音の種類によって特定の気道の狭めを喉や舌などで作り、かつそれぞれの調音動作を連続して滑らかに行うことで実現する。音の種類によって発音の難易度が異なり、通言語的に破裂音［p, b, t, d］や鼻音［m, n］などは比較的早くから、摩擦音（[s] など）や破擦音（[ts] など）、はじき音（[ɾ] など）は遅くに発音できるようになる（McLeod & Crowe 2018）。このため発音に習熟していない段階では、「あよー」のように音を置換したり、通常と異なる音節構造を用いたりして発音をすることになる。一通りターゲット言語の音声を正確に発音できるようになるのは、およそ5歳頃とされる（McLeod & Crowe 2018）。発達上、子供は個々の音韻（/t, m/ など）を処理するというよりも、語などの音列（tomato など）の全体的な処理を繰り返す中で、徐々にさまざまな音を習得すると考えられる（Vihman 2017）。

手話の場合には、手指など上半身を用いた正確な動作が必要となる。これらの運動器官の発達が調音器官の発達と比べて先行することや、外部から操作可能であるなどの理由から、手話の初語の出現が（音声言語の場合の1歳頃と比べて）2、3カ月ほど早いと報告する研究がある（鳥越 2001）。手話においても比較的構成が簡単な手型が早くから習得される傾向がある。また、動きの難しい形式が簡単な形式で置き換えられることも、音声言語の場合と同様である（鳥越 2001）。たとえば日本手話の「終わり」という語は両手を下げながら手をすぼめる動きによって表されるが、子供がまず手をすぼめてから両手を下に動かすという例がある（武居渡氏、私信）。音声言語、手話言語のどちらでも、身体の一部を微細に制御して動かすことが必要であり、動作自体の難しさが、習得の順序やエラーのパターンに関わる。

やりとりの手順やルール

「おはよう」という音声形式を発することができたとしても、それをとにかくいつでも産出すれば良いというわけではない。子供はどのようなタイミングや社会的状況で特定の形式を産出すべきかを学習する必要がある。

「おはよう」は、他人を認識した後にその人と言語コミュニケーションを開始するタイミングで言うものである（ある程度会話が盛り上がってから「おはよう」と言うことはまずない）。子供は、やりとり上で「おはよう」と言うべきタイミングや、「おはよう」は双方が言い交わすものであることも学習するだろう（Tatsumi & Sala 2022）。

通常午前中に言う、という1日の中の時間帯についての条件付けも重要である。朝目が覚めたときや、朝ごはんの後で出かけたときには「おはよう」と声を掛けられる。それから何時間か経つと、「おはよう」ではなく「こんにちは」などの違う形式が聞こえてくるようになる。その時間帯に「おはよう」と言ってみると、予想外に相手から「こんにちは」と返ってきたり、「こんにちは、だよ」と教えられるかもしれない。さらに相手や社会的状況によって「おはよう」と「おはようございます」を使い分ける必要もある。最初は「おはよう」一本で済ませても問題にならないが、幼稚園に入ると周りの子供達が先生に「おはようございます」と言っているのを耳にするかもしれない。挨拶などの簡単かつ使用頻度の高い定型表現から、相手や状況に応じた言語の選択が身に付いていくと考えられる（Chang, et al. 2021; Nakamura 2001）。周りの人たちが誰に対してどのようなタイミングや状況で「おはよう」（もしくは他の言葉）を言うのかを、子供は観察し、真似して自分で試してみながら、徐々に学習していく。

Ⅱ　「どいて」と言う

次に、他人に何かを命令、依頼する言語使用を考えてみたい。小さい子供はしばしば「どいて」のような指図をする。もちろんこの言語使用にも、既に述べた社会認知や言語形式の知覚・産出などのプロセスなどが共通して含まれる。Ervin-Tripp, Guo, & Lampert（1990）によると、他人をコントロールするためには次の複数のステップが必要である。まず、他人の注意を引くこと、そしてその人に何をすべきか知らせること。次に、その行動の遂行を説得、確信させること、また同時に、その人との社会的関係を築く、もしくは維持することである。言語を用いてこれらのステップを適切に行うにはどのような能力や学習が必要だろうか。

相手を操作する

1歳ごろになると、自分と他者という2項関係から、物を介して自分と他者をつなげる3項関係を結ぶことができるようになる。こうした社会的認知が、他人を自分の目的のために使ったり、他者を操作したりする意図の基盤となる。言語産出が始まる前にも身振りなどによる原初的な命令意図の表出があり、この種の意図は初期の言語使用にも引き継がれるようである。「どいて」などと言って他人にその場で何かの行動を求めることは、Snow, et al.（1996）の研究が報告する、最も早期に現れる発話意図（その場での行動を交渉する、共同で注意している対象について話す、聞き手の注意を何かに向ける）にも含まれている。

指図と配慮をどう表現するか

ただ他人が自分の目的達成のための手段になり得るからといって、どんな依頼や命令をしても通るわけではない。社会的関係の維持がコミュニケーションの主要な目的である以上、私たちは他者がどのように受け取るかに常に注意を払いながら言語を用いる（Enfield 2013）。特に他者の自由を多少なりとも侵害する命令や指示、依頼においては、相手の体面と自分の体面を保つための慎重な言語使用が求められる。私たちは他人に過度に干渉してはいけないとわかっているし、他人の期待にはなるべく応え、認められるような「良い」自分でいたいのである。他人に配慮した言語使用がどのように発達するかについては、たとえば嘘についての研究がある。Talwar, Murphy, and Lee（2007）は、3歳から11歳の子供にがっかりするようなプレゼント（石鹸）を与え、そのプレゼントが気に入ったかどうかを聞く実験を行った。その結果、3歳の子供でも他人に配慮した嘘をつくこと、また、年齢と共にこうした向社会的な嘘が増えることが示された。自分の行動が他人にどのような結果をもたらすかを予測して振る舞うだけでなく、そのことが自分の体面を保つと理解していると考えられる。

言語産出前の時期には、子供は直接的な身体動作（例：他人を手で押しのける）や、言語音以外の音声（例：泣く）といった指示表現を用いるだろう。早期の言語産出では「もっと食べさせて」という意図で「もっと」と言ったり、「だめ」と言って禁止したり、簡易な表現で意図を表現する。言葉が足りずとも周りの大人は意図を汲み取ってくれることが多いだろう。

大人が使うような多様な表現を相手と自分の関係（親友、上司と部下など）や頼み事の負担の大きさ（例：時間を教えてもらう、100万円貸してもらう）などのさまざまな要因に応じて適切に使用できるようになるには年月を要する。表現を適切に選択できることは、社会化（社会に適応した「普通」の人間になること）のプロセスの上で重要である。第一言語習得は一般的に暗示的学習が主であるが、このような社会化に重要な側面は明示的にも教えられることが多い。日本語を話す子供は、丁寧な言い方や、「ごめんね」、「お願いします」、「ありがとう」などを使うよう教えられる。また、子供が経験する日々の言語使用にも多様な形式が含まれており、暗示的学習も同時に進んでいく。保護者の命令表現を分析したClancy（1987）によると、「食べて」「来なさい」のような命令形式の他に、「食べよう」などの提案の形式や「来てくれない？」などの疑問の形式、「こっちにおもちゃあるよ（だから来て、という意図）」などのヒントを示す形式といった多様なストラテジーで命令的な意図が伝えられる。たとえば日本語を話す子供は、3歳頃には既に「ちょうだい」と「ください」などを場面に応じて使い分けられる。日本語のインプットを分析すると、丁寧さが異なる表現が比較的明確な条件付け（相手の区別など）のもとで使用されており、このため早期から学習が進みやすいことが示唆される（Chang, et al. 2021; Fukuda 2005）。

日本手話においても依頼をする際に、同様の婉曲的な表現のほか、通常片手で表す「頼む」という語を両手で表したり、相手に負担をかけて心苦しいという気持ちのマーカーとして「しかめ」の表情が用いられたりするなど、さまざまなバリエーションが観察される（吉岡 2013）。ただこのような手話のポライトネス表現の習得のプロセスについてはほとんど明らかになっていない。

ポライトネスに関する言語ストラテジーは極めて多様かつ社会集団ごとに慣習化されており、成長して大人になってからも、新たな社会的環境に身を置くたびに学習されるものである。たとえばビジネスで使う敬語表現を就職活動の中で練習したり、職場で先輩たちが使う表現を徐々に覚えて使ったりするようなことがあるだろう。

文化的バリエーション

命令や依頼といった相手の自由を侵害し得る言語使用においては、社会文化的な差異が観察されやすい。何のストラテジーを好むか、どれくらい直接的・間接的に話すか、表現を何の要因（社会的地位、人間関係、依頼内容など）によって変えるか等、さまざまな面での差異がある。特定の社会集団に特徴的なパターンには、人と人はどのように関わるべきか、どのようなコミュニケーションが望ましいか、などのコミュニケーションに関するその集団の価値観を見出すこともできるだろう。言語使用のストラテジーに関わる文化的なバリエーションは、依頼や命令の他にも、断り・否定・謝罪などのさまざまな言語行為について研究されている。たとえば、Burdelski（2013）は家族内の会話データを分析し、「ごめんね」などの日本語の謝罪表現が、人に対してだけでなく、疲れている様子のハムスターや折ってしまった花など対しても使用されることを示した。このような謝罪形式の使用は、共感や思いやりを重視する日本語のコミュニケーションの特徴を端的に示すものとして解釈できる。

日本語には本音と建前を積極的に区別する言語文化があるとされるのと対照的に（Clancy 1987 他）、日本手話は率直な言語表現を好む傾向があるといわれる。澁谷（2009）には、ろうの両親のもとで育ち手話の言語文化をもつ著者が、友達に服が似合っているかを聞かれて、率直に「似合っていない」と伝えると、意地悪だと判断されてしまうエピソードが載っている。言語はある社会集団によって、その集団の特定の文化的価値観のもとで使われる。子供が日々経験する言語には、人々が互いにどう振る舞うか、どのようなやりとりが普通で望ましいか、などの規範が織り込まれているのである。

Ⅲ　「雨降ってる!」と言う

最後に、陳述的な言語の産出についてはどうだろうか。ここでは、窓の外を見たところ、雨が降っていることに気づいて「雨降ってる！」と部屋の中の人に言うという状況を設定する。世界についての信念や判断を伝える情報伝達は、他人に注意を促すという点では命令や指示と類似する。その一方で、命令や指示が世界を言葉のとおりに変えるためであるのに対し、陳述は世界のとおりに言葉を使う、という違いがある。命令などの遂行的な言語使用と比べて陳述的言語使用は遅く発達すると言われている（Bates, Camaioni, & Volterra 1975; Rakoczy & Tomasello 2009）。

何についてどう話すべきか

そもそも私たちは、どのような出来事を言語化して他人に伝えるのだろうか。たとえば、外を歩けばビルの壁が視界に入ったりするが、その壁の存在について誰かに話すことはあまりない。一方で、ずっと晴れていたところで急に大雨が降り出したら、そのことについて話す確率は高いだろう。私たちは、知覚されるものの中から特定の何かに注目し、さらに他人もおそらく興味を持つであろうこと、またその場に適切と判断されることなどを話題にする。Grice（1975）の協調の原理を用いれば、私たちは適切な量・質・関連性のある話をする。また、5、6歳頃から徐々に協調の原理に違反するようなやりとり（例：「どのスポーツ知ってる？」という質問に対して「あなたの名前わかるよ」）が判断できるようになると言われる（Okanda, et al. 2015）。

イントネーションなどの韻律を適切にコントロールすることも重要である。「雨降ってる」もさまざまな発音の仕方が可能であり、それによって驚きや疑いなどさまざまな感情や意図が聞き手によって解釈される。韻律の発達は、（言語産出以前の）発声から観察される。インプットの韻律の模倣は、リズムや抑揚のついた喃語へと発達し、1歳前後では異なるピッチ変化のパターンを聞き分け、発音し分けることができる（Crystal 1986; Bassano & Mendes-Maillochon 1994）。しかし、大人と同様の意図や感情の解釈を特定の韻律パターンに結びつけられるようになるまでには時間がかかり、9歳ほどに達しても大人と同様ではないという報告がある（Gérard & Clément 1998）。語彙や文法の習得においては理解が産出に先立つのが一般的傾向であるが、韻律については逆に産出が理解に先行する傾向が見られる点も興味深い。

物体や出来事を認識し、注目する

世界を言語化するには、複雑で混沌とした知覚情報の中から特定の物体や人、動作を認識して注意を向けることが不可欠である。☔がある状況のなかで、☔を認識して注目することなしに「雨」という語を学び使うことは考えられない。生まれて間もない時期から、人間は物体を認識し、極めて短い間ではあるが注視することができる。この物体への視覚による注意や認識が生後1年間の間に急激に発達することが、選好注視法を用いたさまざまな研究で明らかになっている（Colombo 2001 他）。何かの対象に注目することで、その対象の動きや変化を追うことも可能になり、これが動詞などの習得の基盤となる。

視覚情報に加え、他の感覚から得る情報も用いられる。私たちが雨を認識する際、水で濡れた地面の模様や、雨粒が上から下へ動く軌跡などの視覚的情報の他に、雨が強い場合にはザーザーという聴覚的情報が得られるだろう。また、外にいる場合、直接肌に水滴が当たったり、濡れる感覚が生じたりする。雨という出来事は毎回さまざまな点で異なるが、何らかの点で共通、類似する知覚経験の繰り返しがカテゴリー的認識につながる。この出来事とともに周りの人が「雨」という語を含む言語産出をするのを子供は経験し、両者の結びつきを学習していくと考えられる。

語の意味を推し測る

語の意味は、知覚情報（例：窓の外に何か特徴のある風景が見える）と言語インプット（例：[ame] というような音が他人の口から発せられる）の対応づけから推論される。子供は生活の中で、さまざまな出来事と、それに伴ってさまざまな言葉が用いられるのを経験する。毎回少しずつ異なる出来事と言語形式の中に類似点や差異を認識することで、語の単位の切り出しや、意味の理解が進むと考えられる。このため、早期には耳にする頻度が高い語や、形式と意味の対応が認識しやすい語が習得されやすい（Lieven 2010）。そして既知の語を足掛かりにしながらさらにさまざまな語を習得していく。

語の意味の習得を考える際に留意すべきは、子供がある語を産出していても、その語の意味範囲を正しく理解しているとは限らない点である（ただ、この問題は大人にも起こり得る）。「雨」という語を知っていても、雪を見て「雨」と言うかもしれないし、土砂降りの大雨を見たときには「雨」と呼ばないかもしれない。もしかすると「雨」の意味が水だと認識している可能性もある。子供は、周りの人々が「雨」や関連するさまざまな語（「曇り」、「雪」など）を使うのを観察しながら、徐々に語の適用範囲を微調整して、同じような意味の把握に近づけていくと考えられる（Goldberg 2019 他）。つまり語の習得は、経験をもとに仮説的推論を重ねていくプロセスである（Enfield 2013）。

「降ってる」のような動詞には、語の内部に時制やアスペクトなどの文法標示が含まれる。日本語では「降らなかった」「降られている」など、さまざまな接尾辞を付加した多くの形式が区別されるが、子供はよく耳にする形式から学習していく。たとえば、「降る」という動詞では「降ってる」「降った」など使用頻度が高い形式がそれ以外の形式に先行して産出されるだろう。それと同時に、徐々に異なる動詞間で共通する形態パターンを捉え（例：「降ってる」、「踊ってる」の「〜ってる」）、それに対応する文法カテゴリー（進行や状態のアスペクト）の認識を発達させていくと考えられる（Tatsumi & Pine 2016; Tatsumi, Chang, & Pine 2021）。

文を組み立てる

1語のみでなく、複数の語を使って何か複雑なことを言いたいときには、語を並べる順番や、個々の語句の文中での役割を示す文法標識などにも注意が必要となる。言語ごとの慣習的パターン（文法）にしたがって言葉を使うことで、他者に意図したメッセージが伝わりやすくなるためである。

語順の習得には、特に英語の交替構文（二重目的語構文と与格構文など）を対象とした統語プライミング研究が盛んに行われており、抽象的な構文パターンの認識が徐々に発達することが明らかになってきた。日本語においては、語句の文法上の役割を示すのに格助詞も重要である。言語経験を繰り返す中で、名詞と格助詞（例：私が〜）、格助詞と動詞（例：〜を食べる）の共起パターンや、抽象的な構文知識（例：〜が〜を〜する）が徐々にされると考えられる。他動詞構文の習得には、有生性の手がかり（有生物が動作主で、無生物が被動作主との予測）なども重要であると示されている（Tanaka & Shirai 2012）。

一方で、「雨降ってる！」などの比較的よく使われる表現は、いちいち個々の語を組み合わせて理解や産出の処理をしているわけではない。私たちは全体から部分へ進むトップダウンの処理と、部分から全体へ進むボトムアップの言語処理を両方行うが、子供の場合にはトップダウンがより強いと言われている（Theakston & Lieven 2017 他）。つまり、「雨降ってる」などの比較的大きなかたまりで受け止め、それを（「雨」や「る」などの部分の意味や機能を必ずしも意識せずに）全体的な発話意図（例：何かの発見を伝える）と結びつけるやり方である。

形容する、比喩する

私たちは、知覚した情報をそのまま機械的に語や文に変換するわけではなく、必ず何らかの判断や解釈を経て言語化する。その際に、遊びを加えたり、特別な効果を狙って創造的な言語使用をしたりすることもある。たとえば、「ザザザーッ」などのオノマトペを用いて描写してみたり、雨を涙にたとえてみたり、さまざまなやり方がある。

言語において象徴性は有力な学習の手がかりとなり得る。オノマトペ、つまり擬態語や擬音語には多かれ少なかれこの手がかりがあるため、習得しやすいとされる。Imai and Kita (2014) による新規語の学習の実験では、3歳児が「ヒャイヒャイ」や「バトバト」など音形が特定の動作特徴に結びつくオノマトペを、結びつかないオノマトペよりも適切に学習する傾向が観察された。また、言語のプロソディーや言語産出に伴うジェスチャーなどの象徴性も言語習得の助けになることがわかっている (Goodrich & Hudson Kam 2009)。子供のみならず私たち話者一般にとって、このような象徴性は言語学習を助けるリソースであると考えられる。

手話においては、視覚情報を視覚的な象徴を用いて伝えることができる。日本手話で雨は手を上から下に動かす動作で雨が降る様子を表す。より詳細な情報を加える際も、小雨ならば人差し指だけを用いて動作をしたり、大雨だと両手を強くスピーディに上下に動かして、目元、口の形も著しい程度を表す、などの類像的な表現が用いられる。このような象徴的な手話記号は子供にも理解、産出されやすいという研究結果がある (Thompson, Vinson, Woll, & Vigliocco 2012)。

比喩などのレトリックの理解や産出には、さまざまな概念領域の間にまたがる類似性の理解が必要である。2、3歳頃から現れる早期の比喩的表現は物理的類似性に基づいたものが主で (例：電車を見て「ヘビ」と言う)、その後徐々により複雑かつ抽象的な類似性について、さまざまな比喩を用いるようになる (Melogno, Pinto, & Levi 2012)。このような比喩的言語の使用の基盤となるのは、食べ物がないのに食べる動作をするような「ふり行動」や、バナナを電話として耳に当てるような「見立て行動」である。子供は今ここで知覚される世界から、それ以外の世界へと徐々に関心を広げていく。この認知的発達が、創造的な言語使用にも反映されると考えられる。

Ⅳ　おわりに

本章では、私たちが普段行っている言語行動について、それがどのような身体的基盤や認知能力、そして日々の経験と学習の上に成り立っているのかをみてきた。人間は言語も世界知識もなしに社会生活をスタートし、日々のコミュニケーションが徐々に出来るようになる。この過程について考えることの面白さを共有できたなら幸いである。

参考文献

Bassano, Dominique and Isabelle Mendes-Maillochon (1994) Early grammatical and prosodic marking of utterance modality in French: A longitudinal case study. *Journal of Child Language* 21(3): 649-675.

Bates, Elizabeth, Luigia Camaioni and Virginia Volterra (1975) The acquisition of performatives prior to speech. *Merrill-Palmer Quarterly of Behavior and Development* 21(3): 205-226.

Burdelski, Matthew (2013) "I'm sorry, flower": Socializing apology, relationships, and empathy in Japan. *Pragmatics and Society* 4(1): 54-81.

Chang, Franklin, Tomoko Tatsumi, Hirofumi Hayakawa, Misa Yoshizaki and Natsuki Oka (2021) The role of parental input in the early acquisition of Japanese politeness distinctions. *Collabra: Psychology* 7(1): 1-17.

Clancy, Patricia M. (1987) The acquisition of communicative style in Japanese. In: Bambi B. Schieffelin and Elinor Ochs (eds.) *Language socialization across cultures*, 213-250. Cambridge: Cambridge University Press.

Colombo, John (2001) The development of visual attention in infancy. *Annual Review of Psychology* 52(1): 337-367.

Crystal, David (1986) Prosodic development. In: Michael Garman and Paul Fletcher (eds.) *Language acquisition: Studies in first language development*, 174-197. Cambridge: Cambridge University Press.

Enfield, Nicolas J. (2013) *Relationship thinking: Agency, enchrony, and human sociality*. Oxford, New York: Oxford University Press.

Ervin-Tripp, Susan, Jiansheng Guo and Martin Lampert (1990) Politeness and persuasion in children's control acts. *Journal of Pragmatics* 14: 307-331.

Fukuda, Chie (2005) Children's use of the masu form in play scenes. *Journal of Pragmatics* 37(7): 1037-1058.

Gérard, Claire and Juliette Clément (1998) The structure and development of French prosodic representations. *Language and Speech* 41: 117-142.

Gergely, György and Gergely Csibra (2020) Sylvia's recipe: The role of imitation and pedagogy in the transmission of cultural knowledge. In: Stephen C. Levinson and Nicholas J. Enfield (eds.) *Roots of human sociality: Culture, cognition, and human interaction*, 229-255. Oxford: Berg Publishers.

Goldberg, Adele E. (2019) *Explain me this: Creativity, competition, and the partial productivity of constructions*. Princeton: Princeton University Press.

Goodrich, Whitney and Carla L. Hudson Kam (2009) Co-speech gesture as input in verb learning. *Developmental Science* 12(1): 81-87.

Grice, Paul H. (1975) Logic and conversation. In: Peter Cole and Jerry L. Morgan (eds.) *Speech acts*, 41-58. Leiden: Brill.

Imai, Mutsumi and Sotaro Kita (2014) The sound symbolism bootstrapping hypothesis for language acquisition and language evolution. *Philosophical Transactions of the Royal Society B: Biological Sciences* 369(1651): 1-13.

Kuhl, Patricia K. (2004) Early language acquisition: Cracking the speech code. *Nature Reviews: Neuroscience* 5(11): 831-843.

Lieven, Elena (2010) Input and first language acquisition: Evaluating the role of frequency. *Lingua* 120(11): 2546-2556.

McLeod, Sharynne and Kathryn Crowe (2018) Children's consonant acquisition in 27 languages: A cross-linguistic review. *American Journal of Speech-Language Pathology* 27(4): 1546-1571.

Melogno, Sergio, Maria Antonietta Pinto and Gabriel Levi (2012) Metaphor and metonymy in ASD children: A critical review from a developmental perspective. *Research in Autism Spectrum Disorders* 6(4): 1289-1296.

Nakamura, Keiko (2001) The acquisition of polite language by Japanese children. In: Keith E. Nelson, Ayhan Aksu-Ko, Carolyn E. Johnson and Ayhan Aksu-Koc (eds.) *Children's language: Volume 10: Developing narrative and discourse competence*, 93-112. Mahwah, NJ: Psychology Press.

Okanda, Mako, Kosuke Asada, Yusuke Moriguchi and Shoji Itakura (2015) Understanding violations of Gricean maxims in preschoolers and adults. *Frontiers in Psychology* 6: 1-7.

Rakoczy, Hannes and Michael Tomasello (2009) Done wrong or said wrong? Young children understand the normative directions of fit of different speech acts. *Cognition* 113(2): 205-212.

澁谷智子 (2009)『コーダの世界—手話の文化と声の文化』東京 : 医学書院.

Snow, Catherine E., Barbara Alexander Pan, Alison Imbens-Bailey and Jane Herman (1996) Learning how to say what one means: A longitudinal study of children's speech act use. *Social Development* 5(1): 56-84.

Talwar, Victoria, Susan M. Murphy and Kang Lee (2007) White lie-telling in children for politeness purposes. *International Journal of Behavioral Development* 31(1): 1-11.

Tanaka, Nozomi and Yasuhiro Shirai (2012) L1 acquisition of Japanese transitive verbs: How do children acquire grammar in the absence of clear evidence? In: Seungho Nam, Heejeong Ko and Jongho Jun (eds.) *Japanese/Korean Linguistics* 21: 281-295.

Tatsumi, Tomoko, Franklin Chang and Julian M. Pine (2021) Exploring the acquisition of verb inflections in Japanese: A probabilistic analysis of seven adult–child corpora. *First*

Language 41(1): 41-66.

Tatsumi, Tomoko and Julian M. Pine (2016) Comparing generativist and constructivist accounts of the use of the past tense form in early child Japanese. *Journal of Child Language* 43(6): 1365-1384.

Tatsumi, Tomoko and Giovanni Sala (2022) Learning conversational dependency: Children's response using un in Japanese. *Journal of Child Language*: 1-19.

Theakston, Anna and Elena Lieven (2017) Multiunit sequences in first language acquisition. *Topics in Cognitive Science* 9(3): 588-603.

Thompson, Robin L., David P. Vinson, Bencie Woll and Gabriella Vigliocco (2012) The road to language learning is iconic: Evidence from British Sign Language. *Psychological Science* 23(12): 1443-1448.

Tomasello, Michael (2005) *Constructing a language: A usage-based theory of language acquisition*. Cambridge: Harvard University Press.

鳥越隆士（2001）「手話の獲得」辻幸夫（編）『ことばの認知科学事典』226-233. 東京：大修館書店.

Vihman, Marilyn M. (2017) Learning words and learning sounds: Advances in language development. *British Journal of Psychology* 108(1): 1-27.

吉岡佳子（2013）「日本手話におけるポライトネス」『手話学研究』22: 3-36.

謝辞

本原稿の執筆にあたって、特に手話に関連する内容について武居渡先生（金沢大学）にご教示いただいた。ここに感謝の意を表する。

MRI画像と言葉の分析

藤本一郎

私たちが言葉を話しているとき、口の中で、舌やのどなどは、どのように動いているのだろうか。とくに口を閉じているときには外から観察することができないため、これは解明するのが意外と難しい問題である。1つの方法は、レントゲンを使って言葉を話しているときの様子を観察することである。レントゲンは、エックス線という体を通り抜ける性質をもった特殊な光線を使って体の中を観察することができる。しかし、エックス線は体の細胞を傷つける性質もあるため、言語の研究だけを目的にレントゲンを使うことは難しく、次第に行われなくなってきた。

代わって登場したのがMRIである。MRIは日本語では「磁気共鳴画像法」という難しい名前がついており、磁石の力を利用して体の中の水分を画像化するもので、人体を傷つけることなく体内の様子をさまざまな角度から立体的に観察することができる。このため、言語の研究にも積極的に活用された。ただし、初期のMRIは1枚の写真を撮るのに非常に長時間かかっていたため、言葉を話すときの様子を画像化できるようになったのは飛躍的に技術が発展したごく最近のことである。その一例として、図1は「あ・い・う・え・お」と話しているときのMRIの画像で、実際には動画で撮影されており、そのそれぞれ1枚だけをお見せしている。図2は舌の筋肉の方向（筋繊維）を画像化したもので、MRIを使うと、このような画像が3次元的に精度よく、しかも実用的な時間で得ることができる。MRIは病院で使われているイメージがあるが、言語の研究のための重要な道具でもある。

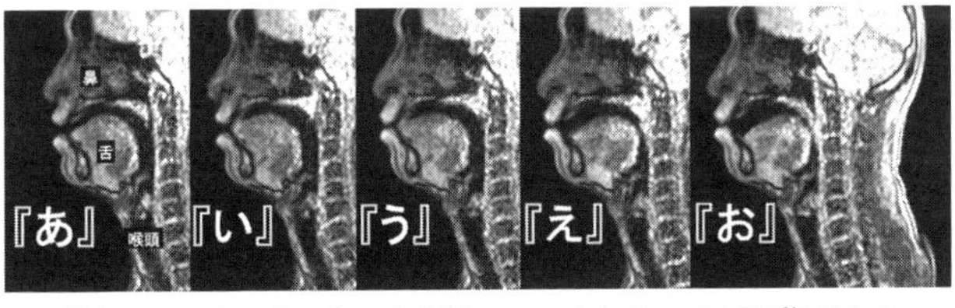

図1 「あ・い・う・え・お」と話しているときのMRI動画の1コマ

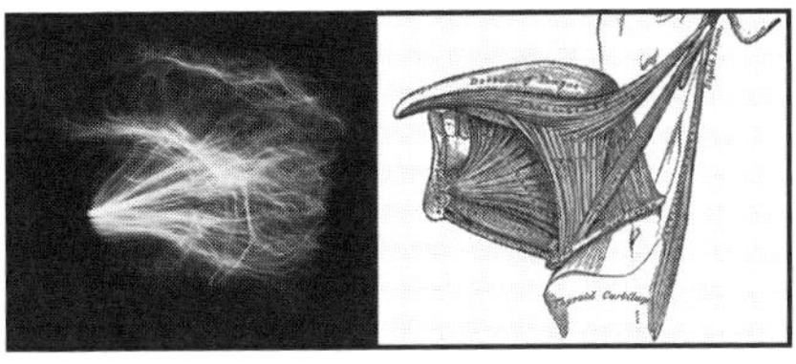
図2 舌の筋繊維を可視化した画像

ことばの生理

ことばが使えない時

（言語障害と失語症）

原　恵子・竹本直也

私たちは、毎日の生活の中で、ことばを用いたさまざまな活動をごく当たり前のこととして行っている。ことばで挨拶を交わす、テレビのニュースを聞き、字幕を読む、本や新聞を読む、メールやSNSでやりとりする等、日々私たちが行っている言語活動は多種多様で、枚挙にいとまがない。私たちは、目の前のモノ・事象だけでなく、眼前にないもの、さらには、実在しない想像したものについてさえ自由自在にことばで表現することができる。私たちの生活において言語を使うスキルは必須のものなのである。

ヒトはオギャーという産声とともに誕生し、就学を迎えるころには、第一言語話者としての基本的なことばの力を獲得する。その過程は「いつの間にか気づいたら、身近な人々とことばでコミュニケーションを行っていた」と思われるほどあまりに自然なので、ほとんどの人は、自分はどうやってことばを覚えたのか、なぜことばが使えるのかなど、ことばを使うこと、ことばを操る能力について意識したり、考えたりすることはほとんどないだろう。

ここでは、ことばが自由に使えないという状況を考えてみてほしい。言いたいことはあるのに、それを表現することばが思い浮かばない、ことばは思い浮かんでいるのに、それを言おうとすると違う音になってしまうなどということが起こったら、スムーズにコミュニケーションすることができず、話し手にとっても聞き手にとっても、大きなフラストレーションを引き起こすに違いない。それは、日々当たり前のように、ことばを使って生活している者には想像すらできないことだろう。しかし、実際には、誰でも、常に、事故や病気などさまざまな原因で、言語・コミュニケーションの能力が失われたり、損なわれたりする可能性があるのだ。

I　ことばと脳

ことばを使うということは、ヒトが何十万年という進化の過程で獲得した大脳の機能のうちで最も高次のものである。大脳は、左右2つの半球から構成されており、各半球内の場所ごとに、役割分担が行われていると考えられている。ことばを使う機能に関して中心的な役割を担っている場所を言語中枢といい、通常、左半球にある。

ことばを使った伝え合いはどのように行われるのか、発信者（話し手）と受信者（聞き手）の間での音声言語を使った伝達の流れについて考えてみよう（図1）。

伝え合いの第一歩は、話し手に、「何か（考え、思い、感情など）を誰か（聞き手）に伝えたい」という気持ちが生じることである。伝えたいと思う事柄は、話し手の脳内で、ことばの形になる。ことばの形にはアクセントや抑揚などの情報も盛り込まれる（図1の(1)のレベル）。

脳内で形成されたことばの形を話しことばとして表すために、脳から音声を作る運動の指令が、神経を介して、発声発語器官に送られる。発声発語器

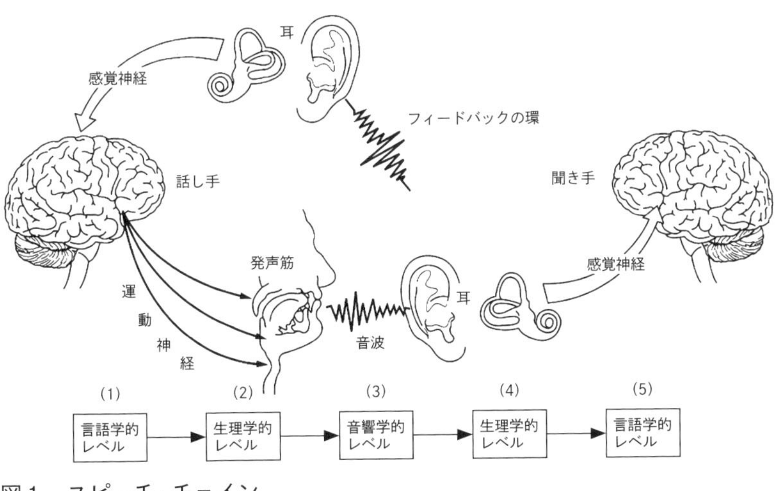

図1　スピーチ・チェイン

出所）デニシュ・ピンソン 1966 を一部改変

官とは、音声を作ることに関わる器官で、音声のエネルギー源となる呼気を送り出す肺、呼気を声帯振動によって音声に変換する喉頭、音声にさまざまな加工を加えて話しことばの音を作り出す舌、口唇、口腔・鼻腔、下顎、軟口蓋などを指す（図1の(2)のレベル）。

話し手から発せられた音声は、空気の振動（音波）として空中を伝わり、聞き手の耳（鼓膜）まで届く（図1の(3)のレベル）。音波は聞き手の鼓膜に到達し、振動させる。鼓膜のごく小さな振動は、中耳で増幅され、内耳に伝わり神経信号に変換される（図1の(4)のレベル）。情報は、聴神経を介して聞き手の脳の言語中枢に伝わり、そこで、ことばとして認識・理解される（図1の(5)のレベル）。

話し手の音声は、話し手自身の耳にも届く（フィードバックの環）。言い間違いに気づいて言い直すのは、このルートがあるからである。

以上が、話し手から聞き手へことば（音声言語）が伝わる一連のプロセスで、この流れはスピーチ・チェイン（ことばの鎖）と呼ばれている。

スピーチ・チェインは、音声言語での伝達についてのものであるが、やりとりにおいては、音声言語だけでなく、文字や手話が用いられることもある。伝達手段が文字であれ手話であれ、発信者が相手に何かを伝えたいと思い、脳でことばの形が作られ、それが脳で理解される（図1の(1)、(5)のレベル）というのは同じである。

文字を使用したコミュニケーションの場合は、図1の(2)のレベルでの運動指令の届く先が筆記具の扱いに関係する部位（手や指など）になり、図1の(3)のレベルでは、音波にかわって文字が、(4)では耳にかわって、目で受け取られて、視神経を経て、脳へと到達して解読されることになる（図1の(5)のレベル）。自分の書いた文字を自分の目で見て確認するフィードバックの環も機能しており、書き間違いに気づくことができる。

手話を用いたコミュニケーションでは、ことばの形を表現する運動指令は手話表現に関係する部位（表情、腕、手指など）に伝えられ（図1の(2)のレベルに相当）、音波に代わって視覚情報（図1の(3)のレベル）が、受信者の目に届き、視神経を経て脳の手話を解読する部位へと到達して理解されることになる（図1の(4)および(5)）。

表1　主な言語・コミュニケーションの障害

分類名	下位分類名	原因	コミュニケーション過程における障害のレベル
失語症		脳血管障害、脳腫瘍、頭部外傷など	図2の（1）、（5）
高次脳機能障害	認知症・頭部外傷・右半球損傷などに伴うコミュニケーション障害	脳血管障害、脳腫瘍、頭部外傷など	図2の（1）、（5）
言語発達障害	精神発達遅滞 特異的言語発達遅滞 自閉スペクトラム症 学習障害 脳性麻痺に伴うもの 先天性障害に伴うもの 聴覚障害に伴うもの その他	遺伝的要因、不明 不明 不明 不明 頭部外傷など	図2の（1）、（5）ただし、脳性麻痺は図1の（2）に該当、聴覚障害は図1の（4）に該当
音声障害		喉頭・咽頭の炎症・腫瘍・麻痺・外傷、声の乱用、精神・心理的要因、脳血管障害、脳腫瘍など	図2の（2）
構音障害	機能的構音障害 器質的構音障害 運動障害性構音障害	不明 口蓋裂、脳性麻痺 舌切除など、脳血管障害、脳腫瘍、頭部外傷、変性疾患	図2の（2）
嚥下障害		脳血管障害、脳腫瘍、頭部外傷、変性疾患など	図2の（2）
吃音		不明	図2の（2）
聴覚障害	小児聴覚障害 成人聴覚障害	遺伝的要因、妊娠中の母体の感染、出産周辺期障害、出産後の感染、中耳炎 薬剤中毒、頭部外傷など	図2の（4）

注）網掛け部分が小児期に発症するもの／比較的小児期に発症することが多いもの。ただし他の障害も小児にみられることはあるし、小児と成人でみられるものもある。
出所）笹沼 1999 を一部改変

このように、ことばを表す媒体は、音声・文字・手指表現など、異なりはあっても、発信者の脳でメッセージをことばの形にする点、表現されたものが、受信者の耳や目の感覚器官で受け取られ、脳に送られて理解されるという点は共通している。

上述した発信者から受信者をつなぐ伝達の鎖の中のいずれかの段階で問題が生じると、言語・コミュニケーションの障害が生じる（表1）。生まれつきの問題でことばの発達が妨げられることがある。また、ことばを獲得した後に、病気や怪我などのために、脳が損傷され、ことばの能力を失うこともある。言語の障害は、乳幼児から高齢者まで、あらゆる年齢の人に起こる可能性があり、その原因、種類、発症メカニズム、重症度、症状等は多種多様である。

平成25年の障害者白書によれば、聴覚・言語障害者（18歳以上、以下同じ）343,000人、聴覚障害者276,000人、音声・言語・そしゃく機能障害者42,000人、聴覚・言語障害児（18歳未満、以下同じ）17,300人、聴覚障害児15,800人、音声・言語・そしゃく機能障害児1,500人と報告されている（内閣府 2013）。

Ⅱ　子どもの言語・コミュニケーション障害

以下、子どもの言語・コミュニケーションの障害について述べる。スピーチ・チェインをもとに、いくつかの障害を取り上げ、どの段階の問題でどのような障害が生じるのかを概観する。

言語学的レベル（(1)、(5)）の問題

スピーチ・チェインの中の(1)（伝えたいことをことばの形にする）および(5)（情報を言語として理解する）の問題の一つに、知的発達の問題による言語障害がある。知的発達の遅れは、染色体の異常（ダウン症候群など）などの出生前の要因や、周産期（出生時仮死など）、出生後（髄膜炎・脳炎等感染症など）の原因で生じる。知的水準は軽度から重度までさまざまで、言語の力は、おおむね知的レベルに即したものとなる。一般的には、言語発達は全般的に遅れ、モノの名称や動詞、形容詞や疑問詞などの単語がなかなか増えなかったり、それらを結びつける規則（文法）を学習することが難しくなったりする。

知的発達に問題はないのに、聞く、話す、読む、書くなどことばのある特定の領域にだけ困難が生じることがある。言語に関わる学習障害である。学習障害のなかで、最も多いのが、読むことの困難さで、書くことも困難になることが多いので、読み書き障害とも言われる。会話しているときには特に

問題は感じないが、平仮名がなかなか覚えられなかったり、高学年になっても小さい「っ」を抜かして書いてしまったり、文章の音読で、読み飛ばしや読み間違いが多く起こったりなどが見られる。注意が足りないとか、ふざけていると誤解されてしまうこともある。学校での勉強は、どの科目でも読み書きの力が必要とされるので、学業全般に影響することが少なくない。

自閉スペクトラム症は、他の人と情緒的な交流がもちにくい発達障害である。同じ状態を保つことへのこだわり、興味の対象が限定的であること、感覚の問題（特定の刺激への過敏さ、あるいは鈍さ）という特性は、他者とのコミュニケーションにも影響する。知的なレベルはさまざまであるが、他者とかかわること、他者に伝えて共感を得たいというコミュニケーションの意欲は概して薄い。相手の視点に立つこと、相手の気持ちを察することが苦手なために、ことばに含められた意図を推測できず、文字通りに解釈して誤解が生じたり、相手の受け取り方を推察できずにストレートな表現で相手を傷つけてしまったりなどのトラブルが起こることがある。

生理学的レベル（(2)、(4)）の問題

スピーチ・チェインの(2)および(4)のレベルにおける発信者側（図1の(2)）の問題としては構音障害（発音の障害）と吃音が、受信者側（図1の(4)）としては、聴覚障害が挙げられる。

構音とは、ことばの音を作ること、また発音することである。ことばの音（語音）を作るには、唇や舌など複数の発声発語器官（調音器官）を精密に、的確なタイミングで協調して動かすことが必要とされるが、何らかの理由で、特定の音が繰り返し誤って発音されるものを構音障害という。原因によって、運動性構音障害・器質性構音障害・機能性構音障害に分けられる。知的発達の遅れや難聴があると発音が不明瞭になることがあるが、こういった副次的に起こる発音の問題については、構音障害としては扱わない。

運動性構音障害は、神経・筋系の疾患によって構音や声に障害を生じるもので、子どもの場合、脳性麻痺によるものが多い。器質性構音障害は発声発語器官の形態や機能の問題によって生じるものをいう。口蓋裂（生まれつき口の天井（口蓋）が割れた状態で生まれてくる病気）はその代表的なものであ

る。機能性構音障害は、明らかな原因は特定できないが、音の出し方を誤って学習し、正しい音が作れないものをいう。就学前後の子どもがサ行音を上手に言えず、「やさい」を「やちゃい」「やしゃい」などというのは、機能性構音障害の例である。

吃音は、話しことばの流暢性が妨げられる障害である。ことばの一部を繰り返したり、引き延ばしたり、あるいは詰まって出てこなかったりといった症状がみられる。だれでも緊張するとこうした状態が見られることがあるが、それが頻繁に起こり、自分の意思ではコントロールできない状態のことをいう。吃音の原因はよくわかっていないが、体質的な要因に加えて、発達的・環境的・学習的な要因が関与することで発症し、持続すると考えられている。2歳ごろから出現し、5、6歳までに治る場合が多い。それ以降も持続する場合は、吃りが出にくい話し方を身につけるような訓練が行われることもある。

聴覚障害は、音やことばが聞こえにくい状態である。耳は、外耳（耳たぶから鼓膜まで）・中耳（鼓膜の後ろの空洞）・内耳（三半規管や蝸牛と呼ばれる器官などがある）からなる。外耳から中耳までの問題（中耳炎など）によって生じる伝音性難聴と、内耳から大脳までの問題（聴神経腫瘍など）によって生じる感音性難聴、両者の混在した混合性難聴があり、それぞれの聴こえの様相は異なる。伝音性難聴に対しては、補聴器で音を大きくすることが有効であるが、感音性難聴は、音が歪んで聴こえるため、音のボリュームを大きくする補聴器は有効な支援とはいえない。なお、聴こえの問題が、ことば（音声言語）の発達に影響することは容易に想像できるが、聴覚障害の影響はそれにとどまらないことをここで述べておく。私たちは周囲の音を聞くことで、無意識のうちに自分がどこにいるかや、自分のいる空間の様子を把握して、心理的な安定を得ている。周囲の環境音が聞こえないと、そうした心理的安定を得られず、孤立感や不安感が強まる可能性があるため、その点への配慮が必要である。

言語・コミュニケーションの障害が重複して生じることもある。その場合は、個々の問題へアプローチするよりも、重複することによって生じるコミュニケーションの状態に対応することのほうが重要視される。

子どもの言語障害へのアプローチ

子どもの言語障害のいくつかについて概観したが、同じ障害であっても言語の症状は子どもによって多様であり、支援・訓練・指導に関してはさまざまな方法が提唱されている。

日常の自然な関わりを重視した支援は、生活場面では子どもが、自分から話す場面が多く見られるので、子どもの発話に大人が応じることで、子どもからの発話を一層促し、自然な文脈の中で指導の成果が定着しやすくなるという利点を生かした指導である。

語彙習得の研究では、子どもが興味をもっている事物の名称の方が、大人が示すものの名称よりも学習されやすいことが報告されている。子どもが興味をもつようにモノの環境を整えたうえで、子どもの興味関心の対象を大人が的確に読み取り、それに対応したことばかけを行うこと、その際に、子どもへのインプットが強化されるような話しかけを（高頻度で）繰り返して行うことがポイントである。

乳幼児への語りかけには、ピッチがやや高くゆっくりで、大きく抑揚をつけて、単純な文型が用いられ、繰り返しが多いことなどの特徴があることが知られており、育児語（child directed speech〈CDS〉とかマザリース〈motherese〉）と呼ばれる。発達初期の子どもにとっては、このような語りかけが聞き取りやすく、有効であると考えられている。

子どもへ働きかける際は、まず、黙って子どもの行動をよく観察して、子どもの思いやことばに耳を傾け、子どもの気持ちを理解したうえで、子どもの行動や発話を大人がそのまま模倣する、子どもの誤りを修正した形で返す、子どもの短い発話に1語を付け加えて意味的あるいは構文的に拡張した形で模倣する（子どもの「ブーブ（車）」という発話に対して「ブーブ行っちゃったね」とか「大きいブーブね」などという）などの対応が有効であるといわれている。これらの関わり方はインリアル・アプローチ（竹田・里見1994）に詳しい。

さらに、日常の自然な関わりではなく、特定の言語スキルを習得させるための課題を設定して指導を行う場合もある。たとえば、お店やさんごっこなどで、2語連鎖の習得（「リンゴちょうだい」「バナナちょうだい」など）を促したり、ままごと遊びで、「パパにバナナをあげる」「ママにりんごをあげる」などを促したりすることなどである。

ことばそのものの使用や理解が難しい場合は、見てわかりやすいサインや図によるコミュニケーションシステムである絵記号などを用いて、伝え・伝わることの楽しい経験を重ね、ことばでやりとりにつなげることもある。サインの例には、英国で言語やコミュニケーションに問題がある子どもたちのために開発されたマカトンサインを用いるマカトン法がある。また、絵記号にはピックス（PCS）、ドロップス（Drops）、JIS絵記号、ブリス（Blissymbols）などがある[1]。

子どもに直接的に働きかけるとともに、保護者を支えることにも留意しなければならない。子どもの障害に直面して、混乱し、不安な保護者の気持ちに寄り添い、子どもの障害についての正しい理解を促し、将来への見通しをつける支援を行う。支援の究極的な目的は、社会のなかで、一人ひとりの子どもが自身の言語の力をフルに使って、周囲の人とコミュニケーションをとり、その子らしく、成長する姿を支えることである。

Ⅲ 失語症

ことばの障害としては、一度獲得した言語を失うことも挙げられる。「言語を失う」とはどういうことだろうか。たとえば、ある人が口を怪我して喋れなくなったとしても、言語を失ったとは言い難い。なぜなら、ペンを渡せば、書いて伝えることができるからだ。では、口と手と耳と目を怪我し、話す・書く・聴く・読むことすべてができなくなった場合は？　それでも、頭の中で独り言ができるだろう。言語そのものを失うということ。それが失語症なのである。失語症とは、言語の本体を損傷した状態をいう。そのため、話すことだけでなく、聴いて理解することや読み書きなど、すべての言語活動に障害がでる。山鳥（2011）の推定では、実は失語症者は日本に約50万人もいる。失語症は誰にでも起こり得るものであり、決して他人ごとではないのである。

失語症は、脳卒中や事故により脳を損傷することで起こる。脳の損傷で失

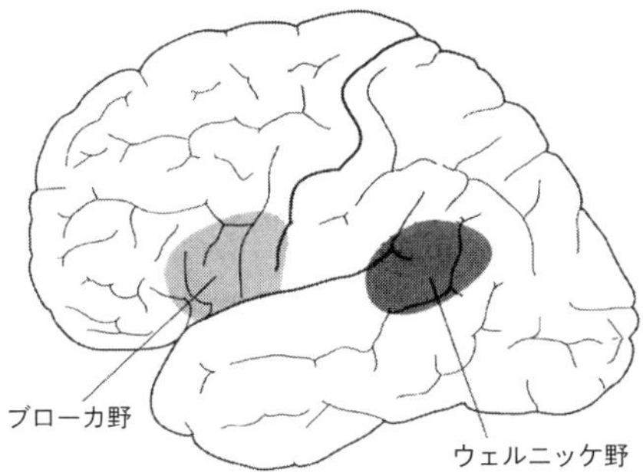

図2　ブローカ野とウェルニッケ野

注）左脳。図の左側が前、右側が後ろである
出所）藤田・立石（2015: 44）を著者改変

語症になるのだから、言語は脳にある。しかし、脳のどこにあるのか。脳は左と右に分かれており、真ん中で連結している。そして、左右それぞれの脳は層になっており、その一番外側に、言語を含めたさまざまな機能が割り振られている。言語の主要な部位は左脳に2か所ある。1つはブローカ野で、言葉を出すのに重要な役割をもつ。もう1つはウェルニッケ野で、言葉を理解するのに重要な役割をもつ（図2）。読み書きに重要な部位など、他にもいくつか言語に関連する部位があり、それらのどこが損傷するかによって失語症状が変わってくる。

失語症には多様な症状があるのだが、まずは大きく失語症を捉えたい。ここで紹介するのは19世紀に考案されたウェルニッケ-リヒトハイム（Wernicke-Lichitheim）の図式（図3）だが、これは失語症の理解に役立つため、今なお使われている。

まずは言葉を聴いた時の流れを追ってみよう。誰かが「りんご」と言ったのを聴いたとする。図3の右下である。その情報は耳を通ってウェルニッケ野に行き、「りんご」という日本語の音であると認識される。そしてその音が概念と繋がり、果物のリンゴのことだと理解する。言葉を話す時は、概念が起点となる。赤い果物のことを思い浮かべて、それがブローカ野で「りんご」という音に繋がる。そして、それを口に伝えて、「りんご」と言えるのである。また、聴いた言葉の意味を理解せずにただ復唱することもできる。つまり、概念を介さずに、ウェルニッケ野からブローカ野に直接進むことも

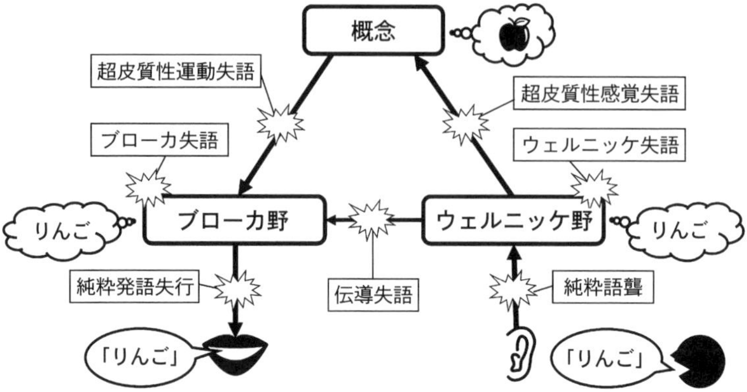

図3 ウェルニッケ-リヒトハイムの図式

注）純粋語聾と純粋発語失行は、言語本体の損傷ではないため、現在は失語症とは呼ばない。
出所）Lichtheim 1885 を元に著者作成

あるということだ。

この図式上で表される場所のうちどの部分が損傷しているかによって、失語症が分類される。たとえば、ウェルニッケ野が損傷すると、理解も復唱も困難になるが、自ら話すことは良好な「ウェルニッケ失語」となる。一方、ブローカ野を損傷すると、話すことと復唱が困難だが、理解は良好な「ブローカ失語」になる。ただし、確かにウェルニッケ失語は理解、ブローカ失語は話すことがとくに難しくなるが、実際には、いずれの場合でも聴く・話す・読む・書くという、言語に関わるすべての行為にある程度の障害が生じる。この図式は、あくまで失語症を理解するための簡易的なモデルと考えてほしい。

以下では細かく症状をみていこう。ただし、失語症状は非常に多様なため、ここではよくみられる症状の一部のみの紹介となる。失語症は音声言語でも手話言語でも起こるが、音声言語に関する症例と研究が先行しているため、ここでは音声言語の失語にしぼって具体的な症状を示す[2]。

話せない

失語症と聞いて、真っ先に思い浮かぶのは、話せないということだろう。しかし一言に「話せない」といっても、いろいろある。

まずは言いたいことがあるのに単語が浮かばないこと。これを「喚語困難」という。重度の場合は、自分の名前も言えなくなる。軽度の場合は、難しい単語でのみ喚語困難が生じる。

単語を言い間違えることもある。これは「錯語」という。「りんご」を「りんど」というように、音を間違えることは、「音韻性錯語」という。「りごん」のように音の順序を間違えることも多い。「りんご」を「みかん」というように、意味の似た語に間違えることは、「意味性錯語」という。数字や色はとくに間違えやすい。関連のない単語に間違える「無関連錯語」や、「りんご」を「たいも」といった実在しない語に間違える「新造語」という間違え方もある。錯語は、脳内で単語がどのように保存されているか、示唆に富む症状である。

文がうまく作れない「失文法」という症状もある。「子供がりんごを買った」が「子供、りんご、買う」のように助詞や動詞の活用などがない言い方になる。この失文法はブローカ野周辺の損傷で生じるため、ここに文法中枢があるといわれることがある。ただし、こうした症状があっても、助詞や動詞の活用を含む文の理解はできる場合もあり、失文法が本当に「文法」そのものの障害によるものかについては議論の余地がある。

失語症の症状はなく、頭の中の言語は保たれているのに、それを口に伝える際に間違える症状もある。これを「発語失行」という。頭では「か」と言おうとしたのに、口は「た」と動いてしまうような症状である。実際には失語症と合併することが多いが、単独でも生じ、その場合は「純粋発語失行」という（図３の注参照）。

書けない

失語症では書くことにも障害がでるが、仮名と漢字で症状が異なる。仮名は音を表したものだが、漢字は、基本的には、何らかの意味を表す文字である。この違いが、失語症に影響するのである。

「話せない」症状で紹介した喚語困難は、単語の音が浮かばない症状である。そのため、単語を仮名で書くということができない。しかし、意味を表す漢字では書ける可能性がある。実際、失語症では、仮名では書けないが、漢字なら書けるということが珍しくない。また、単語の音が分かっても、書けない場合もある。仮名と音との対応が崩れてしまった場合である。「『あ』ってどうやって書くんだっけ？」という状態である。漢字が書けないという症状もある。別の漢字に間違えたり、実在しない漢字を書いたりすることもある。

このように仮名と漢字の症状は乖離する。つまり、脳の処理が異なるということだ。実際、仮名と漢字に関する脳の部位の研究により、それぞれの処理経路が異なることが明らかになっている（岩田・河村 2007）。

聴いて理解できない

失語症では、言葉の理解も難しくなる。聴力の問題ではなく、耳から音が入ってきても、聞こえる言葉の意味を理解できなくなるのである。重度の失語症の場合は、「お茶」など日常の単語も理解できなくなる。お茶という概念が分からないわけではなく、音と概念が繋がらなくなるのである。

文レベルでの理解障害もある。たとえば、「太郎が花子を褒めた」といわれて、どちらがどちらを褒めたのかが分からなくなる。「花子を太郎が褒めた」や「花子が太郎に褒められた」のように変化させると、さらに難しくなる。これは、文法理解障害といわれる。ただし、こうした症状を示す人でも、「太郎が花子の褒めた」のように文法が崩れた文はおかしいことが分かるという報告（Linebarger et al. 1983）もあり、これが本当に「文法」の障害なのかについては議論がある。話す障害の失文法でも触れたが、「文法」の障害とは何なのかという問題は、意外に難しい問題なのである。

厳密には失語症ではないが、よく合併する症状に「語音認知障害」がある。多くの日本人には “ra” と “la” がどちらも同じ「ら」に聴こえるように、ヒトは、音を脳内で語音としてカテゴライズして認知している。ここに障害が起こると、聴力に問題はないが、相手が何と言ったか正しく聞き取れなくなる。失語症を伴わない場合はとくに「純粋語聾」といわれる（図 3 の注参照）。

読めない

最後に、「読めない」症状について紹介する。

まずは、言語の理解力自体が障害されている場合である。この場合は、聴いても読んでも言葉の理解ができなくなる。文字を音に変えられないという症状もある。ここでも、仮名と漢字の症状は乖離する場合がある。また漢字では、「相手」を「そうしゅ」というように、読み方を間違えてしまう症状もある。珍しい症状ではあるが、書くことに障害がなく、読むことだけに障害がある場合もある。この場合は、自分で書いた文字が、書いたそばから読めなくなるという不思議な症状になる。

失語症になったあと

失語症になった人は、その後どうなるのか。もちろんずっと病院にいるわけではない。リハビリテーションをして、生活に戻るのである。

脳卒中で病院に運ばれ、一命をとりとめたが、失語症が残ったとする。すると今度は専門の病院でリハビリが始まる。長い場合は半年近く入院して、言葉のリハビリをすることになる。しかし残念なことに、失語症は完治しないことも多い。そのため、言いたいことが言えない時の対処方法などを身に着け、失語症が残っていても生活に戻れるようになることもリハビリの重要な目的となる。

リハビリ方法の研究も日々行われている。まだ研究の途上だが、脳に磁気刺激を与える治療方法や、薬の研究などもある。近年は、スマートフォンのリハビリアプリなども登場しており、自宅でもリハビリが行えるようになってきている。また、失語症を支援する社会の仕組みも整いつつある。厚生労働省の通知により、全国で失語症者向け意思疎通支援者の養成が進められ、すでに多くの都道府県で支援者の派遣が行われている。

Ⅳ　おわりに——失語症から考える言語とヒトとの関係

ここでは最後に、言語とヒトとの関係について、失語症を通して考えてみたい。言語は、コミュニケーションや思考と関連付けて語られることが多いが、失語症になると、それらはどのような影響を受けるのだろうか。

まずコミュニケーションについてだが、失語症が軽度でも意思疎通が難しい人もいれば、失語症は重度でも身振りや表情が豊かで、誰とでもすぐ打ち解ける人もいる。言語機能とコミュニケーション能力は別であるということだ。コミュニケーションには言語以外の要素も非常に重要なのである。

思考についてはどうか。言語がないと考えられないのか。失語症が最重度の人でも、困っている人がいたら助けたり、絵や身振りで工夫して意思を伝えたり、時にはおどけてみせたりする。思考できていないとはとても思えない。考えてみれば当たり前だが、思考は言語より先に来るのである。「明日」と言えたから、明日について考えられるわけではない。明日のことを考えたから、「明日」と言う必要があるのである。しかし、言語が思考に全く関係ないということもできない。言語化することで思考が進んだ経験は誰にでもあるだろう。言語が必要な思考とは何か、という問題設定が必要なのである。

言語とヒトは密接に関係し、言語のない世界は想像すら難しい。言語があるからできることと、言語がなくてもできることは何なのか。一度言語を習得したヒトの失語症は、その解明のための大きな手掛かりとなるだろうし、さらには言語発達障害をもつ子供たちがコミュニティでよりよく生きるためのヒントにも結び付くと考える。

注

1 ここであげたサインや絵記号に関する情報は以下の通り。

・マカトン法 https://makaton.jp/

・ピックス（PCS、Picture Communication Symbols）
アメリカで普及している絵記号。語彙数は約45000で、毎年更新される。利用するにはアプリケーションBoardmakerが必要。「Boardmaker」https://goboardmaker.com/pages/picture-communication-symbols

・ドロップス（Drops、Dynamic and Resizable Open Picture Symbols）
日本のドロップレット・プロジェクトで考案された絵記号で無償で公開されている。https://droptalk.net/?page_id=116

・JIS絵記号
日本規格協会（JIS）によって企画された313個のピクトグラムで無償で公開されている。http://pic-com.jp/03_03_jis_ekigou.htm

・ブリス（BLISS、Blissymbols）
異言語間のコミュニケーションを目的に開発され、その後障害者のコミュニケーション支援に活用されるようになった。5000以上のシンボルがあり、無償で公開されている。https://www.blissymbolics.org/

2 手話失語の症状については、ポイズナーら（1996）を参照されたい。なお、失語症の研究や診断・治療には、専門的検査が必要となるが、音声言語に比べ、手話言語の失語症検査は非常に少ない。現在、日本手話用の失語症検査も存在しないため、作成を進めているところである。

参考文献

デニシュ ピーター P.・ピンソン エリオット N.（1966）『はなしことばの科学』神山五郎・戸塚元吉（訳）東京：東京大学出版会.

藤田郁代・立石雅子（編）（2015）『失語症学』. 第2版, 標準言語聴覚障害学. 東京：医学書院.

岩田誠・河村満（編）（2007）『神経文字学－読み書きの神経科学』第1版, 東京：医学書院.

Lichtheim, Ludwig (1885) On aphasia. *Brain* 7: 433-484.

Linebarger, Marcia C., Myrna F. Schwartz and Eleanor M. Saffran (1983) Sensitivity to grammatical structure in so-called agrammatic aphasics. *Cognition* 13: 361-392.

内閣府「障害者白書平成 25 年版」

https://www8.cao.go.jp/shougai/whitepaper/h25hakusho/zenbun/furoku_08.html［2022 年 1 月アクセス］.

笹沼澄子（1999）「言語聴覚士（ST）の臨床活動：総論」『総合リハビリテーション』27（7）: 639-645.

竹田恵一・里見京子（1994）『インリアル・アプローチ』東京：日本文化科学社.

山鳥重（2011）『言葉と脳と心』東京：講談社現代新書.

ポイズナー ハワード・クリマ エドワード・ベルギ ウルスラ（1996）『手は脳について何を語るか―手話失語からみたことばと脳』河内十郎（監訳）石坂郁代・増田あき子（訳）東京：新曜社.

ことばと機械

ことばの機械認識

野原幹司・田中信和・杉山千尋・吉永　司・高島遼一・滝口哲也・野崎一徳

Society 5.0 に代表されるスマートな社会の実現のためには、全員に参加する機会が公平に提供されるよう、さまざまな科学技術が最大限に駆使されるべきである。特に、情報科学技術の粋を集めた人工知能（AI）は、人の仕事を代替するだけではなく、人間の機能拡張にも役立てることができるに違いない。本章では「話しことば」が原因で生じた生活範囲の制限を AI がとりはらえる可能性について論じる。

I　ことばの普遍性と複雑性

ことばの獲得は人類史上でも最大級のインパクトをもつものである。ことばを発達させ、手に入れることで「伝える」ということの幅が飛躍的に広がった。ことばが発明される前は、その場に居合わせた者に動作等で示すことでのみ「伝える」ことが可能であったが、ことばを使いこなすことで、その場にいなくても時間や空間を超越して「伝える」ことが可能となった。

ことばによって伝えられるのは「概念」である。たとえばある者が「つくえ（机）」ということばを書いたり、話したりして伝えると、伝えられた者も「つくえ」を想像できる。その場に「つくえ」が無くても、伝えた者と伝えられた者が「つくえ」という概念を持ち合わせていれば、ことばを伝えるだけでその概念を共有することが可能となる。これは、ことばの普遍性の証左であり、大きく時代が変わらない限り「つくえ」は（日本では）「つくえ」である。以上は名詞を例に挙げたが、その他の品詞においても同様のことがいえる。

その普遍性を有する「ことば」の表現型には、大きく分けて「書きことば」と「話しことば」があるが、表現型であるいずれもが「個性」という複雑性をはらんでいる。

「書きことば」の場合には、各個人によって、同じことばであっても書く字にはバラつきがあり、そのバラつきの大きさによっては「読めない」という状況が発生する。これは「書きことば」の機械認識でも同様であり、ある程度の字の揺らぎには機械認識は対応できるが、その揺らぎから逸脱した字は「認識不可能」ということになる。しかし、書きことばに関しては書くことの代替となる機械（PC・ワープロソフト・プリンタなど）があり、それらを利用すれば「書きことば」によるコミュニケーションは可能となる。

「話しことば」の場合にも同様に個性が存在するが、その個性には話すスピード、リズム、音の高低、方言などを含み、「書きことば」以上の複雑性を有する。加えて「書きことば」との大きな違いは、表出スピードの早さと感情表現の付加のしやすさであろう。日常会話での「話しことば」では1秒間に約8～12音節が含まれ、この表出スピードは「書きことば」ではなかなか太刀打ちできない。感情表現についても声色や声の強弱、高低を駆使することで、概念を伝えるだけでなく、感情も付与することができる。「書きことば」の筆圧や文字の大きさなどによる感情表現には、「話しことば」に勝る臨場感は出せない。

「話しことば」は、このように「書きことば」以上の複雑性を有しているため、「話しことば」の機械認識は「書きことば」と比べると遅れをとってきていたが、現在では膨大な音声データによる深層学習から、ある程度の個性や揺らぎがあっても機械認識をすることが可能となった。これはここ約10年で飛躍的に進歩した技術である。この「話しことば」の機械認識の進歩のおかげで、音声言語障害のない話者の生活は便利になっている。スマートスピーカーはその代表的なもので、機械的操作をすることなく音声のみであらゆる操作が可能となっており、なかにはスピーカーを介して他の電化製品をコントロールできるものも登場している。

健常者の生活を便利にした次の段階としては、「話しことば」の機械認識を医療の現場にも応用したい。すなわち構音障害のある話者の「話しことば」

の機械認識である。口蓋裂や口腔がん術後の患者は、患者ごとで構音器官にさまざまな器質的な欠損をともなうため、その「話しことば」の複雑性は健常話者の比ではない。日常会話もままならず、他者との会話をためらうために職場を変えたり、外出を控えたりと生活範囲が狭くなっている患者も多い。

しかし、そのような患者であっても「聞き慣れた聴取者」であれば、それなりに聞き取れるという臨床的事象がある。この「聞き慣れる」というラーニングが機械によってできるのであれば、ことばの機械認識を利用した構音障害患者にとっての翻訳機のようなものが開発できるかもしれない。

手の運動麻痺などで機械認識可能な文字が書けない場合はPCなどを代替利用することで「書きことば」を補うことができるが、構音障害のために機械認識可能な音声を表出できない場合の代替法は存在しない。構音障害が著しい場合、筆談やPC入力したものを機械音声で表出させるという方法はあるが、それでは「話しことば」の特徴である表出スピードの早さや感情表現を再現することは不可能である。

「話しことば」の機械認識が可能となり同時翻訳まで可能となれば構音障害患者の生活は一変するであろう。著者らはそのような「翻訳機」ができれば、と大きな目標を定めつつ研究を進めている。

Ⅱ ことばの生成過程

図1に示すように、ことばは音声や文字により表され、特定の意味やメッセージをもつ伝達手段として用いられている。音声は狭義にはヒトの喉や口などの音声器官を用いて発することばをいうが、広義には手話で発するメッセージやことばを用いない歓声や嗚咽なども含むことができる。一方、文字は書きことばや点字など、記号を用いてことばを表すものであり、広義の文字の中にはことばを含まないただの数字や記号、意味を持たない記号としての文字もありえる。また、人と人との直接的なコミュニケーションの中での意思伝達には主に音声が用いられ、一部書きことばとして文字を用いたコミュニケーションも行われる。歌や朗読はコミュニケーションとしては用いられない音声であるが、その中のことばは意味を伝える役割を持つ。また、

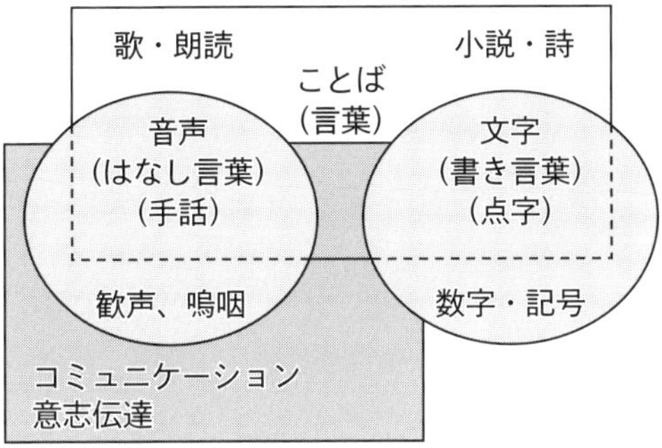

図1　ことばの分類

書きことばにおいても小説や詩は直接的なコミュニケーションではないが、物語や意味を伝えることができる。また、動物はことばを持たないが、鳴き声やポーズ・動作により個体間においてコミュニケーションをとることができる。

その中でことばが生まれた起源については、音声として相手に意思を伝える手段として生まれてきたと考えられる。700万年前にチンパンジーなどの類人猿から人類が派生した際には、現存の類人猿のように鳴き声でコミュニケーションをとってきたが、進化の過程でさまざまな音声を区別して発音できるようになってきたと考えられる。5万年前のネアンデルタール人の頭蓋骨の大きさに対して音響解析を行うことにより、現代人と同じ母音の種類が話せたという研究もある（Boë ら 2002）。しかし、古代において音声の記録は残っていないため、どのように音声が生まれ、変成していったのかという証拠はない。

また、ことばが生まれた過程において、その話しことばを記録するため書きことばや文字が生まれたと考えられる。ただし、世界で最も古い文字といわれているのはエジプトのヒエログリフやメソポタミアの楔文字であるが、これらは3000年から5000年前の記録であり、1万年から4万年前のヨーロッパの洞窟から記号のようなものも見つかっているが、文字によることばは音声でのことばの成立よりもだいぶん遅かったのではないかと考えられる。

文字に比べて、音声は記録が難しく、口から発した音はすぐに消えてしまい、聞き間違えも容易に起こるため、変化しやすい。そのため、文字なしにことばを語り継いでいく際には容易に誤った情報になりうる。また、アフリカで進化したホモ・サピエンスがヨーロッパやアジア、アメリカなどに移動する間にさまざまな変遷を経たことが想像できる。そのため、現代で用いられている言語はインド・ヨーロッパ語族やウラル語族などに分類することができると言われ、ことばが違ってもそのルーツは同じ場合がある。さらに、全ての言語は、各地域において方言をもち、その地方に応じてさまざまな要因により変化する。

ヒトの音声器官を用いて発音される音声は、口腔を閉じずに声帯を震わせる母音と口腔を部分的に狭めたり閉じたりして発音する子音に分類され、その組み合わせにより、ことばや文章といわれる音の連なりを生み出すことができる。現代のことばはその音が高度に組み合わされており、0.05秒から0.2秒程度の短い音の組み合わせの違いを聞き分け、その0.05秒間の音の違いが大きな意味の違いを生み出すことができる。母音は、顎の上下と舌の前後左右の動きによりフォルマントと呼ばれる口腔の共鳴音の周波数をコントロールすることにより区別する。ヒトの舌や顎は関節の範囲で自由に運動することができるため、周波数は無段階で調整することができるが、母音の区別としては離散的な周波数の境界があり、/a/ はこの周波数の範囲、/i/ はこの周波数の範囲などと分類することができる。国際音声記号（IPA）では母音は28種類に分けられており、日本語ではその内の5種類、英語は20種類程度を用いている。

一方、子音は音の発生方法と発生場所（図2）により種類が分けられる。発生方法としては、鼻腔を用いる鼻音や、上気道の一部を一度完全に閉じて開く破裂音などと分類でき、どの場所で音を生み出すかにより /p/（唇）や /t/（歯茎）などの違いを生み出すことができる。また、子音はIPAの中で80種類定義され、世界中の言語音についてIPA

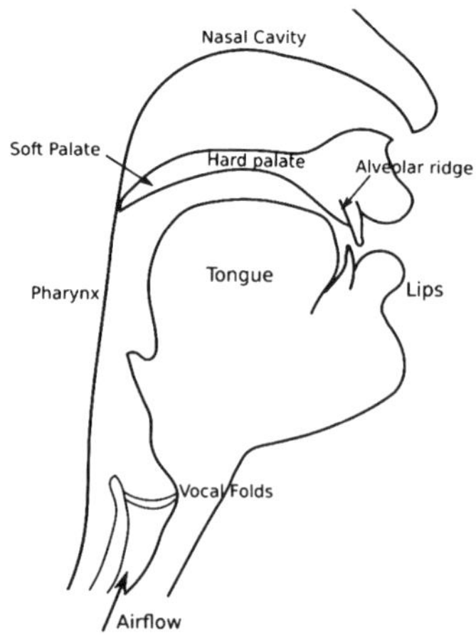

図2 口の中での音の生成場所

を用いた記述がなされている。このように、ヒトは音声器官の中でもさまざまな様式で音を発生させることにより、音の波形の違いを生み出し、その波形の組み合わせからことばを生み出す。また、その音の組み合わせを連ねていくことにより無限に新しいことばを作り出せる。一方、音声としてことばを使う時、その音の連なりが長すぎると悠長なため、そのことばを短縮して新しいことばを生み出すこともあり、言語は常に変化している。そのようなことばを機械に認識させるには、どの音をどのように発音しているのかという記録が重要になってくる。そのため音声研究では、国立国語研究所の「日本語話し言葉コーパス」などがよく用いられる。

Ⅲ　コーパスと機械学習によることばの認識

スマートフォンやスマートスピーカー、カーナビゲーションシステム等の音声アシスタント機能に代表されるように、ことばの機械認識技術はなじみ深いものとなっている。この技術はユーザの音声を入力として、その発話内容を認識する「音声認識技術」により実現されるものである。音声認識技術自体は、長年研究されているが、世間に広く浸透したのは、スマートスピーカーが初めて登場した2014年頃からであろう。音声認識技術の浸透の要因として、従来のスタンドアローン型の製品形態からオンライン型の形態に切り替わったことで、製品を利用させながら、徐々に性能をアップデートしていくことが可能になった点がまず挙げられる。また技術的な観点では、2010年頃から発展した深層学習によって、認識性能が格段に向上した点も大きい。

音声認識処理の概要を図3に示す（河原 2016）。音声認識とは音声信号を入力すると、その発話内容が出力されるシステムである。音声認識処理は大きく「特徴量抽出部」と「認識部」に分かれる。特徴量抽出部では、まず音声信号に対して短時間周波数分析を行うことで、音声のスペクトルを計算する。さらにこの音声スペクトルから、音声認識にとって重要な特徴を抽出する。抽出手法としては、メル尺度と呼ばれる人間の聴覚特性を考慮した周波数尺度への変換や、ケプストラム分析と呼ばれる、声道特性に関する成分を抽出する手法などが使用される。抽出された音声特徴量は認識部に入力され、発話が認識される。認識部は音声特徴量をもとに発話内容を推定する「音響モデル」と、周辺の文脈情報をもとに発話内容を推定する「言語モデル」に大きく分かれており、各モデルが推定した発話内容の確率を統合することによって、最終的な認識結果が出力される。

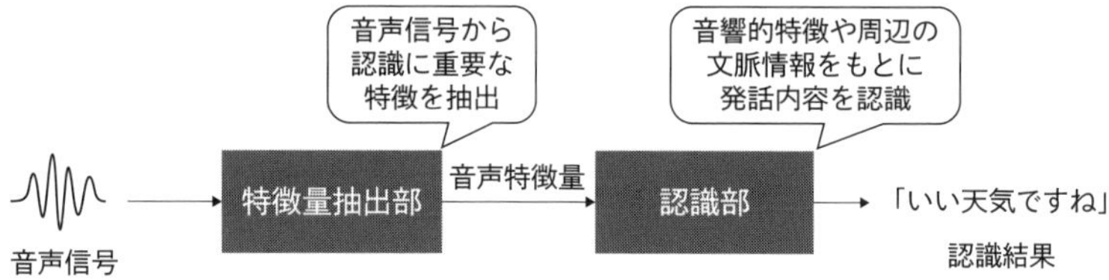

図3　音声認識処理の概要

1980年代から2010年頃まで、音響モデルには混合正規分布と隠れマルコフモデルという2つのモデルを組み合わせたモデルが用いられていた。混合正規分布は、各音素の音声特徴量をモデル化したものであり、隠れマルコフモデルは音声の時間変化をモデル化したものである。混合正規分布では音声特徴量の持つ多様性のモデル化に限界があったため、音声認識性能は長らく頭打ちの状態が続いていた。しかし2010年頃から深層ニューラルネットワークが混合正規分布の代わりに使われることで、音声認識性能が大幅に向上した。上でも述べたが、これは音声認識技術が世間に浸透した大きな要因の一つとなっている。

言語モデルは、ある単語に対して、その単語が出現する確率を計算するモジュールである。代表的なモデルはN-gramと呼ばれるもので、これはN－1個の単語系列を観測したときに、次にどの単語が出現しやすいかを確率化したモデルである。1-gramの場合は、単純に各単語の出現頻度に相当し、3-gramの場合は、たとえば「/ 音声 / 認識 /」の次に出現する単語の頻度に相当する。Nの数が多いほど長い文脈を考慮した正確なモデルになるが、モデルの規模が指数的に増大することになる。また、リカレントニューラルネットワークを言語モデルとして用いることで、N-gramよりも長い文脈を扱えるようにする研究もされている。

音響モデルおよび言語モデルは大量のデータ（コーパス）を用いて学習さ

れる。代表的な日本語音声コーパスとしては、国立国語研究所の「日本語話し言葉コーパス（CSJ）」が挙げられる。このコーパスに学会講演や模擬講演などの音声が約660時間収録されている。本書を執筆した2021年時点で、日本語の音声認識モデルを学習するための公開コーパスとしては最も規模が大きく、日本語音声認識技術の評価においてよく使用されているコーパスである。このほか、新聞記事と音素バランス文を読み上げた音声が収録されている「新聞記事読み上げ音声コーパス（JNAS）」や、音素バランス単語と音素バランス文を読み上げた音声が収録されている「ATRデジタル音声データベース」なども、音声認識の研究によく用いられている。

構音障害者の音声を収録したコーパスも、言語は英語で、かつ数も限定されてはいるものの存在する。トロント大学が公開している「TORGOデータベース」には、脳性麻痺、筋萎縮性側索硬化症を患う話者による、単語や文章の読み上げ音声などが収録されている。またイリノイ大学が公開している「UASpeechデータベース」には、脳性麻痺を患う話者による単語読み上げ音声が収録されている。構音障害者の音声は健常者の音声と比べて特徴が大きく異なるため、構音障害者の音声を精度よく認識するためには構音障害者の音声を用いて音声認識モデルを学習する必要がある。構音障害者の音声コーパスはこのような目的において利用できる貴重なデータであるが、健常者の音声データと比較するとその数は圧倒的に少ない。そのため、少量の音声データをいかに効率よく利用して音声認識モデルを学習するかが技術的課題の一つとなっている。

Ⅳ　近年の深層学習とこれから

前節で述べたが、従来の音声認識モデルは深層ニューラルネットワーク（あるいは混合正規分布）、隠れマルコフモデル、N-gram言語モデル（あるいはリカレントニューラルネットワーク）といった複数のモデルが統合されたものである。それに対して2016年頃から、音声認識モデルを深層ニューラルネットワーク一つでモデル化するEnd-to-end音声認識モデルの研究が盛んに行われている。End-to-endモデルの利点の一つは、従来の複数モジュールによるモデルと比べて内部構造がシンプルであるため、開発やメンテナンスが容易になるという点である。また、従来のモデルは各モジュールを個別に最適化していたのに対して、End-to-end モデルはモジュールが一つであるため全体最適化が行え、それにより従来モデルよりも高い性能を引き出すことができると期待されている。

音声認識における End-to-end モデルの代表例としては、Connectionist temporal classification（CTC）（Graves ら 2006）と Attention encoder-decoder（Bahdanau ら 2016）が挙げられる。CTC は隠れマルコフモデルの代替手段として提案されたものである。音声認識モデルを学習する際、たとえば「おはよう（/o/h/a/y/o/u/）」と発話した学習データ音声に対して、どの時刻からどの時刻までが音素 /o/ で、どの時刻が音素 /h/ なのか、といった時間と音素の対応関係（アライメント）を得る必要がある。従来、アライメント推定は隠れマルコフモデルによって行われていたが、CTC では隠れマルコフモデルの学習アルゴリズムをニューラルネットワークの学習アルゴリズムに組み込むことで、アライメントを推定しながら深層ニューラルネットワークを学習可能にしている。

Attention encoder-decoder は、元々はテキスト翻訳の分野で開発された手法である。このモデルはそれぞれエンコーダ、デコーダと呼ばれる二つのリカレントニューラルネットワークで構成されている。エンコーダは音声特徴量の時系列データを入力として、認識に重要な潜在特徴へと変換する。デコーダはエンコーダが出力した潜在特徴の時系列情報を入力として、認識結果、すなわち文字列へと変換する。エンコーダとデコーダの間には Attention 機構と呼ばれるニューラルネットワークが入っている。デコーダが文字を推定する際、Attention 機構は各文字と時刻との対応関係を推定し、推定する文字と関係の高い時刻の潜在特徴に重みづけを行う。これにより、Attention encoder-decoder モデルもアライメントを推定しながら音声認識が可能になっている。近年では Attention encoder-decoder モデルをさらに改良した Transformer（Dong ら 2018）と呼ばれるモデルも登場しており、高い音声認識性能が期待されている。

音声認識モデルに混合正規分布が使われていた頃は、特徴量抽出部を改良することが重要視されていたが、深層ニューラルネットワークが使われて以来、特徴量抽出部は特別な抽出処理を施すより、むしろ生の音声に近い低レベルの特徴量を使う方が、結果的に音声認識性能が良いとされている。これは、深層ニューラルネットワークの内部に特徴量抽出の機能が暗黙的に含まれており、特別な前処理の必要性が下がっているためと考えられている。その考えに基づいて、特徴量抽出部も一切無くし、音声波形から直接文字列に変換するという wav2vec（Baevski ら 2020）と呼ばれる End-to-end モデルも研究されている。

一般に、高性能な End-to-end モデルほど複雑なモデル構造をしており、学習に必要な音声データの数も多くなりがちである。しかし従来の教師有り学習と呼ばれるモデル学習手法は、音声と発話内容のラベルのペアデータが必要であり、学習データのラベル作成コストが課題となっている。これに対して、近年ではラベルが存在しない大量の音声データをモデルの学習に活用する、「自己教師有り学習」と呼ばれる学習手法が注目されている。前述した wav2vec も、この自己教師有り学習が使われており、約 53,000 時間のラベル無し音声と、わずか 10 分のラベル有り音声を用いることで、高性能な音声認識モデルが学習可能になっている。自己教師有り学習は学習データの収集が困難な構音障害者音声認識にも有効な技術として期待される。

V　ことばの機械認識の未来像

今後、我々は機械認識をより人らしいものにするだろう。End-to-end 学習は、人の特性を表現するために必要であると思われる。視覚、聴覚、触覚、味覚、臭覚といった感覚信号入力は、それぞれ別々に受容され逐次処理が行われるのではなく、おそらくは、入力への処理は分離されず統合的かつ並列的に処理されているものと考えられる。ことばの機械認識が行われるとき、もし、人が得られるその他の入力と分離しモジュール化すれば、フレーム問題や記号接地問題（柴田ら 2017）が生じ、人間らしさが損なわれるという恐れが生じるであろう。

言語モデルは、人のことばの構造を理解した上でことばの生成可能とするために、計算言語学分野で主に研究がなされている。言語モデルで最近、とりわけ進歩が見られたのは長期記憶についてである。長期記憶は文のある部分がそこから遠く離れた別の部分に影響を与え、ことばがある一定の塊の集合となる塊現象を生んでいる。言語学研究の長い歴史において、さまざまな言語モデルのありかたが議論されてきたが、最適化という観点から、人のコミュニケーションを最適化することを命題とすると、言語とは逐次的な処理であると考える（Harris の分節原理）ことが普通である。このことから、統計力学分野で発見された冪乗則が言語においても同様に適用されること（Tanaka-Ishii 2021）に同意する。この冪乗則に則り、人は適当なことばのサンプルを通してことばを発していると考える。

言語の持つ情報には人の記憶が関わることが明らかにされている。このことは、新たなことばに遭遇したとき、人はこれまでの既存の言語体系を壊さないように取り入れているということを示唆している。さらに、新たなことば、希少なことばが必要となる事態を想像すると、そこには人が新しいことを表象し他者に伝えたいという思いがあるのではないか（Tanaka-Ishii 2021）。統計的言語普遍性において、最近進歩が著しい深層学習を取り入れた言語モデルですら、このような強い意志の発露による新しいことばの生成と受容による自律性の獲得には至っていない（布留川 2021）。

身体化された認知の理論に関する研究分野が存在している（Fincher-Kiefer 2019; Tversky 2019）。我々がこの世界を理解する際に、頭脳だけではなく身体的な経験が必要であり、これにより物事の概念の構築がなされていると考えられている。コンピュータを用いた人工知能の開発においては、身体的経験が、潜在的、内在的知識の構築に不可欠であると思われる。ことばを理解する機械の構築を達成するには、文字や音に符号化した情報だけの統計的な学習や、それを達成するために必要と思われる人工的なニューラルネットワークの大規模化、高精度化といった観点だけでは困難であり、ヒトを取り囲む全ての事象について End-to-end の学習を実現し、エントレインメントによる社会的接着剤の役割（Tversky 2019）を果たすことが必要と思われる。

人間社会でのコミュニケーション手段であることばを機械が理解するために、ことばの表象である音声や文字、身振り手振りを含め、経験や思考により人々に内在している暗黙知を推し量る手段はあるだろうか？　一つはプログラム化されたロボットによるモデル化が研究手段となるだろう。

参考文献

Baevski, Alexei, Henry Zhou, Abdel-rahman Mohamed and Michael Auli (2020) Wav2vec 2.0: A framework for self-supervised learning of speech representations. *Proceedings of advances in neural information processing systems 33*, 12449-12460.

Bahdanau, Dzmitry, Jan Chorowski, Dmitriy Serdyuk, Philémon Brakel and Yoshua Bengio (2016) End-to-end attention-based large vocabulary speech recognition. In: *2016 IEEE International Conference on Acoustics, Speech and Signal Processing (ICASSP)*, 4945-4949. Shanghai, China: Shanghai International Convention Center.

Boë, Louis-Jean, Jean-Louis Heim, Kiyoshi Honda and Shinji Maeda (2002) The potential Neandertal vowel space was as large as that of modern humans. *Journal of Phonetics* 30(3): 465-484.

Dong, Linhao, Shuang Xu and Bo Xu (2018) Speech-transformer: A no-recurrence sequence-to-sequence model for speech recognition. In: *2018 IEEE International Conference on Acoustics, Speech and Signal Processing (ICASSP)*, 5884-5888. Calgary, AB, Canada: Calgary Telus Convention Center.

Fincher-Kiefer, Rebecca (2019) *How the body shapes knowledge: Empirical support for embodied cognition*. Washington: American Psychological Association.（望月正哉・井関龍太・川﨑恵理子（訳）2021『知識は身体からできている　身体化された認知の心理学』東京：新曜社）.

布留川英一（2021）『BERT/GPT-3/DALL-E 自然言語処理画像処理音声処理人工知能プログラミング実践入門』東京：ボーンデジタル.

Graves, Alex, Santiago Fernández, Faustino Gomez and Jürgen Schmidhuber (2006) Connectionist temporal classification: Labelling unsegmented sequence data with recurrent neural networks. *Proceedings of the 23rd International Conference on Machine Learning* 369-376.

河原達也（2016）『IT text 音声認識システム』改訂 2 版，東京：オーム社.

柴田克成・後藤祐樹（2017）「深層学習が示唆する end-to-end 強化学習に基づく機能創発アプローチの重要性と思考の創発に向けたカオスニューラルネットワークを用いた強化学習」『認知科学』24(1): 96-117.

Tanaka-Ishii, Kumiko (2021) *Statistical universals of language*. Cham, Switzerland: Springer International Publishing.

Tversky, Barbara (2019) *Mind in motion: How action shapes thought*. New York: Basic Books.（渡会圭子訳，諏訪正樹解説 2020『身体動作と空間が思考をつくる』東京：森北出版）.

視覚言語と聴覚言語の習得

佐々木倫子

ヒトの言語獲得は、周囲からの話しかけと意味が結びつくことで始まる。1歳で単語を、2歳で文にすることを自然に習得し、ヒトはことばを育てていく。音声の連鎖で意味のやりとりができる話しことばを知った上で、文字の連鎖が意味を示す書きことばを身に付ける。一方、難聴児は最初に、（聞こえない・聞きづらい）耳ではなく、（よく見える）目で周囲と接触する。誕生後約4カ月で言語獲得の喃語期に入ると、自然に目で話しかけ、手を動かし始める。しかし、難聴児の9割以上を占める聞こえる親たちは、我が子の周囲への関心に応えるようなことばのやりとりができない。わずかなろう者の家庭を除けば、難聴児に第一言語を育てる家庭環境は与えられていない。

では、乳幼児教育相談やその後の特別支援教育は、難聴児の言語発達を助けてきただろうか。これまでは主に2つの教育法がとられてきた。いずれも日本語の習得を目指すものであるが、1つはまず音声を聞かせ、次に発音させるという、聴覚を活用する方法である。就学前の言語獲得上重要な時期に、難聴児の目や手による意思表示や問いかけには答えず、耳と口を訓練するばかりでは、言語習得は起きない。今後ますます普及するであろう人工内耳手術において手術後の音声（リ）ハビリテーションは不可欠であるが、それのみに明け暮れても目指す結果は得られないだろう。

もう1つの教育法は読唇、指文字、手指単語、文字などを使った視覚活用法である。本来音声言語である日本語を視覚重視で教えてきた結果、漢字を正しく書くこと、適切な単語・表現を文型に当てはめることなどの書記日本語の型の定着にはある程度成功した。しかし、年齢相応の認知力・学力育成に不十分だったことは広く知られている。そこで第三の教育法が必要になる。

難聴児の認知発達には、思うままに自然な速度で意味のやりとりができる視覚言語、つまり、日本では日本手話がまず必要である。その基盤がある状態で日本語を導入すれば、難聴児のことばの世界をより容易に拡張できる。視覚言語の日本手話に加えて、音声言語の書記形態（書記日本語）や時には手指形態（日本語対応手話）や音声を適切に使い分ける、高度なバイリンガルを育てることができる。それには、日本手話と日本語の両言語の使い分けで、意味のある教育活動を維持する、バイリンガルろう教育が必須である。

ことばと機械翻訳

須藤克仁

機械翻訳はコンピュータによりある言語を別の言語に自動的に翻訳する技術であり、多言語コミュニケーションの実現に資するものとして長年に渡り研究・開発が続けられてきている。特に近年ではインターネット上のサービスとして有償・無償さまざまに展開されており、誰でも気軽に利用することができるようになったといえる。長く課題とされてきた翻訳の正確さについても最近のディープラーニング技術によって以前より飛躍的に改善したといわれており、実際に非常に正確かつ流暢な翻訳をすることも少なくない。しかしその一方で人間では考えられないような誤訳をすることがあることも知られている。

そこで本章では、機械翻訳の歴史をごく簡単に振り返り、現在に至るまでどのような試みが行われてきたかを紹介した後、現在主流のディープラーニングに基づく機械翻訳の技術の基本的な考え方やその利点・欠点について述べる。最後に、本章のまとめとして、機械翻訳という技術を通じて得られたコンピュータによることばの自動処理に関する知見を示し、人間のことばの処理とのギャップについて考える。

I　機械翻訳の歴史

機械翻訳は1940年代後半、コンピュータの黎明期に米国で提案され、現在から考えると非常に高価で、大型で、しかし性能の低いコンピュータを用いて研究が始められた。機械翻訳の研究はコンピュータによることばの処理の目的として非常に有用であり、現在計算言語学や自然言語処理と呼ばれる学術分野における主要なアプリケーションとして扱われてきた。米国はその後も機械翻訳研究の牽引役として――冷戦期の安全保障上の課題であったという側面もあるかもしれない――多額の費用を投じて研究の支援を行った。コンピュータによることばの処理の研究は活発になったものの、期待に応える水準には至らず、1960年代半ばには当時の機械翻訳技術では短期的な実用化は困難である、という勧告（ALPACレポート）が行われ、研究予算が大幅に削減されるという憂き目に遭った。そこからしばらくはことばの自動処理に関する基礎的な研究に力が注がれることになる。

しかしながらその後も機械翻訳の研究を続けた研究者、そして商用開発を行う企業は残り、1980年代にかけて、蓄積されたさまざまな技術やノウハウに加え、コンピュータの性能向上もあって機械翻訳の性能向上と実用化は加速していった。当時の主流は言語間の構文変換規則や辞書を大量に整備して利用する「規則に基づく機械翻訳」であり、人間の知識を活用することができた反面、対象言語が変わると規則や辞書を改めて整備しないといけないことや、さまざまな例外規則による肥大化や規則同士の不整合の調整などが課題であった。

こうした流れに一石を投じたのが、翻訳の用例を大量に集め、それを真似る形で機械翻訳を実現しようとする「用例に基づく機械翻訳」である。これは、ある文を翻訳しようとしたときに、それと似た用例が見つかれば、違う部分を見つけて適切な対応する訳語を埋めることで正しい翻訳が得られるであろう、という発想に基づいている。言語学を含めたことばの研究ではこのような実際のことばのデータを「コーパス」と呼ぶが、コンピュータによることばの処理にも積極的に活用されるようになり、英語を中心にさまざまな言語のコーパスの構築が進んだ。

この流れをさらに加速させたのが、1990年代に入ってからのインターネットの急速な普及である。さまざまな言語で情報が拡散されるようになり、特に複数の言語で同一の内容を提供するWebサイトが多く存在したことにより、翻訳の用例収集が容易になり、対訳の形でのコーパスの蓄積が進んだ。こうした状況を背景に、機械翻訳のプロセスを確率的なことばの変換としてモデル化する「統計的機械翻訳」が脚光を浴びる。その基本的な方法論は

1980年代後半に提唱されていたものだが、コンピュータの高速化により大規模な対訳コーパスを活用できるようになり、性能が向上したことが注目を集めた要因である。2000年代に入るとさらに統計的機械翻訳の研究・開発が活発になり、それまで長く実用に供されてきた商用の機械翻訳を凌駕するようになった。2000年代後半に入るとインターネット上で無料で利用できる機械翻訳に統計的機械翻訳が採用され、インターネット上の大量かつ多言語の情報を活用し、数十言語に対応した機械翻訳が気軽に利用できるようになった。そして、世界的にサービスを提供するいわゆるプラットフォーマーが、保有する膨大なコーパスを活用して機械翻訳の技術を牽引するようになる。

2010年前後に本格的に普及し始めたディープラーニングの技術は、画像処理や音声処理の分野でその驚異的な性能を認められ、自然言語処理でも活用されるようになる。ディープラーニングを用いた機械翻訳が登場した当初こそ成熟していた統計的機械翻訳に及ばなかったものの、ごく短期間で次々に重要技術が生まれ、瞬く間に機械翻訳技術の主流の座を奪った。2010年代後半以降は大部分の機械翻訳研究はディープラーニングを用いるものに置き換わり、各種無料・商用機械翻訳サービスにも次々に導入された。特に日本においては、それまでの機械翻訳が不自然でぎこちない訳文を出力しがちであったということもあって、ディープラーニングを用いた機械翻訳の流暢な訳文は驚きをもって迎えられた。日本において最も重視されるのは英日翻訳・日英翻訳であるが、英語と日本語の語彙や文法の大きな違いは他の言語と比較して機械翻訳の性能が長年伸び悩む要因となっていた。ディープラーニングは、そうした長年の苦労をわずかな期間で過去のものにしたのである。

Ⅱ　機械翻訳の考え方

ディープラーニングを用いた機械翻訳は、ディープラーニングが「ニューラルネットワーク」という技術を利用することから「ニューラル機械翻訳」と称される。本節ではニューラル機械翻訳と、それ以前の機械翻訳（規則に基づく機械翻訳、用例に基づく機械翻訳、統計的機械翻訳）との考え方の違いを説明する。

ニューラル機械翻訳以前の機械翻訳

ニューラル機械翻訳以前の機械翻訳の考え方を極めて簡単にいうと、辞書などから得られる翻訳の断片を組み合わせて訳文を作る、というものである。この翻訳の断片をどのように獲得し、利用するかの違いが各方式により異なっている。

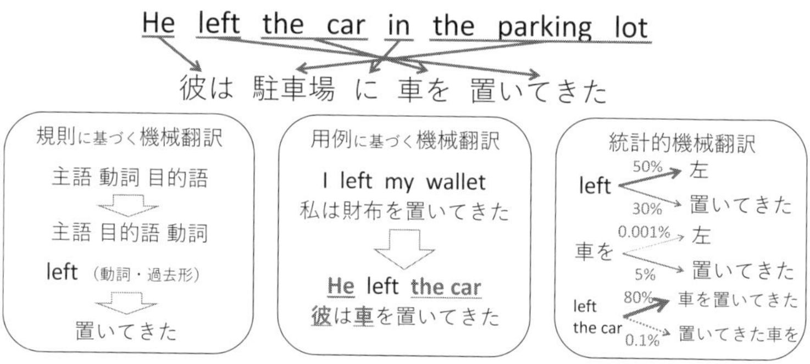

図1 ニューラル機械翻訳以前の機械翻訳の概略

図1にニューラル機械翻訳以前の機械翻訳各方式の概略を示す。規則に基づく機械翻訳は構文・語順の変換規則（典型的な英日翻訳であればSVOからSOOへの変換）と、語句の対訳辞書を基に原文を訳文に変換する。用例に基づく機械翻訳は原文と類似した対訳用例をコーパス・辞書から探し、その組み合わせによって訳文への変換を実現する。統計的機械翻訳はさまざまな対訳知識をコーパスから自動的に獲得し、翻訳時には、原文の各語句に対応し、かつ訳文のことばの並びとして自然な訳語を選び、さらに言語間の語順変換も自然な訳文を膨大な組み合わせの中から確率の高いものを探索する。

この3方式はその実現方法は異なるものの、基本的には「構成性の原理（Principle of Compositionality）」に基づいて、語句レベルの対訳、構文の変換、典型的な文のパターン、といったさまざまな階層での対訳知識を組み合わせて翻訳を実現しようとするものである。この考え方は非常に直感的であると言える。そして、ある翻訳が行われたときに、どのような変換規則がどのような基準により選択・利用されたかが分かるため、翻訳の誤りが生じた場合にもどこに問題があったかを調べることができる。ただし、実際の機械翻訳システムにおいて利用可能な対訳知識は膨大であり、誤りが判明したときにそれを容易に修正できるわけではない、ということには注意が必要である。訳語の選択はしばしば文脈に強く依存する上、ある文に対して可能な翻訳は数多く存在するため、ある対訳知識が適用可能かを決定するための条件は非常に複雑になり、人間が定義できる規則や、有限のコーパスから獲得できる用例・翻訳知識では到底網羅できるものではない。その結果として、本来適用可能なはずの翻訳知識がそもそも定義・獲得されていなかったり、適用可能条件を狭く／広く取り過ぎたりすることで不自然な翻訳が行われてしまう事例が多くみられる。さらに、訳文をことばの切り貼りによって構成するために、逐語訳・直訳になりがちであったり、ことばの繋がりが不自然な「機械翻訳調」になりやすかったりする問題が知られている。喩えて言うならば、目・鼻・口などはそれぞれ間違いなく人間のものであるのに、異なる人間の顔写真を切り貼りするだけでは自然な人間の顔にならないモンタージュ写真と同じである。

ニューラル機械翻訳

ニューラル機械翻訳の基本的な考え方は、やや極端だが喩えて言うなら「原文を覚えて、別の言語の文として言い直す」というのに近い。ただこの「覚える」というのはあくまで喩えであって、人間が行う、覚える・記憶するという仕組みと同様であるということではない。ニューラルネットワークは生物の神経回路網における情報処理機構を模倣した、と言われるが、本章では、現在使われているニューラルネットワークはあくまである種類の計算を通じて動作する情報処理機構にすぎないとする。

ニューラルネットワークによる情報処理機構の特徴は、原則としてすべての計算を数値（連続値）で行うところにある。機械翻訳をはじめとすることばの処理は、そもそもことばが単語などの離散的な記号を扱うものであり、連続値による計算とは一見相性が悪いようにも見える。しかし、ニューラル機械翻訳などの近年のことばの処理の技術では、単語などの記号を連続値のベクトルに変換して計算を行い、結果得られる連続値のベクトルをふたたび単語などの記号に戻すという操作を行っている。たとえば非常に簡略化して単語が3次元ベクトル（つまり3次元空間上の点）として表せると仮定すると、「彼」という単語は（x=0.3、y=0.6、z=0.5)、「車」という単語は（x=-0.4、y=-0.1、z=0.2）のようなベクトルに変換できる。このように単語をベクトルに変換するための変換表を作成することで、ことばをニューラルネットワークで扱えるようになる。

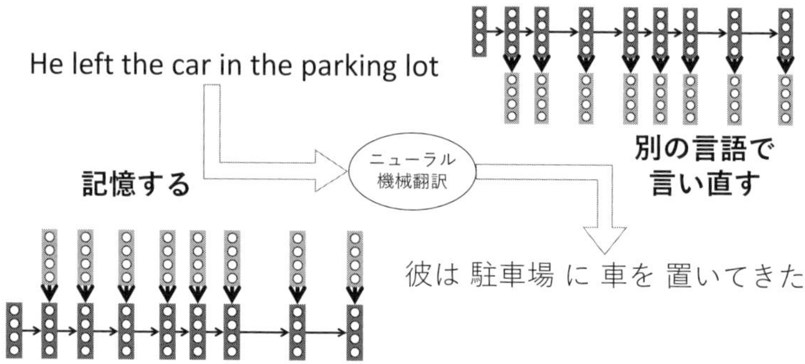

図2　ニューラル機械翻訳の概略

図2にニューラル機械翻訳の概略を模式的に示す。縦長の長方形に4個の丸で示したものが連続値のベクトルである。原文を「記憶」する過程では、図左下のベクトルに対して英語の単語をベクトルに変換したものを順次作用させてベクトルを更新していく。次に訳文の形で「言い直す」過程では、記憶して得られたベクトルから順次訳語のベクトルを計算し、ベクトルを更新してまた次の訳語のベクトルを計算、という過程を繰り返す。訳語のベクトルからは対応する単語が求まるので、それを並べれば訳文が得られる。ニューラル機械翻訳では、数万文からときには数億文に及ぶ大量の対訳コーパスを練習問題としてこの過程を学習し、さまざまな文の翻訳を正確にできるようにする。具体的には、対訳コーパスの原文側を「記憶」させ、訳文として「言い直し」た単語を先頭から一つずつ出力させる。この出力が対訳コーパスの訳文側と一致するように、計算を少しずつ修正していく。各訳語の選択は原文の全単語と訳文のそれ以前の単語に依存するので、一つの訳語選択を修正するためにはそこまでの計算過程すべてを修正していかなければならないのだが、ニューラルネットワークでは「誤差逆伝播」と呼ばれる技術を

用いて効率的に修正ができるようになっている。

ここまでの説明で計算の詳細は省略したが、ニューラル機械翻訳の仕組みは、それ以前の機械翻訳で利用されていた、構文の変換規則や語句の対訳辞書に相当する翻訳知識を組み合わせるというアプローチを採らない。もちろん実際には原文の “the parking lot” を記憶しているからこそ「駐車場」が訳出できるのだが、“the parking lot” が「駐車場」に翻訳される、という独立した知識は利用されておらず、“the parking lot” はベクトルで表された原文の「記憶」の一部として取り込まれ、文全体の言い直しの過程で「駐車場」を訳文の一部として選んだ、という結果となっている。つまり、まず原文全体を覚えることで文内の文脈を含めた「文意」を捉え、それを踏まえて訳文を「生成」するのがニューラル機械翻訳の考え方である。図 2 に示した模式図は 2014 年に提案された最も初歩的な方式であり、本書執筆時点までにより洗練された精度の高い方式が提案されている。技術詳細の解説は本書の範囲を超えると考え割愛するが、基本的な考え方である原文を「記憶」して「言い直す」という部分は大きく変わっていない。ニューラル機械翻訳の技術をより深く知りたい、という読者の皆様には筆者の解説記事（須藤 2019）やその他自然言語処理に関する教科書（坪井、海野、& 鈴木 2017）などを参照されたい。

Ⅲ　ニューラル機械翻訳の利点と欠点

ニューラル機械翻訳の利点

従来の機械翻訳と比較してのニューラル機械翻訳の利点は、まず単語を連続値ベクトルの形で表現することにより、単語の類似性をベクトルの類似性として考えられることである。コンピュータで単語のような記号を扱う場合は、各記号は独立したものとして扱われるため、たとえば「車」と「彼」も、「車」と「駐車場」も、「車」と「バイク」も同様に単に異なる単語として扱われるのみである。しかし実際には「車」と「駐車場」には関係があるし、「車」と「バイク」には類似性がある。このような関係は対訳コーパスを用いた学習によって自動的に獲得され、新たな文の翻訳の際に活用される。もう一つは、個々の要素の翻訳の切り貼りではなく、文全体を考慮して個々の語句の意味を捉えて翻訳ができることである。ことばの意味は文脈に強く依存するため、部分的に語句のみを見るだけでは正しい意味を取れないことがある。ことばを独立した記号として考えるとありとあらゆる記号の組み合わせを網羅することは非現実的であり、構成性の強い仮定に基づいて特定の文脈におけることばの意味を推定しなければならなくなる。しかし、上で述べた通り、ニューラル機械翻訳ではことばの類似性の考慮が可能であるために、類似したことばで成り立っていた関係を柔軟に再利用できるという自然な仮定に基づいてことばの意味を推定する。こうした利点は近年のディープラーニングに基づくことばの処理の飛躍的な発展の基盤であり、インターネット上の膨大なテキストを利用した学習を通じて、広範なことばの処理に活用されている。

上記の利点は従来の機械翻訳、特に日本における機械翻訳の応用として最も重視されてきた日本語と英語の間の翻訳における２つの問題の軽減に大きく貢献した。一つは、訳語の切り貼りに起因する機械翻訳調の訳文ではなく、かなり自然で流暢な訳文が得られるようになったことである。もう一つは、特に長い文において日本語と英語の語順の違いが適切に訳出に反映できず、複文や重文と呼ばれる複雑な構造を持つ文において語句の修飾関係が崩れてしまう事例が大幅に減少したことである。従来の機械翻訳でも、語順の違いが小さい言語対であれば逐語訳に近いような単純な語句の置換でも自然な訳文を得られる可能性があったが、語順の違いが大きい言語間では構文構造の変換が不可欠であり、そのための構文構造の解析が必要となっていた。しかしながら構文構造の解析は長い文になれば必然的に難しくなり、誤った解析によって不適切な語順での訳出を誘発しやすいものであった。ニューラル機械翻訳では通常明示的な構文構造の解析や変換を行わず、文全体を考慮した文意の「記憶」、それを別の言語で「言い直す」ための柔軟なことばの選択によって、そうした誤訳の軽減ができるようになったと考えられている。

ニューラル機械翻訳の欠点

上記のような利点が認められる一方で、現在のニューラル機械翻訳にはその処理方式に起因する欠点があることも同時に知られている。

ニューラル機械翻訳の問題点としてよく指摘されるのは、原文の内容が訳文から欠落してしまう「訳抜け」である（中澤 2017）。従来の機械翻訳はすでに述べたように切り貼りのような形で訳文を構成していたために、原文のどの部分が訳文のどの部分に対応するかが明らかであり、その結果として原文の単語をすべて訳出したことを確認することができた。実際には誤った翻訳知識を獲得・利用してしまうと訳抜けは起こり得るので完全に訳抜けが起きないというわけではなかったが、ニューラル機械翻訳の場合は訳抜けの問題がより顕著になったと言われることがある。訳抜けが起こる理由として、原文を記憶して言い直す、というニューラル機械翻訳の仕組みが、原文と訳文の語句の対応関係が明示的でなく、原文の単語をすべて訳出したことが保証できないということが指摘できる。特に学習コーパス中であまり現れなかった単語、典型的には固有名詞などが訳抜けを起こしやすい傾向にあり、実用上の深刻な問題となり得る。逆に原文のある箇所に対応する訳語を複数回訳出してしまう「重複訳」が起こることも知られている。語句の翻訳知識を使った切り貼りからの脱却、という機械翻訳の進歩が常に有効とは限らないということの現れである。

もう一つ広く知られている問題が、一見して自然な訳文に見えるのに深刻な翻訳の誤りが含まれる「流暢な誤訳」である。これも既に述べた通り、ニューラル機械翻訳では文全体の情報を考慮して柔軟な訳語の選択を行うことができるため、訳語選択の誤りや多少の訳抜けがあっても、訳文全体としては非常に整ったものが翻訳結果として得られてしまうことがあり得る。これも従来の機械翻訳であれば誤りのある箇所の周辺で大きくことばが乱れるなど不自然さに気づきやすかったという側面があり、機械翻訳の水準が向上したことによって、その正誤の判別には訳文の正しさを判断できるだけの言語能力を有していなければならなくなったことを示唆している。特に肯定否定の反転や固有名詞の混同などが典型的な問題として知られており、ときには人命に関わるような深刻な情報伝達の誤りにつながりかねないため、重要な用途においては機械翻訳結果をそのまま利用せず、然るべきチェックや修正を受けるべきであると言われている。

さらに、ニューラル機械翻訳になって目立つようになった問題として、原文の小さな変化によって訳文が大きく変わってしまうことも知られている。句読点のあるなし、だ・である調とです・ます調の違い、さらには空白文字一つの違いであっても、原文を記憶する過程でのベクトルの数値に影響を与え得ること、また同じ内容を伝えることばの表現の多様性によりコーパスに現れるさまざまな表現を学習していること、によって訳文の変化が起きやすくなっていると考えられる。

以上挙げた現在のニューラル機械翻訳の欠点は、見方を変えれば利点と表裏一体ともいえる。ことばの類似性を考慮できる仕組みを有していても真に正しいことば同士の関係がコーパスから獲得できるとは保証されないこと、流暢にことばを繋ぐことはできてもひとたび誤った単語を使ってしまったり単語の抜けが生じたりするとそれを取り繕うような文をひねり出してしまいかねないこと、という紙一重とも言える関係が、ときに驚くほど正確で流暢な訳文を生み、ときには信じられないような深刻な誤訳を生んでいる。今後技術の進展によりこうした欠点は少しずつ解消されていくはずだが、機械翻訳の利用にあたっては利点と欠点を意識した上で、用途に合わせて慎重に利活用の方法を検討すること、特に影響の大きな用途においては必ず訳文をチェックすることを強く推奨する。

Ⅳ　おわりに

本章では機械翻訳の考え方や方法について簡単に紹介し、特に近年発展したニューラル機械翻訳についてその利点や欠点を含めて述べた。従来の機械翻訳からニューラル機械翻訳への変化は、構成性に基づいて単語などの独立した要素を組み合わせていくという旧来の方法論から、ことばを数値で表現し単語の類似性や文脈を考慮して柔軟にことばを選んでいくという新しい方法論への変化であり、コンピュータでことばを自動処理する技術の変革である。最後本章のまとめとして、ニューラル機械翻訳に代表される現在のことばの自動処理技術と、人間がことばを学び利用する仕組みとのギャップについて考えたい。

まず、ニューラル機械翻訳の技術によりコンピュータが獲得するのは原文を訳文に「変換」するのに必要な計算方法である。ここで敢えて「翻訳」でなく「変換」ということばを使った理由は、人間が行う「翻訳」は一般には単純なことばの「変換」ではないからである。その間にあるのはさまざまな常識や知識であったり、文化であったり、ことばとして明に現れないがその考慮なしに意図が伝わる「翻訳」はできない、というようなものである。もちろん機械翻訳は学習した対訳については通常高い精度で「変換」ができるので、高度な知識が必要な「翻訳」の問題であったとしても学習した対訳事例と類似したものであれば正しい結果が得られる可能性はある。しかしながら、実際に学習できる対訳の事例には限りがあり、仮に数億文の対訳コーパスを利用できたとしても大部分は対訳の入手が容易な特定の分野に偏っていることが多いため、「翻訳」のための幅広い知識を獲得することは容易でない。ただその一方で、ニューラル機械翻訳は構文や意味の情報を対訳コーパスだけからかなり獲得でき「変換」に役立てていることもまた事実である。最近のコンピュータによることばの処理の研究ではインターネット上の膨大なテキストデータを用いて質問応答や言語推論をかなりの精度で解けることが示されている(Devlin, Chang, Lee, & Toutanova 2019)。こうしたことから、体系立てた知識がなくともテキストデータが大量に利用可能であれば、コンピュータはかなり多くのことばに関する情報を自動獲得できると言えよう。

一方、人間が行う翻訳、特に職業翻訳者が行う翻訳は、用語や文法などの深い知識、過去の翻訳事例に加え、訳文の読み手を意識して行われるものである。いわゆる「意訳」も、単純に異なる言語で言い換えるのみでは意図が伝わらないとなれば必然的に利用され得る。人間が持つことばの知識はもちろんその人生において触れてきた大量のことばに裏打ちされたものであるが、人間は自分が接したことばから法則性を見出す、というのみならず、体系化された理論や知識を活用し、ときに非常に複雑な推論を行いながらことばを扱う。現在のコンピュータのことばの処理がデータからの帰納推論に基づいているのに対して、人間は演繹的な推論をも活用できることがコンピュータと人間のことばの処理の違いといえよう。翻訳に関して言うと、単に別の言語に「変換」するという問題でなく、別の言語でうまく伝達できることばを「創出」するという問題であると考えれば、現在のニューラル機械翻訳がその方向に向かおうとしていることは間違いないとしても、依然として大きなギャップが存在することも否定できない。

では、今後機械翻訳はどうなっていくのであろうか？

現時点でも機械翻訳が得意とする領域においてはそこそこ使い物になる翻訳結果が得られることが少なくない。しかしそれはまだ平均的な性能の話に過ぎず、しばしば起こる深刻な誤訳の影響を考えるならば全幅の信頼を置くには値しないであろう。しかし、技術は進歩し、データの蓄積は年々進んでいくので、機械翻訳ができないことは少しずつ減っていくはずである。文脈を考慮したり体系的な知識を利用したりする試みが成功すれば、より機械翻訳の適用可能範囲は広がっていくことが期待される。ただしそれは人間が行う翻訳という創造的な活動をコンピュータが奪うというようなものではなく、人間がことばをより効率的にかつ効果的に扱えるようになり、人間の創造性を拡張するものとなると筆者は期待する。

参考文献

Devlin, Jacob, Ming-Wei Chang, Kenton Lee and Kristina Toutanova (2019) BERT: Pre-training of deep bidirectional transformers for language understanding. *Proceedings of the 2019 Conference of the North American Chapter of the Association for Computational Linguistics: Human language technologies*. 1: 4171-4186.

中澤敏明（2017）「機械翻訳の新しいパラダイム ニューラル機械翻訳の原理」『情報管理』60(5): 299-306.

須藤克仁（2019）「ニューラル機械翻訳の進展：系列変換モデルの進化とその応用」『人工知能』34(4): 437-445.

坪井祐太・海野裕也・鈴木潤（2017）『深層学習による自然言語処理（機械学習プロフェッショナルシリーズ）』東京：講談社サイエンティフィク.

第二部
Languages

世界のことば

吉岡 乾

世界にはおよそ7,000の言語が現存している。

それらの言語は、サイズや分布、系統、言語実体のさまざまな類型（タイプ）などといった、ありとあらゆる側面から分類され得るものである。本節では、専ら地理分布と系統による分類で、世界のことばの概要を紹介したい。

I 言語と地理

数多ある言語のすべてが、陸地全体に万遍なく等間隔で分布していたりはしない。そういうと、「確かに、人口密度の偏りっていうのがあるものな」と思われるかもしれないが、では人口密度比に沿った分布をしているかと言ったら、そういうわけでもない。それは、世界中の言語が大きいものから小さいものまでさまざまであるという事実からもわかるだろう。

では言語は、ヒトの生活している地域内で、他の何物からも独立して、完全にランダム分布をしているのだろうか。実はそうでもない。

図1は、言語多様性を色の濃さで描き分けた図で、200㎞四方のグリッド毎に、そこに含まれている言語の数を対数のスケールで示したものである（地表面が球面であるのに、この図では平面的になっているのは、何かしらの処理をしていると思われるのだが、原著論文で説明がないので、その点は不明である）。色が濃く塗られている地域のほうが言語が多く、薄い地域ほど言語は少ない。

この図からは、ニューギニア島近辺やアフリカ中西部、中米辺りといった、赤道付近に最も多様な地域が分布しており、そこから南北の極地に向かって、多様性が減って行くのが見てとれる。そして、その言語多様性（＝言語

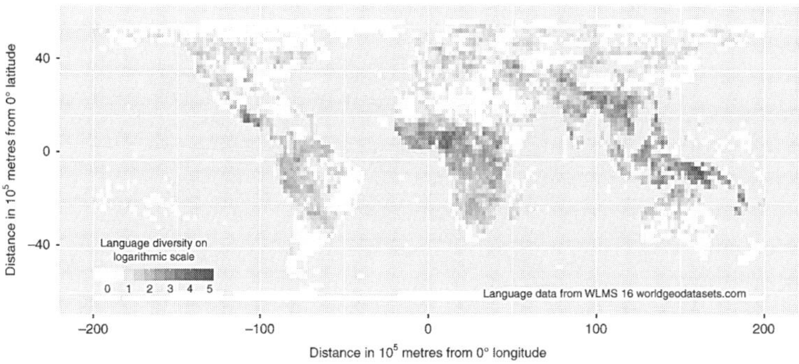

図1　言語多様性の分布

出所）Hua, et al.（2019: 2）

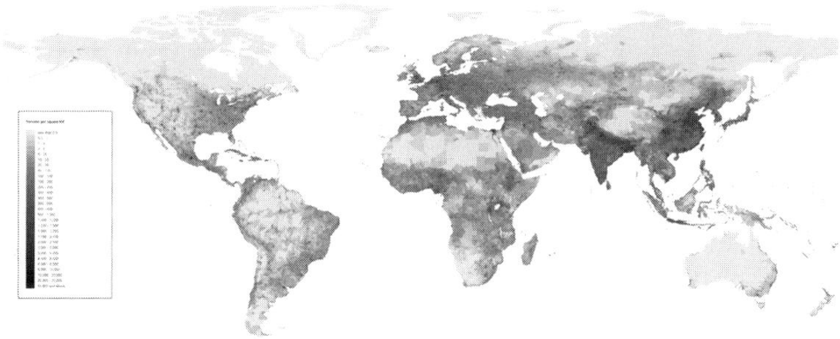

図2　世界の人口密度分布図

密度）の分布と、図2に示した人口密度の分布状況と比較してみると、互いに直接関係していないことが観察できる。日本を含む東アジアや、南アジア、ヨーロッパなども人口密度は高いが、それらの地域だけを見比べても言語の密度は異なっているだろう。

一方で、言語多様性と似ている分布図もある。図3は、鳥類の多様性を描いた図であるが、言語多様性と重なる部分が大きい。少なくとも、図2の人口密度の分布図よりは似ている。地上の、他の生物多様性を見ても似た傾向を示していて、総じて地理的な言語多様性と生物多様性とは似た傾向を示している。けれども、それは直接相関しているわけではなく、具体的な理由は不明瞭ながら、気候や地勢上の共通した理由がベースにあって、生物種や言語の多様さが現状でこのような偏り（特に多様性の低い地域で相互共通度が高い）を示しているのだろうと、Hua, et al.（2019）では述べられている。

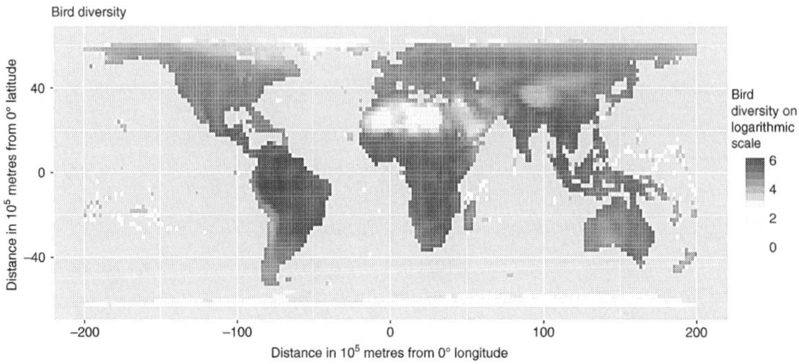

図3　鳥類の生物多様性の分布

出所）Hua, et al.（2019: 6）

II　言語と系統

さて、これら7,000を超す言語は、互いに独立した別個の言語ではあるものの、だからと言ってすべてが等間隔に関係的距離を保持しているわけではない。色々な側面で、関係の近い言語というのもあれば、縁遠い言語というのもある。

と言うのも、言語には語族（language family）、すなわち血族関係による繋がりがあるのだ。少なくとも300万種は存在していると考えられる、地球上のありとあらゆる生物はすべて、元々は単一の共通祖先に由来している（図4）。系統樹（phylogenetic tree）が描かれ始めた19世紀中葉では、まだすべての生物の起源が単一であったと考えるには決め手がなく、その後、1世紀以上を待ってから1980年代終盤に、原核生

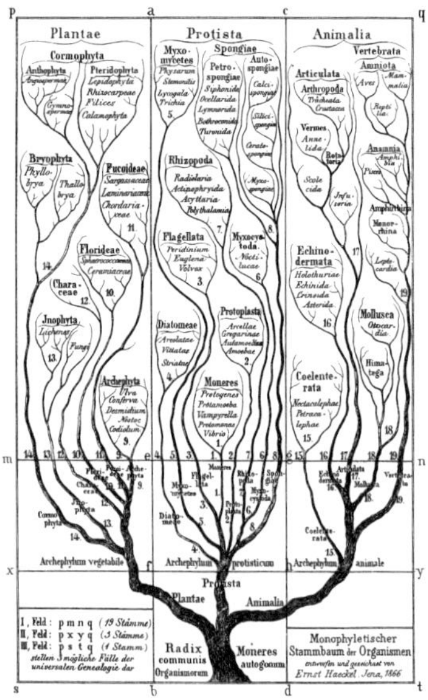

図4　初期の生物の進化・分岐を表す系統樹

出所）Haeckel（1866: 465）

物と真核生物とも束ねて考えられるようになった(図5)。

一方で言語は7,000程度しかない。ならば簡単にその単一起源性は証明でき、たった1本の大木で言語系統は描かれるようになっているだろうか。現代言語学が20世紀前半からスタートしているという出遅れはあれど、生物と比して圧倒的に少数なのだから。

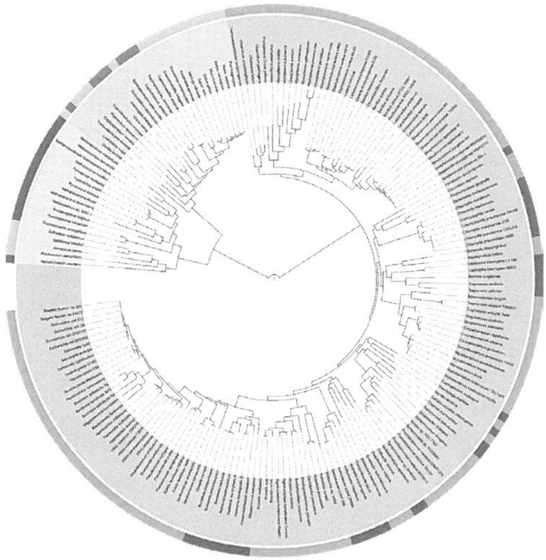

図5　枝が多くなり過ぎた21世紀の生物の系統樹

答えは否である。言語を単一起源であると考えるのは、少なくとも主流ではない。

世界中の言語に関しての統計データなどを扱っているEthnologue(24版;Eberhard, Simons, and Fennig 2021;以下、「エスノローグ」)では、世界の音声言語には144の語族があるとしている(ただし、その中には語族とは呼べないものも含まれていることには注意する必要がある)。つまり、これだけを見ても。生物が一括して1つのグループになるのに対して、言語は144のグループになるということだ。

しかも、すべての音声言語が何かしらの語族に帰属するわけではない。世の中には、どの言語系統にも分類できない言語というのもある。それらはまた幾つかのカテゴリに分けられるのだが、それぞれの詳細は以下の小節に譲るとして、ここではカテゴリの名称だけ予告しておくと、孤立語(language isolate)、未分類語(unclassified language)、ピジン(pidgin)、クレオール(creole)、混合言語(mixed language)といったものがある。

言語が一把に束ねられていないのは、生物学的な進化の系統樹が1世紀以上を掛けて統合されたような話であろうか。穏健な言いかたをすれば、その可能性を完全に否定するのも過言かとは思われる。ただし、生物には化石という強い証拠がある一方で、言語には(音声言語であれ手話言語であれ)一瞬で物理実体が消失する「一時性」という特徴があるため、これまでの研究を覆して「万物の理論」を打ち出すのは、夢物語のように思える。

音声言語の語族

上に述べた通り、音声言語の語族の数は100を大幅に超える。

すべての言語が等しい価値を持っているとみなすのが言語学の基本姿勢のひとつである以上、語族にも優劣や上下はない。したがって、語族を何等かの形でランク付けして示すのは良い姿勢だとは言えない。けれども、紙幅の都合上、すべての語族を平等にここで並べ立てて紹介するのも不可能であるので、便宜としての工夫、示しかたとして一時的に許されたい。

語族を、たとえばそこに含まれている言語の数でみると、表1のように順位付けることができる。無論、総話者数や、分布地域の広さなど、他の基準で並び替えることなども可能であるが、ここでは数字のアクセスし易さに鑑みて、言語数を基準とした。なお、語族の下位群は「語派（branch/subfamily）」と呼ぶ。

表1　Ethnologue（24版）に基づいた言語数の多い10の語族

	語族名		言語数	分布地域
1	ニジェール・コンゴ語族	Niger-Congo	1,551	サハラ砂漠以南のアフリカ
2	オーストロネシア語族	Austronesian	1,257	台湾、マダガスカル、オセアニア、東南アジア沿海部
3	トランス・ニューギニア語族	Trans-New Guinea	481	ニューギニア島近辺
4	シナ・チベット語族	Sino-Tibetan	457	東アジア、ミャンマー、ヒマーラヤ山脈
5	インド・ヨーロッパ語族	Indo-European	446	ヨーロッパ、南・西・北アジア（ロシア）
6	アフロ・アジア語族	Afro-Asiatic	382	アフリカ北部、中東
	（オーストラリア諸語）	(Australian)	380	オーストラリア
7	ナイル・サハラ語族	Nilo-Saharan	207	アフリカ中北部
8	オト・マンゲ語族	Oto-Manguean	178	メキシコ
9	オーストロアジア語族	Austroasiatic	167	東南アジア、インド北東部
10	クラ・ダイ語族	Kra-Dai	91	東南アジア、中国南部

一番言語数が多い語族はニジェール・コンゴ語族（1位）である。世界の言語の5つに1つはこの語族に属していると、単純計算で言える。ただしこの語族には日本で名の知れた言語が中々ない。ヨルバ語、イボ語、フラ語（フラニ語）などがニジェール・コンゴだ。この語族と、アラビア語を持つアフロ・アジア語族（6位）と、ルオ語やカヌリ語などを含むナイル・サハラ語族（7位）とで、アフリカのほとんどの地域がカバーされている。

広く太平洋の島々に分布している言語の多くが、オーストロネシア語族（2位）に属している。インドネシア語、タガログ語、フィジー語、ハワイ語など、有名な言語も多い。この語族は台湾を祖地としていて、そこからヒトと一緒に南洋の島嶼部へと拡散していった。ただし、ニューギニア島の辺りにはトランス・ニューギニア語族（3位）が分布している。こちらは少数言語が多い語族で、最も話者人口の多いエンガ語でも23万人しか居ない。15万人の話者が居るフリ語は、15進法の数詞体系を持つことで、言語学者の間では有名である。

中国語やチベット語を擁するシナ・チベット語族（4位）が東アジア、ヴェトナム語を含むオーストロアジア語族（9位）やタイ語の属するクラ・ダイ語族（10位）が東南アジア大陸部を中心に広がっていて、南アジア以西のユーラシア大陸は、ヨーロッパまで、最も有名な語族であるインド・ヨーロッパ語族（5位）が広く分布している。英語もロシア語もスペイン語も、ペルシア語もヒンディー語も、この語族のメンバーである。

オト・マンゲ語族（8位）は、現在ではメキシコのみに分布している言語群である。だが、この語族の内の、死滅したマンゲ語派は、かつて南方に離れて、ニカラグアやコスタ・リカで話されていた諸言語である。オト・マンゲ語族の話者人口はオアハカ州が最も多く、大きな言語としてはサポテク語やミシュテク語などがある。

先の表1で括弧書きされているオーストラリア諸語というのは、エスノローグで語族として扱われているが、実際には分岐群（clade）として証明されておらず、したがって語族だとはいえないものである（そのため、ここでは「諸語」とした）。

このように、分岐群である「語族」か、そうではないかというのは、峻別されるべき概念であるにもかかわらず、言語学関係の資料でも無頓着に混同されている場合がある。144の音声言語の語族というのも、このように、束ねられないものを束ねているものが含まれているので、実際にはもっと数は多くなる。あくまで参考程度のものとして了解し、詳しく知りたいかたは、是非、複数の資料にあたって理解を深めていただきたい。

手話言語の語族

同じくエスノローグによれば、世界の手話は少なくとも150言語はある。

手話言語の語族というのも幾つかは立てられており、表2のようにまとめられる。音声言語と比較すると、その偏りが大きく、1つの語族が全体の3分の1以上を抱え、一方で全体の半数ほどがどの語族にも属さない。

表2　手話の語族（言語数順）

	語族名		言語数	分布地域
1	フランス手話語族	French Sign	50以上	ヨーロッパ、アメリカ、音声フランス語圏アフリカ など
2	アラブ手話語族	Arab Sign	6～10	音声アラビア語圏
3	イギリス手話語族	British Sign	4～10	イギリス、オーストラリア、ニュージーランド、南アフリカ
4	日本手話語族	Japanese Sign	3	日本、朝鮮半島、台湾
4	ドイツ手話語族	German Sign	3	ドイツ、ポーランド、イスラエル
4	スウェーデン手話語族	Swedish Sign	3	スウェーデン、フィンランド、ポルトガル

その最も大きな語族はフランス手話語族であり、パリの聾者コミュニティで発達した古フランス手話が起源になっている。ここまで語族が大きくなった要因のひとつには、フランスの聾教育者ローラン・クレークが19世紀にアメリカの聾学校で教育をしたことがある。

次に大きいのはアラブ手話語族であり、アフリカ北部から中東にかけての、アラブ世界に分布している。この地域で国単位で教育がされているような手話の多くは、この語族に属しているが、モロッコ手話はアメリカ手話から、チュニジア手話はイタリア手話から派生しているので、含まれていない。

その他、国単位で統一的に使われていない、小地域ごとの独自の手話（「村落手話（village sign 〈language〉）」または「普及手話（shared sign language）」などと呼ばれる）がこの地域内にもあり、それらもこの語族とは関係しないと思われる。

イギリス手話語族は、19世紀に古イギリス手話が方々に伝えられたことで広く分布するようになった。ただし、イギリス手話とオーストラリア手話、それにニュージーランド手話とは、言語差ではなく方言差でしかないと看做す考えもある（まとめてBANZSLと呼ばれる）。手話80言語のリストを示しているWittmann（1991）では、スウェーデン手話もイギリス手話語族の系統に含められており、その分類が正しいとしたら、表2でスウェーデン手話語族としているものは、イギリス手話語族の一語派ということになるだろう。

手話の広がりは聾教育者の派遣によるものが多い。日本手話語族の言語も、韓国や台湾の聾学校で、東京や大阪からの教師が手話教育をしたことに端を発している。イスラエル手話も、ドイツにあったユダヤ人の聾学校の教師がエルサレムで教鞭を執ったことに由来してドイツ手話語族に含まれているが、一方でオーストリア・ハンガリー手話との関係も強く、フランス手話語族に帰属する可能性もある。

これらの、系統グループに属している言語の他に、数々の系統的に孤立している、もしくは未分類の言語がある。音声言語よりも手話言語の方が孤立語の割合が多いのだとしたら、それは研究が進んでいないからという側面もあるだろうけれども、それよりも、音声言語と比較して、個別言語間の威信度の差の小ささ、言語教育の基盤の弱さ、言語使用の地理・ジャンル的な広がりの狭さや、話者のコミュニティを越えた移動の少なさといった異なりから、小さい言語が淘汰されずに生存している確率が高いためではないかと筆者は想像する。現に、たとえばガーナのアダモロベ手話という系統的に孤立している村落手話（話者は約1,400人）などは、聾学校で教育されているガーナ手話に圧（お）されて消滅しかけている。一丁前の言語だとは認めがたいが、国際手話と呼ばれる、誰の母語でもない言語的なツールが存在していることも、音声言語で「国際語」としての英語へ鞍替えを計るコミュニティがあるのとは状況が違うのかもしれない。

孤立語と未分類語

系統的に孤立している言語と、系統未分類の言語とは、区別されるべきである。

これらはいずれも、どの語族にも含めることができない言語である。けれども、前者が積極的に検証をした結果として、かなりの確度でどの語族にも属さない言語であると認められている一方で、後者には、①検証のための証拠が不十分であるものもあれば、②複数語族の狭間にあって、その特徴からどちらの語族に帰すべきかが判定できないものもある。①はつまり、これからどこかの語族への帰属が確定する可能性が大いにある言語、ということになる。②に関しては、「言語はいずれか1つの語族にしか属せない」という前提が生み出した悩ましいポイントで、暫定的に「A語族とB語族とに半分ずつ属している」というような分類を許さないために、結局は保留箱に入れざるを得ないことになってしまっているのだ。言語系統にシュレーディンガーの猫はいない。

エスノローグによると、系統的孤立語は現在88言語、系統未分類語は51言語ある。

系統的孤立語は、別の言いかたをすれば、その言語だけで1つの語族をなしている言語だとも言える。メンバーが千を超える語族がある傍らに、メンバーが唯一の語族があっても良いはずである。

それらの分布は、完全にランダムとはなっておらず、幾らかの癖、傾向がある。図6に孤立語の分布を示しているが、その分布特徴を見ると、もちろん漏れはあるが、2つに大別できそうである。

片方は、大言語が分布している大陸で、ヒト居住域の周縁部などに孤立語が分布しているというもの。ヨーロッパのビスケー湾に面したバスク語や、サハリンのニヴフ語、北海道のアイヌ語、北米西海岸のハイダ語やセリ語などは大陸の縁や、その外側であるし、サハラ砂漠周辺、アンデス山脈東部（アマゾン川流域）、ヒマーラヤ・カラコラム山脈なども、ヒトの生活域の末端であると考えられるだろう。

もう片方は、大言語のない言語蝟集（いしゅう）地域に孤立語があると考える見方である。ニューギニア島はその最たる地域であると思うが、先述のアマゾン流

図6　系統的孤立語の分布
出所）国立民族学博物館・言語展示

域もこちらの理窟は通じそうであるし、北米全域も白人の渡来以前は同じような環境だったのではないだろうか。

ピジンとクレオールと混合言語と

エスノローグにはさらに、16のピジン、92のクレオール、25の混合言語がカウントされている。

ピジンとは、商業などのような特定の目的で同所に集まった、異なる、互いに流暢ではない言語集団同士の間で、目的に沿った内容の情報伝達を果たすために起こる、簡便なコミュニケーション手段である。したがってピジンは、複数の言語から新規に生まれ出てくる。そのため、その文法構造などはシンプルで、持ち寄った単語が入り混じって用いられる。ただし、目的外のコミュニケーションを取るまでには洗練されず、表現力に限度があるため、厳密には言語ではない。

クレオールとは、そういった経緯で発生したピジンを、その地域内で誕生した次世代の子らが地元言語として習得し始め、言語として利用するために、意図せずに一人前の言語へと洗練したものであると、古典的には説明されている。ピジンよりも構造は複雑になるが、その分だけ表現力は増し、創造性を獲得する。元の言語が何であれ、諸々のクレオール全体で共通して見られるような特徴もある。クレオールはもう、立派に言語である。

混合言語も、複数言語が綯い交ぜになって発生しているという点ではピジンやクレオールと似ているが、複数の言語が互いに比較的流暢に操られるコミュニティ間で生じてくる混ぜこぜ言語である。大抵の言語で、借用語など、他の言語の混ぜ込みは存在しているが、混合言語はその端的なものであり、混ぜ込みかたにも規則性が生まれて、元のどちらの言語とも違ったルールがそこにはできたもの、とも言えるだろう。この場合、大幅な単純化を伴うピジン化の過程を経ていないので、クレオール全般で見られるような特徴は、基本的に、浮かび上がってこない。

系統が未分類である言語というものが存在する理由の②は、同様に、ここで取り上げたような言語にも関係する。これらはいずれもが、複数言語をベースに出来上がっているものであり、それらの元言語が異なる語族に属してた場合には、最早「言語は一語族にしか属さない」の原則に当て嵌められないためである。ここから、言語系統での分類には限界があることが分かるだろう。

参考文献

Eberhard, David M., Gary F. Simons and Charles D. Fennig (eds.) (2021) *Ethnologue: Languages of the world*. twenty-fourth edition, online version. http://www.ethnologue.com [accessed January 2022].

Haeckel, Ernst (1866) *Generelle Morphologie der Organismen: Kritische Grundzüge der mechanischen Wissenscheft von den entstehenden Formen der Organismen. Zweiter Band: Allgemeine Entwicklungsgeschichte der Organismen*. Berlin: Verlag von Georg Reimer.

Hua, Xia, Simon J. Greenhill, Marcel Cardillo, Hilde Schneemann and Lindell Bromham (2019) The ecological drivers of variation in global language diversity. *Nature Communications* 10: 2047.

Wittmann, Henri (1991) Classigication linguistique des langues signées non vocalement. *Revue québécoise de linguistique T&A* 10(1): 215-288.

宮窪手話のタイムライン

矢野羽衣子

愛媛県今治市の一部である宮窪町は、愛媛県大島の北部に位置している（図1）。宮窪手話は、長い間宮窪町の漁業の中心地であった宮窪港周辺の「浜」と呼ばれる地域で使われている。

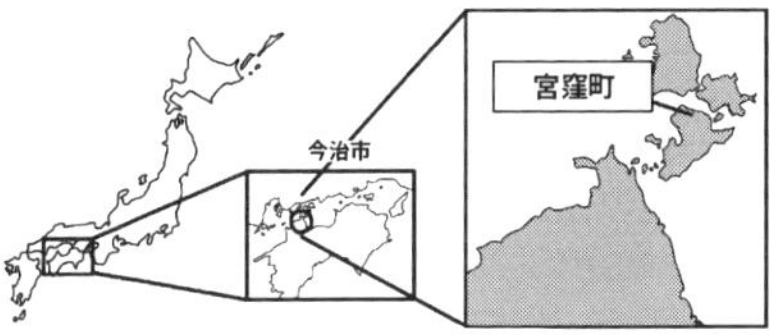

図1　宮窪町の位置

タイムラインとは空間を用いて時の流れを表す表現であり、世界の手話言語にも広くみられる。宮窪手話には「体を基点として使用するタイムライン」と「天体タイムライン」という2種類のタイムラインがある。どちらのタイムラインも、日本手話とは表現方法が異なっている。

「体を基点として使用するタイムライン」は手話言語に広くみられる。手話話者は、空間に設定された「線」を用いて時間を表す。タイムラインは、発話と共起するジェスチャーでも観察されている。このタイムラインの例としてよく知られているのは、話者の背後が過去を表し、前方が未来を示す空間使用である。日本手話のタイムラインも話者の背後から始まり、前方へ進む（図2）。

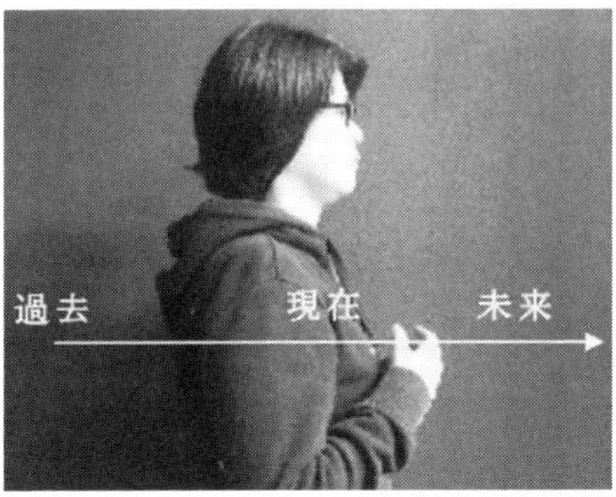

図2　日本手話のタイムライン：過去ー現在ー未来

これに対し、宮窪手話のタイムラインは話者の利き手側から始まり、話者の体の中心に向かって進む（図3）。この直示的なタイムラインは、宮窪手話の話者が過去の出来事について話す際に多く用いられる。

図3　宮窪手話のタイムライン：過去―現在

もう一つのタイムラインは、東から西へ移動する太陽の実際の位置に対応した「天体タイムライン」である。

図4　宮窪手話の天体タイムライン：朝―昼―夜

宮窪手話の天体タイムラインでは○○手話のような指さしは使われない。代わりに、タイムライン上の位置を用いて、特定の時間を表現する。/朝/の手話表現（図5）が、タイムラインの起点近くに位置していれば、朝の早い時間であることを示し、同じ手話表現が話者の額近くにあれば、午前中でも昼に近い時間となる。午後や夜についても同様である。正午の場合のみ、/正午/という手話表現（図6）が話者の額の辺りで表出される（タイムラインがどう進むかに関わらず「正午」を示す手話表現は常に額に位置するため、この表現が指さしの一種とは考えにくい）。

図5　宮窪手話　/朝/または/夜/　　図6　宮窪手話　/正午/

天体タイムラインは、話者が会話をしているときに太陽がある位置に合致するため、話者から見た天体タイムラインの位置もさまざまに変化する。逆にいえば、会話をする時間により、話者の身体と手話表現の位置が変化することが、宮窪手話のタイムラインの大きな特徴となっている。

多様なことば

色々に数えることば

(音声言語の数詞体系)

風間伸次郎

ここでは、音声言語における数に関する表現として、まず数そのものを表す「数詞」、次に、文法上の数を表す「数(すう)」について概観する。

I　数詞

数そのものを示すことばといえば、それは数詞である。アマゾン川の支流マイシ川に住むピダハン語(pirahã)に数詞はないという。人類もかつては「数」という概念をもたず、最初は数詞もなかっただろう。ユンクは、人間にとって最初の数は1ではなくむしろ2ではないかという。1が1であるかぎり我々は「数」ということを意識するはずがなく、全体的なものに何らかの分割が生じ、そこに対立・並置されている「2」の意識が生じてこそ「1」の概念も生じてくるというのだ(切替 2006)。

N進法

2までしか数詞のない言語となるとこれはけっこうある。トレス海峡(オーストラリアとニュージーランドの間の海峡)のオーストラリア先住民の言語の数詞は次のようになっている。「1」*urapun*、「2」*okosa*、「3」*okosa urapun*(2+1)、「4」*okosa okosa*(2+2)、「5」*okosa okosa urapun*(2+3)、「6以上」: *rak*(たくさん)。このように、3以上は足し算なのだが、翻って考えると日本語の数詞だって10以上からは足し算に入る(「ジュウ」「イチ」、「ジュウ」「ニ」、…)。そこで上記のタイプの数詞を2進法の数詞と呼ぼう。我々は10進法を当たり前だと思っているが、数学者によればこのことに数学的意味はなく、たとえば12進法でもよかったのだという（12進法なら3でも4でも6でも割り切れて便利だ）。

多くの言語の数詞が10進法なのは人間の指の数がたまたま10本だったためである。5を示す語が「手」を、10を示す語が「両手」を、20を示す語が「人」（足の指も数えている）を示す語である言語が数多くある。フランス語に20進法の名残りがあることを御存知の方は多いだろう。たとえば「90」は *quatre-vingt-dix*（4×20＋10）である。これは、基層言語であるケルト語からの影響とも言われている。20進法はマヤ文明やコーカサスの諸言語、バスク語にも見られる。

一方、パプアニューギニア南部のいくつかの言語は6進法で、6の累乗に基づく体系をもっている。たとえばネン語で「200」は *widmatnds prta nambis pus a sombes*（5×36、3×6、2）である（エヴァンズ 2013）。「なんて面倒な！」と思うかもしれないが、彼らだって我々がニヒャクジュウロク「216」（2×100＋10＋6、ネン語では「6^3」）と言うのを聞けば同じ感想を持つだろう。シュメール人は60進法を使っていたがそこでは60^2も使われた。

高地パプア語の1つ、オクサプミン語の数え方の体系は次のようである。まず親指から始め、手の先から腕・肩を通って鼻に向かって13まで数え14で鼻に達する。今度は反対側の肩・腕を通り、親指にまで到達すると、27になる。この1つのサイクルが終わると、両拳を上げ、*tit fu!* と叫ぶ習慣である。「その後、彼は8夜やって来なかった」というのを表すには *jəxə amunxe dik jox napingoplio.*「その後、肘の時間（彼は）来なかった」と言う（エヴァンズ 2013）。いわゆるブッシュマンのグイ語の純粋な（？）数詞は3までだが、59までは「手や指がどうなっているか」を文で言うことによって表現できる（中川 1998）。なお世界の諸言語のN進法については Comrie（2005）に詳しい記述がある。

減数算法と上位台記数法

ローマ数字で1〜10を書けばⅠ、Ⅱ、Ⅲ、Ⅳ、Ⅴ、Ⅵ、Ⅶ、Ⅷ、Ⅸ、Ⅹとなる。ここでの4と9は左側に「1」を書くことで引き算をしている。アイヌ語の1〜10の数詞は *sine*、*tu*、*re*、*ine*、*asikne*、*iwan*、*arwan*、*tupesan*、 *sinepesan*、*wan* であるが、このうちの8と9は「あと2で10」「あと1で10」のような語源を持っていることがわかる。これを減数算法という。6＝10－4まで使えば、1、2、3、4、5、10の6つの要素の組み合わせで10まで表現できるが、そういう言語もある。

上位台起算法の例をみよう。チョル語（マヤ諸語）での22は *cha-p'eh i cha'-ka'l*（2、2×20に向かって）と言う。この言語は20進法だが、22は「40に向かって2まできたところ」と表現するのだ。

倍数法

日本語の固有語の数詞の1と2、3と6、4と8をみると、*hito*(*tu*)-*huta*(*tu*)、*mit*(*tu*)-*mut*(*tu*)、*yot*(*tu*)-*yat*(*tu*) のようになっている。すなわち倍数関係の数詞において子音が同じで母音が交替する形になっているのだ。こんな数詞を持っている言語が一つある。北米の北西海岸のインディアンの言語の一つハイダ語では、2: *sdiŋ*、4: *sdansiŋ*、8: *sdansiŋχa*、3: *łɢunʔuł*、6: *tłəɢunʔuł*、5: *tłeełə*、10: *tłaałə* のように言う（堀 2003）。

数詞における補充法

数の概念や計算の発達に伴い、数詞も上記のように足し算や掛け算を用いて規則的に構成されるようになった。しかし言語の本質的な特徴は恣意性であり、ある数を示す形式が数学的に規則的な形式とは限らない。たとえば英語の *eleven* がそうだ（歴史的起源はさておき）。ロシア語では20や30と異なり、40だけは *sorok* というが、これはもともと毛皮を入れる袋の名称で、そこにクロテンの毛皮40枚を入れて取引されていたためであるという。

数詞を含む数の表現は言語によらずなかなかに不規則なものが多い。ドイツ語のように1の位を10の位をより先に言う言語もあるし、そもそも万を単位とする日本語などと千を単位とする欧米の言語では大きい数の換算も厄介である。かくいう日本語だって「はたち」や「みそか」、「ひとり、ふたり、さんにん、、、」、「イッポン、ニホン、サンボン、、、」などと、外国人への説明に困る形式がたくさんある。

品詞からみた数詞

北米インディアンの言語などに多くみられるが、数詞は動詞の一種、という言語もある。アイヌ語やフィジー語もそうだ。こういう言語には、いうなれば［（数詞）ル］のような動詞があって、「卵が3個ある」は［タマゴガ3ッテイル］、「3個の卵」は［3ッテイルタマゴ］のように表現しているのだ。

統語論からみた数詞

日本語では「3個のリンゴを買った」とも「リンゴを3個買った」とも、さらに、「リンゴ3個を買ってきた」とも言える。しかし「750ccのバイクを買った」とは言えるが「*バイクを750cc買った」とは言えないし、逆に「ドアを3回叩いた」とは言えるが、「*3回のドアを叩いた」とは言えない。数量にはモノの量としての側面と動作行為の量としての側面のあることがわかる。

インドネシア語で「2時間」は *dua jam*‘「2」「時間」’というが「2時」は *jam dua*‘「時間」「2」’と言う。この言語では基本的に後ろから前へと修飾する。したがって「2時」は「2番目の時間」という修飾関係だが、「2時間」は「時間のうちの2つ」という関係であると考えられる。英語の (*a*) *big dog* や *two dogs* のような構造に慣れていると、形容詞も数詞も名詞を修飾するものだ、と思いがちだが、世界の言語がすべてそうなっているわけではない。「大きな犬」は犬全体のある特定の部分集合になるが、「2匹の犬」は犬全体のある特定の部分集合をなすわけではない。世界の言語にはむしろ名詞が数詞を修飾しているような統語構造や語順を取る言語が数多く存在する（Dryer 2005 参照）。

II　文法カテゴリーとしての「数」

英語で「あそこの本持って来て」と言うとき、それが何冊あるのかわからなければ発話できない。つまりは英語の可算名詞において「数」はその表示が義務的な文法カテゴリーということになる。さらに日本語では「この人」でも「この人たち」でも「この」は同じだが、英語であれば this man に対

して *these men* としなければならない。これを数の一致[1]という。スペイン語やドイツ語などを勉強したことのある人なら、冠詞や形容詞などにも一致があることを知っているだろう。広範囲に一致が要求される言語では、「数」はそれだけ文法カテゴリーとしての性格が強い。

複数形の表示方法

英語では多くの名詞は接尾辞 *-s* をつける[2]ことで *books* のように複数形にすることができる。世界の言語に目を転じると、接頭辞を用いる言語や語幹に変更を加える言語[3]（*tooth - teeth* のように）の他に、声調を変える言語（ンギティ語：*màlimò*「教師」vs. *màlímó*「教師たち」）や「複数の」という意味の独立した語である形容詞を使う、といった言語もある（詳しくは Dryer 2005 参照）。さらに、完全重複を使う言語もある（山々、神々[4]のように）。また、インドや中央アジアの話し言葉では重複した2つ目の要素の語頭子音を m や k に替える派生法があり、これを反響語という（トルコ語：*bardak* ***m****ardak*「コップやら何やら」）。

なかなか変わっているのは、複数を表現する方法がないのに単数や双数（後述）を表現する方法をもつ言語で、たとえばアアリ語には、単数を示す接尾辞はあるが複数の標識はない。

日本語で「子供たち」というが、これはよく見れば二重複数形だ。「たくさんの友」ともいうが、「一人の友達」ともいう。昔は子供はたくさんいるのがふつうだったためか、「子供」という語では世界の言語の多くに二重複数形が観察される（モンゴル語など。英語の *child-r-en* もそうである。cf. *ox-oxen*, 独 *Kind-Kinder*）。

動詞などによる複数標示

ここまでの複数標識は名詞につくものであった。しかしキルギス語などでは動詞語幹の拡張接辞で主語が複数であることを表示できる（語末には別に人称変化の語尾がつく）。モンゴル語でも同様で、「こんにちは」を *Sajn bajna uu?*「元気 です か？」のように表現するが、相手が複数いる場合には *Sajn baj-**<u>cgaa</u>**-na uu?* と言う。

アイヌ語や北米インディアンの諸言語には「数の異根動詞」というものがある。これは同じ「いる」でも一人なら *an*、何人かいるなら *okay* を使う、というもので、つまりは補充法だ。他にも *a* と *rok*「座る」、*as* と *roski*「立つ」、*rayke* と *ronnu*「殺す」などたくさんある。なお「殺す」のような他動詞では、主語の数ではなく目的語の主語に一致する。興味深いことにこうした異根動詞を示す動詞は通言語的に移動や立ち居振る舞いの自動詞、変化を起こす他動詞に偏る傾向があるという（佐藤 1994）。

もっとも興味深いのは朝鮮語の *tul* という形式である。この形式は文中のどこにでも現れ、どの要素についても主語の複数を示す。たとえば「私たちの学校に＊本を＊たくさん＊送って＊くれて＊います」のような文があった場合に、*tul* は＊のどの位置に現れてもかまわないが、どこに現れようと「送ってくれている人」（つまり主語）が複数であることを示す（朝鮮語研究会〈編著〉1989: 240-241）。「（*tul* は）2 度現れてもよいし、文末につけてもよい」という話者もいる。

双数

古典ギリシャ語やアラビア語には双数形というものがあることを御存知の方もいよう。他にもエスキモー語やウラル諸語など、双数を持つ言語は多く存在する。たとえばウラル語族のサモエード語では次のようである：*mun manan.*「私（1 人）は行く」、*moai manne.*「私たち（2 人）は行く」、*mii mannat.*「私たち（3 人以上）は行く」。フィジー語では単数、双数の他にさらに三数（少数）、複数（多数）がある。双数形、三数形は、語源的に数詞「2」、「3」を含む合成形である。ここで三数は実際には「ぴったり 3 人」の場合だけではなく、「（たくさんに対する）少数」を表すことが多く、「少数（paucal）」とも呼ばれる（亀井・河野・千野〈編〉1996）。琉球の奄美諸島の言語にも「2 人」が接辞化した双数形がある（奄美湯湾方言：*wa-ttəə*「私たち 2 人」、*ura-ttəə*「あなたたち 2 人」、与論島方言：*wuwiga-tai*「男たち 2 人」、*uja-tai*「両親」、Shimoji 2021 参照）。

ロシア語で 1 年、2 年、と数えると、*odin god*、*dva goda*、*tri goda*、*chetyre goda*、*pjat' let*、*shest' let*、…などとしなければならない。これは 1 は名詞

に単数主格、2〜4は単数属格、5〜は複数属格を要求するためである。このように2〜4を扱うのは2に双数の一致があったせいで、3と4はそれに引きずられたのだという。今でも同じスラブのスロベニア語やソルブ語には双数形が残っている。

絶対複数と絶対双数

今度は複数形の示す「意味」について考えよう。意味は自明だと思うかもしれない。しかし文化によって、もしくは言語の捉え方によってそれは異なるのだ。日本語では「この1丁のハサミ」でも英語では *these scissors* と言う。このような名詞は実は *trousers*、*jeans*、*truncs*、*glasses*、*tongs*、…などたくさんある。要するに2つの部分からなる物であるが、こうした複数形を絶対複数という。エスキモー語[5]の名詞は単数 *-q*、双数 *-k*、複数 *-t/-ch* の語尾を持つが、「腹」「尻」「背中」などは双数形で、「橇」「手袋」などは複数形で言う。すなわちペアになっているものは絶対双数、多くの部品でできているものは絶対複数となる。

同質複数と近似複数

英語の *fathers* と日本語の「お父さん**たち**」の意味は同じだろうか？　子供2人の4人家族で、娘が父親に「私とお母さんは出かけるけど、お父さん**たち**はどうするの？」と言ったら、それは父親が2人いるわけではないだろう。たぶんここで「お父さん」が指しているのはたとえば「お父さんとお兄ちゃん」である。父親参観日とかなら「お父さんたち」が fathers を意味することがあるかもしれないが、多くの場合その意味は father and others である。英語のような複数を同質複数、日本語のような複数を近似複数[6]という。ハンガリー語には両者それぞれの形式があり、「ペン（複数）」は *toll-ak*、「ポールとその仲間」は *Pál-ék* と言う。なおスペイン語で *padres* は「両親」だが *padre* は「父」であり、アラビア語で *'al-qamar-aani* は「太陽と月」だが、その構成は［定冠詞 - 月 - 双数接辞］である。

名詞分類と数

さて、日本語で実際数えたものを言ってみよう。英語の *two pencils*、*three books*、*four men*、*five dogs*、*six hourses* を何と言うか。「2 本の鉛筆」「3 冊の本」「4 人の人」「5 匹の犬」「6 頭の馬」だ。数える対象が人間なのか、大きい動物なのか、小さい動物なのか、物なのか、物なら長細いのか平たいのか、などによって違った助数詞を使い分けなければならない[7]。こういう言語は朝鮮語、中国語、チベット・ビルマ語族の言語、オーストロネシア語族のメラネシアやミクロネシアの言語、新大陸の北西海岸や中米の言語に分布している (Gil 2005)。これらは「数」より「類別」という文法カテゴリーの問題とされ、助数詞を含む諸形式を「類別辞」といい、言語によっては数詞以外に指示詞や形容詞が修飾する際にも使われる。たとえば中国語では这本书 [zhèi běn shū] (この・冊・本)「この本 (lit. この冊の本)」、タイ語では *kûŋ tua* yày tua níi (エビ・匹・大きい・匹・この)「この大きいエビ (lit. この大きいやつ)」(下線部が類別詞)。

名詞類別／名詞クラスというとアフリカのバントゥー諸語が有名で、10〜23 種類の名詞クラスを持つが、その名詞クラスは数と固く結びついている。同じ部類のものでも複数になれば別のクラスの扱いを受け、異なった接頭辞の一致を要求する。たとえばスワヒリ語で「1 本の小さなナイフ」は *kisu kidogo kimoja* '*ki-knife ki-smaal ki-one*' だが、「2 本の小さなナイフ」となると *visu vidogo viwili* となる。

数詞そのものが類別も示す「類別数詞」をもつとされている言語もある。それはサハリンとその対岸に住むニブフ語で、舟や鍋を数えるときは *ɲim*、*mim*、*cem*、*nym*、…、橇を数えるときは *ɲiř*、*miř*、*ʒiř*、*nuř*、…、である。こうした数詞の類別は 24〜26 あるとする記録がある (残念ながら危機言語で現在この言語を話せる人は少ない)。

有生性と数

日本語には「- たち」「- ども」「- ら」などの複数を示す接尾辞があるが、英語の -s のようにいろんな名詞につくわけではない。まず気づくのは擬人化などの場合でない限り、基本的にこれらは人間にしか使えない[8] ことだ (「これ」だけは例外で、「これらの問題」のように無生物にも用いるし、複数の対象に対してその使用がかなり義務的である）。そしてあまり良い意味で使われない。

世界の言語を見渡しても、複数形が基本的に人間名詞に限られ、その使用も任意であるという言語は東アジアやニューギニアなどに存在する（Haspelmath 2005 参照）。

定不定と数

「その病院は看護婦をさがしている」という文と、「その病院は看護婦たちをさがしている」という文の意味は違うだろうか、それとも同じだろうか？前者は看護婦募集中、で、後者は失踪看護婦たちの捜索、のような意味に感じられる。すなわち、日本語の「-たち」はその名詞が「定」（聞き手にも何を指しているか同定できるもの）であることを含意するのである。こうした言語は世界各地にあることが指摘されている（風間 2020 参照）。

「数詞」および「文法上の数」についてさらに知りたい方には、Corbett（2000）、Menninger（1969）、小林（1999）、内林（1998）を紹介しておく。

注

1 こうした一致にも考え始めればきわめて多くの問題がある（久野・高見 2009 参照）。たとえば *The Beatles* ***are a*** *rock group.* という文では be 動詞は複数なのに補語の名詞には不定冠詞がついている。一致とは逆の原理が働く言語もある。モンゴル語やトルコ語では数詞や数量を示す語が修飾している場合、名詞は複数形にはならない。

2 ただしこの -s による複数形はロマンス諸語からの影響で広まったもので、歴史的にみればかつては、むしろ現在マイナーなやり方になっている *foot-feet* や *ox-oxen* などの複数形式の方が主流であった。

3 アラビア語にはこのような母音交替などによる語幹の交替の複数形の方が 30 以上もあり、2 つ以上の複数形を持つ名詞も少なくない。基本的な意味の語の複数形はほとんど不規則形をとる。

4 ただし何でもできるわけではなく、「*傘々」、「*虫々」などとは言わない。理由は不明だが、人間、場所、時間などの名詞に偏っていて、卑小なものなどには用いられない（玉村 1985: 38-41）。

5 「エスキモー」という語はもともと「かんじきを履く者」の意でこの語自体は差別用語ではない。イヌイットでは一部の方言の話者集団しか指せないので全体を指すのにここではエスキモーという語を使う。

6 英語ではassosiative pluralと呼ばれることが多い。近似複数について詳しくはDaniel and Marvsik (2005) 参照。

7 ただしかつての日本語は「七車（ナナクルマ）」のように数詞に名詞が直接後続する例も見られ、助数詞は後から発達したとする説もある（風間2014：162参照）。他方、英語でも不可算名詞というものがあり、*three sheets of paper* などと言わなければならないのは御存知の通りである。

8 しかし昔の日本語では「木ども立てり」（竹取物語）のように無生物にもよく複数形を用いており、複数形の使用頻度も今より高かった（風間2014：162）。

参考文献

朝鮮語研究会（編著）(1989)『朝鮮語を学ぼう』菅野裕臣（監修）東京：三修社.

Comrie, Bernard (2005) Numeral Bases. In: Martin Haspelmath, Matthew S. Dryer, David Gil and Bernard Comrie (eds.) *The world atlas of language structures*, 530-533. Oxford: Oxford University Press.

Corbett, Greville G. (2000) *Number*. Cambridge: Cambridge University press.

Daniel, Michael and Edith Moravcsik (2005) The associative plural. In: Martin Haspelmath, Matthew S. Dryer, David Gil and Bernard Comrie (eds.) *The world atlas of language structures*, 150-153. Oxford: Oxford University Press.

Dryer, Matthew S. (2005) Coding of nominal plurality. In: Martin Haspelmath, Matthew S. Dryer, David Gil and Bernard Comrie (eds.) *The world atlas of language structures*, 138-141. Oxford: Oxford University Press.

エヴァンス ニコラス（2013）『危機言語 言語の消滅でわれわれは何を失うのか』大西正幸・長田俊樹・森若葉（訳）京都：京都大学出版会.

Gil, David (2005) Numeral Classifiers. In: Martin Haspelmath, Matthew S. Dryer, David Gil and Bernard Comrie (eds.) *The world atlas of language structures*, 226-229. Oxford: Oxford University Press.

Haspelmath, Martin (2005) Occurrence of nominal Plurality. In: Martin Haspelmath, Matthew S. Dryer, David Gil and Bernard Comrie (eds.) *The world atlas of language structures*, 142-145. Oxford: Oxford University Press.

堀博文（2003）「トーテムポールに刻まれた願い」津曲敏郎（編）『北のことばフィールドノート［18の言語と文化］』199-211. 札幌：北海道大学図書刊行会.

亀井孝・河野六郎・千野栄一（編）（1996）「三数」『言語学大辞典 第6巻 術語編』616-618. 東京：三省堂.

風間伸次郎（2014）「日本語の類型について―「アルタイ型言語の解明を目指して―」『北方言語研究』4: 157-171.

風間伸次郎（2020）「アルタイ諸言語における複数形式の定性について―日本語および朝鮮語との対照をつうじて―」『東京外国語大学論集』101: 17-36.

切替英雄（2006）「アイヌ語の1を示す数詞」『言語研究』129: 227-242.

小林功長 (1998)『数詞 ―その誕生と変遷―』東京：星林社.

久野暲・高見健一（2009）『謎解きの英文法 単数か 複数か』東京：くろしお出版.

Menninger, Karl (1969) *Number words and number symbols: A cultural history of numbers*. Cambridge, Massachusette: The MIT Press.

中川裕（1998）「ブッシュマンの数詞」千野栄一（編）『日本の名随筆 別巻 93 言語』東京：作品社.（初出 [1993]『言語』6 月号）

佐藤知己（1994）「アイヌ語の単複の区別を有する動詞について」北方言語研究者協議会（編）『アイヌ語のつどい《知里真志保を継ぐ》』札幌：北海道出版企画センター.

Shimoji, Michinori (2021) Number in Japonic family, 505-528. *Hanbook of Number*. De Gruyter Mouton.

玉村文郎（1985）『語彙の研究と教育（下）』, 日本語教育指導参考書 13. 国立国語研究所.

内林政夫（1999）『数の民族誌 ―世界の数・日本の数―』東京：八坂書房.

多様なことば

色々に数えることば

(手話言語の数詞体系)

相良啓子

手話の数詞表現も、音声言語の数詞の表現同様、さまざまである。ここでは、手話言語の数詞表現に着目し、その特徴のいくつかを紹介する。

I 手話言語の数詞表現とは

手話言語の数詞体系は、音声言語話者が指を使って表す数の表現や、音声言語の数詞体系とどのように異なっているのだろうか。たとえば、日本人であれば、人差し指を立てて「1」、人差し指と中指を立てて「2」、人差し指、中指そして薬指を立てて「3」と、立っている指の数で、それらの意味を認識する。手話言語でも、「1」〜「4」は人差し指から小指まで順に指を立てて数詞を表すが、指を立てただけでは2桁以上の大きな数まで表現することができない。手話言語の数詞表現は、数と桁を表す表現を順に並べたり、数を表す手の形に桁を表す動きを加えたり、それぞれの桁に異なる動きを組み合わせたりして数詞表現を構成する。また世界の手話の数詞体系は、各言語によって多様である。

数詞を含めた手話類型論プロジェクトでは、都市手話だけでなく、村落の手話言語から得られたデータも含めて分析される (Zeshan and Sagara 2016)。手話言語のほとんどは聾者が都心部に集まることで生じたのに対し、村落部の手話言語 (ビレッジサインとも言われる) は、周囲から隔絶された小規模なコミュニティにおいて、族内婚の結果として遺伝的に聾者の割合が高くなった際に発達したものが多い (Zeshan et al. 2013)。村落の手話言語には、都市部の手話言語には存在しない複雑な数詞体系があり、これによってより豊かな側面から言語を捉えることができることが、これまでの研究で報告されている（Zeshan et al. 2013）。

Zeshan and Palfreyman（2017）は、手話言語と音声言語の数表現には、①両者に共通している数詞構造、②音声言語、手話言語それぞれにのみ観察される数詞構造があるということを図1のように示している。①には、10進法、20を基本とした表現、5を基本とした表現があり、数の構成としては、加算法、乗算法、減算法が観察される。②のうち、手話言語にのみ観察されるものには、アイコニック（写像性）、デジタル（各桁の数を順に並べる表現）、同時的形態（数詞抱合）、空間利用、50を基本とした表現などがある。

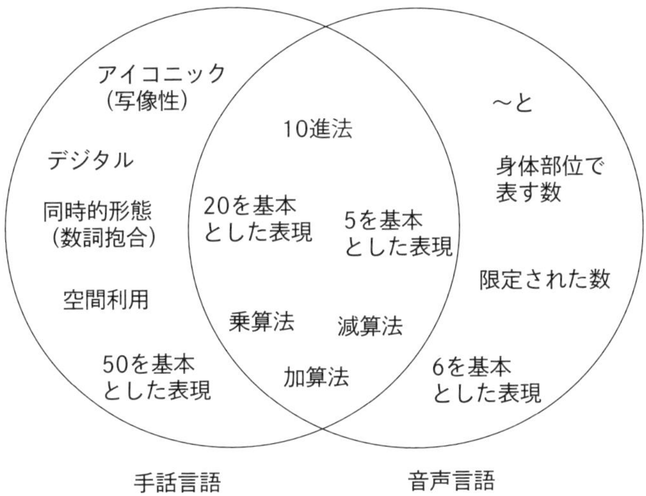

図1　手話言語と音声言語の数詞の特徴
出所）Zeshan and Palfreyman 2017: 28を参考として筆者作成

II　10進法と加算法による数

多くの音声言語が10進法で表現されるように、手話言語でも多くが「1」～「10」を基本とした10進法で表現される。以下に、例として日本手話の「1」～「10」を示す。

意味	「1」	「2」	「3」	「4」	「5」
	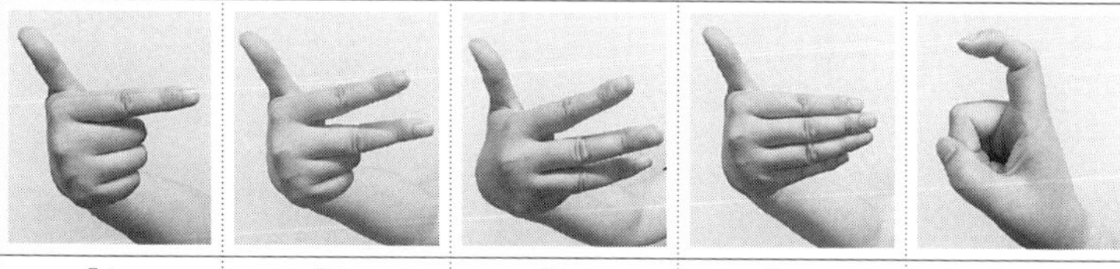				
意味	「6」	「7」	「8」	「9」	「10」

図2　日本手話の基本数「1」〜「10」

日本手話は、図2で示した「1」〜「10」の表現を使って数を構成する10進法の数詞体系をもつ言語であり、これらの表現を基にして、2桁、3桁、4桁と大きな数を構成する。たとえば、「16」の表現（図3a）は、立てた人差し指「1」を曲げることによって「10」を示し、続けて「6」の手型を表すことで、「16」（「10」＋「6」）の意味をなす。すなわち、桁と桁の間は加算法によって表現される。「1」〜「10」を表す手の形、2桁、3桁を意味する手の動きは各言語によって異なるが、世界の都市手話の多くは、日本手話と同様に10進法である。また、数の組み合わせは、位の大きいほうから順に表現し、桁と桁の間は加算法で表現される場合が多い。例としてイギリス手話の「105」（図2b）を挙げると、人差し指を顎の下の位置で横に動かした「100」と、

	a.	b.
言語／地域	日本手話	イギリス手話
語　形	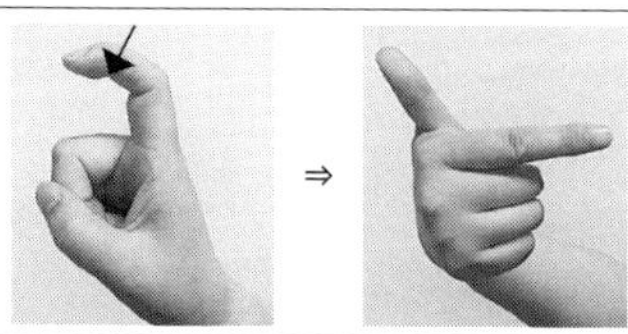	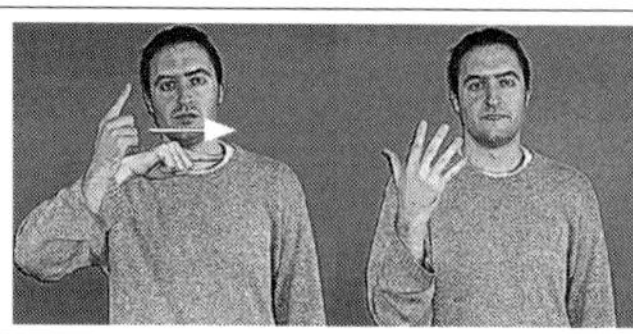
意　味	「16」	「105」
出　典	2015 調査	(Zeshan et al. 2013: 362)

図3　日本手話の「16」とイギリス手話の「105」

5本指を立てた「5」を順番に表し、「105」(「100」+「5」）となる。この加算型で構成される数詞体系は、日本手話と同じである。

Ⅲ　数詞抱合

日本手話では、「10」の倍数は、指を曲げるという形態変化によって「×10」を意味し、イギリス手話では、数を表す手型を顎の位置で横向きに動かすことによって「×100」を意味する。このように手の形に動きを加えた文法構造を、手話言語学では、数詞抱合（Numeral Incorporation）と呼んでいる（Fischer et al 2011: 149; Liddell 1996: 202; Zeshan et al. 2013: 363）。多くの都市手話では数詞抱合による数詞が使われており、たとえば、日本手話の「100」の倍数、トルコ手話の「1000」の倍数も数詞抱合で表現される。日本手話の「200」（図3a）は、立てた人差し指と中指を跳ね上げる動きで表し、トルコ手話の「2000」（図4b）では、手のひらを自分側に向けて立てた人差し指と中指を、相手側に手にひらを向けるように手首を動かす。

	a.	b.
言語	日本手話	トルコ手話
語形	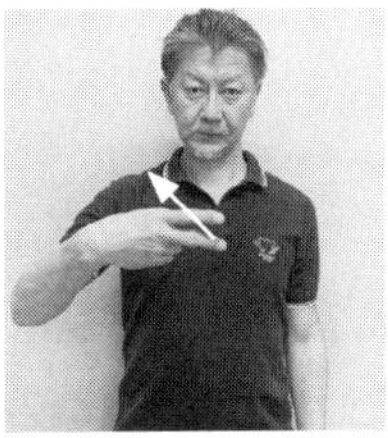	
意味	「200」	「2000」
出典	2015	(Zeshan et al. 2013: 363)

図4　日本手話の「200」およびトルコ手話の「2000」

Ⅳ　減算法

村落部の手話言語には、都市手話では観察されない、減算法による表現が使われている。たとえば、トルコのマルディン手話では、まず親指と人差し指を曲げて「20」を表し、続いて、顎を上げながら人差し指と中指を立てた手型を後ろに引くことによって「-2」を意味し、「18」を表現する（図5）。

言語	マルディン手話	
語形		
意味	20	-2（=18）
出典	(Zeshan et al. 2013: 378)	

図5　減算法による「18」

表現方法は違うが、減算法による数詞表現が、インドのアリプル手話でも使われていることがわかっている（Zeshan et al. 2013: 378）。

V　20を基本とした表現、50を基本とした表現の数詞

多くの都市手話が10進法で表現されるが、村落部の手話には、20を基本とした表現や50を基本とした表現の数詞がある。たとえば、メキシコの村

	a.	b.
言語／地域	チカン手話（メキシコ）	チカン手話（メキシコ）
語　形	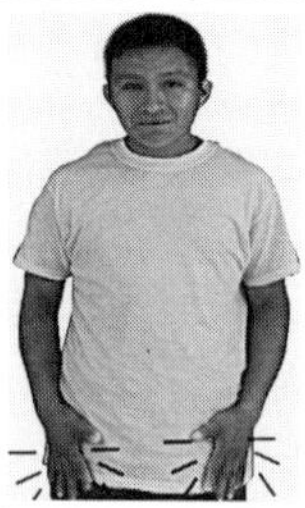	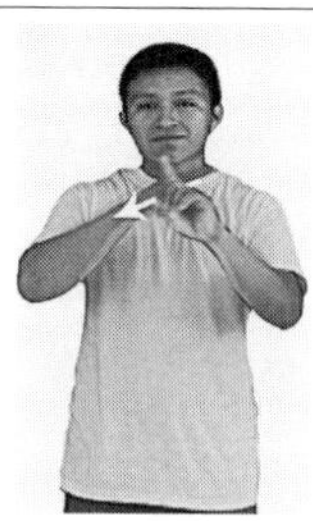
意　味	「20」	「50」
出　典	(Zeshan et al. 2013: 372)	(Zeshan et al. 2013: 372)

図6　チカン手話で表現される「20」と「50」

落部の手話言語、チカン手話では、両手を膝の上におろすと「20」、この動きを2回繰り返すと「40」となる、20を基本とした表現となっている（図6a）。また非利き手の人差し指を立て、利き手の人差し指で非利き手を交差させる動きで「50」を表す表現（図6b）が、チカン手話だけでなく、インドのアリプル手話およびトルコのマルディン手話などの村落部の手話言語でも共通してみられている（Zeshan et al. 2013）。各村落部の手話言語の接触はないものの、同じ形で「50」を表す、50を基本としたこの表現が使われていることが報告されているのは興味深い。

Ⅵ　空間を利用した数詞表現

インドのアリプル手話では、大きな数を表す表現として、両手による空間の使い方によって桁の大きさを表す表現が使われている。図7に示すように、利き手と非利き手の距離感が離れれば離れるほど数が大きくなり、手だけでなく、口の動きを伴った形で大きさを表すという独特の表現である。手話類型論プロジェクトの中で、このように空間利用の調整によって桁数の違いを表す表現は、アリプル手話でのみ観察されている。

アリプル手話				
意味	100	1000	100000	特定できない大きな数
出典	(Zeshan et al. 2013: 381)			

図7　アリプル手話の空間利用による数詞

参考文献

Fischer, Susan, Yu Hung, and Shih-Kai Liu (2011) Numeral incorporation in Taiwan Sign Language. In: Jung-hsing Chang and Jenny Yichun Kuo (eds.) *Language and cognition: Festschrift in honor of James H-Y. Tai on his 70th Birthday*, 65-83. Taipei: The Crane Publishing.

Lidell, Scott K. (1996) Numeral incorporating roots & non-incorporating prefixes in American Sign Language. *Sign Language Studies* 92: 201-226.

Zeshan, Ulrike, Cesar Ernesto Escobedo Delgado, Hasan Dikyuva, Sibaji Panda and Connie de Vos (2013) Cardinal numerals in rural sign languages: Approaching cross-modal typology. *Linguistic Typology* 17(3): 357-396.

Zeshan, Ulrike and Nick Palfreyman (2017) Sign language typology. In: Alexandra Y. Aikhenvald and Robert M. W. Dixon (eds.) *The Cambridge handbook of linguistic typology*, 178-216. Cambridge: Cambridge University Press.

Zeshan, Ulrike and Keiko Sagara (2016) *Semantic fields in sign languages: Colour, kinship and quantification*. Lancaster, UK: De Gruyter Mouton, Ishara Press.

ヒトはどうやって言葉を習得するのか（言語習得）

広瀬友紀

ヒトは、生まれてからたかだか数年のうちにどうやって言葉を身につけるのだろう。まず、自分の周囲で話されている母語にはどんな音が含まれているのか、赤ちゃんは最初から知っているわけではない。言語によって音（音素）のレパートリーは異なるのだから。英語環境に生まれた子は、たとえば英語で“l”と“r”で表される子音（/l/, /ɹ/）は別々の音として区別しなければならないが、日本語環境に生まれた子は、日本語で区別すべき音は区別する一方これら“l”と“r”に対応する音の違いについては、あえて同じとみなすことを学ぶ必要があるのだ。「赤ちゃんのときはどんな音でも区別できるのに、成長するとできなくなる」といわれるのは、決して聞き分け能力の劣化ではなく、日本語の音体系に対応して「区別しないものを見いだし、同じと見なすことを学ぶ」という変化なのだ。こと音の知覚に関しては「習得は喪失だ」といわれるゆえんである。諸々の外国語で、日本語では区別しない音の聞き分けに苦労した経験があるならば、それは自分が日本語習得にいかに完璧に成功したかを示しているのだ、と思ってよい。

音素のレパートリーを完成させるためには周囲の母語話者からのインプットは不可欠だが、一方、大人からのインプットの役割は意外に限られていることを示す側面もある。「ガチャガチャすれるよ」（できるよ）、「これ食べたら死む？」「本当に死まない？」…子どもならではの可愛い「言い間違い」だが、これらが大人の模倣によって出ることはありえない（大人は絶対言わないから）。「とる」-「とれる」の関係が成り立つなら「する」-「すれる」のはず、とか、「飲んじゃった」-「飲む」が対応するなら「死んじゃった」-「死む」だろう、というように実際に聞いたことのある事例を過剰に（活用形が異なる語にまで）適用した結果である。なのでいずれも「言い間違い」というよりは「その時点での分析に基づいた暫定的正解」と捉えるべきであろう。体系的に教わらなくても、大人にあらゆる正解例を求めて待たなくても、限られた事例を大胆に（過剰に）一般化する能力と、それを大人からの指摘によらず自ら適宜修正してゆく能力を子どもは備えている。そんな能力がいつからヒトに備わったのか……その謎に言語学者は惹きつけられてやまない。

多様なことば

色々な構造のことば

(音声言語)

吉岡 乾

言語はさまざまなカテゴリの情報を、さまざまな方法で表現する。

言語で直接表現される情報には、動作や名称など、何等かの比較的具体的な概念を指し示した情報である「意味」と、出来事の時間や、文に参加している存在の出来事へのかかわりかたがどうであるかといった、比較的抽象的な関係性を示した情報である「機能」とがある。たとえば「ことばを巧く話した」という文では、「ことば」「巧く」「話す」といったような、辞書の見出し語になっているような部分は意味を表し、一方で目的語であることを表している助詞の「を」や、出来事が過去であることを示している「話した」の「た」などは、つまり、機能を表していると言える。

本節では特に、世界のことばが機能をどのように区別し、どのように表現しているかを概説する。当然ながら、ここで紹介できていないものもある。

I 表わされる機能

文中での参与者の役割、関わりを表す機能の文法カテゴリには、名詞類の側で表現される格 (case) と、述語の側で表現されるものとがある。

日本語の「が」、「を」、「の」などは格である。基本的に「が」は文中の主語を、「を」は目的語を示す格である。基本的に、と言ったのは、必ずしも常に「が」、「を」が主語・目的語を表すわけではないからであり、たとえば「水が飲みたい」や「空を飛ぶ」などでは「水」は主語ではなく、「空」も目的語ではない。けれどそれでも主な機能がそれであるという側面から、これらはそれぞれ《主格》、《対格》という格を表す要素であるとラベル付けされるのがお約束である。このように、言語記号は、表現する形（「が」、「ことば」）と、表現される意味機能（《主格》、『ことば』）とが、同音異義語などの例外を除いて、場面にかかわらず一対一である。「の」は後続する名詞句の所有者を表す標識で、《属格》（ロシア言語学の影響がある界隈では、《生格》）という格を表すと言える。

動詞側で文法関係を表現するには、人称（person）・性（gender）／名詞クラス（noun class）・数（number）などに関する一致（agreement）が用いられる。日本語では説明しづらいが、英語を習ったことがあるならば、「三単現の *-s*」というのを知っているだろう。あれは、《現在時制》において、《三人称》・《単数》の主語に一致して用いられることで、主語が当該のものであることを動詞サイドで示しているのである。英語の動詞での一致は随分と廃れてしまっているが、人称・数で一致して形が変わるのは、*be* 動詞だともう少し窺える。一致はそれ以外にも、修飾する形容詞が修飾される名詞と性／クラス・数・格などで一致する、というのもある。性／クラスというのは、名詞類の文法上での振る舞いを異にするグループのことで、類別詞（助数詞）（classifier）を持つ言語などだとクラスに合わせてその使い分けが決まったりもする。

時制（tense）とは、《過去・現在・未来》など、出来事がいつのことであったのかを表すカテゴリである。時間に関わるカテゴリには他に、相（aspect）があるが、こちらは出来事のいつの場面であるかを表していて、たとえば《完了・継続・起動》などがある。出来事に対する話者の姿勢を表す、法（mood）というカテゴリもあり、こちらは《直説・仮定・命令》などがある。この時制・相・法を合わせて「TAM」などと呼ぶこともあるが、それは、言語によってはこれらのカテゴリが互いに密接に絡み合って、複合体として捉えるしかないことも多いからである。

人称（person）は、話し手が《一人称》、聞き手が《二人称》、それ以外が《三人称》という区分けであるが、言語によってはさらに《三人称》が細分化されることもあり、その際に《四人称》などが登場したりもする。述語で表される人称は一致の標示であることが多く、名詞類で表される人称は所有者の標示であることが多い。たとえばブルシャスキー語では、*ái*「私の娘」、*gói*「君の娘」、*éi*「彼の娘」、*mói*「彼女の娘」などと、一部の名詞で義務的に人称を標示する。

人称と関連して、包除性（clusivity）というカテゴリもあり、これは単数ではない対象を指している際に、異なる人称のメンバーが含まれているか否かを表現し分けるものになっている。多くあるのは、一人称複数形が聞き手（二人称）を含んでいるか否かの区別を持つ言語で、たとえばマラーティー語には、《包括》の *āpaṇ*「（聞き手を含む）私たち」と《除外》の *āmhī*「（聞き手を含まない）私たち」とがある。

数（すう）は、たとえば英語で《単数》か《複数》かを言語表現上できっちり分ける、そのカテゴリである。日本語では、英語と異なり、義務的に単複を区別することはないが、場合によって表し分けることができる部分もある（そのように義務的ではないものは、似た働きをしていても、文法カテゴリであるとは認められないので留意されたい）。言語によっては、単複の他に、2つのものを指す《双数》、3つのものを指す《三数》や、少しのものを指す《少数》といったような数概念をももっている。双数カテゴリがある言語では、複数は「3つ以上」を指す。アッカド語では名詞「女王」が *šarratum*（単）、*šarratān*（双）、*šarrātum*（複）となるが、形容詞「強い（《女性》）」で修飾すると、*šarratum dannatum*（単）、*šarratān dannātum*（双）、*šarrātum dannātum*（複）となり、この言語では名詞で区別される双数・複数が形容詞では区別されないということが見て取れる。動詞でも複数動作性（pluractionality）を標示する言語があり、ブルシャスキー語の複数標示 *-ya* を用いた、*búy̹-*「乾く」に対する *buyá-*「（多くが）乾く」や、*éspuy̹-*「乾かす」に対する *éspuya-*「（多くを）乾かす」のように、自動詞の主語、他動詞の目的語の複数性を反映することが多い（数に関しては「色々に数えることば」も参照されたい）。

指し示している名詞が、聞き手との間で共通認識を築けているか（定性 definiteness）、話し手がそれをそれと識別できているか（特定性 specificity）なども、言語によっては表現上区別する。英語の定冠詞 *the* は、《定》の普通名詞に義務的に付けるが、人名・地名などの固有名詞には基本的に付けない。ドマーキ語の *-ek* は《不特定・単数》、*-aare* は《不特定・複数》の普通名詞に、任意で付加される。ただし、これについては任意であるものの、その名詞が目的語になった際には、《特定》か《不特定》かに応じて、目的語であることを標示する格を使い分けるという側面があり、ドマーキ語の特定性は文法カテゴリであると考えられる。ハンガリー語では、目的語の定性によって、動詞の変化形が異なり、「私が料理している」の目的語が《定》なら *főzöm*、《不定》なら *főzök* のようになる。

動詞に標示されることの多いカテゴリとして、証拠性（evidentiality）というものもある。言語によっては、発生済みの出来事について、話者が何に基づいてそれを認知したのかを、義務的に表現し分けなければならない。《直接証拠》か《間接証拠》か、《目撃》か否か、《体験》か《伝聞》か《再伝聞》か、《感覚》したか否か、《内省》か《推察》か、などを言語ごとにさまざまに分ける。カラーシャ語は《直接証拠》・《間接証拠》を区別し、「彼が見た」であっても、《直接》*apášaw*「（確かに）彼が見た」と、《間接》*pášiḷa*「彼が見た（らしい／ようだ）」のように表現を変える。

「話す」と「話さない」との異なりは、極性（polarity）カテゴリのものであり、前者が《肯定》、後者が《否定》である。

敬語（honorifics）も言語によっては文法カテゴリとしてあり、補充法で語彙を使い分ける「話す」と「仰る」のような違いはさておき、《常体》の「話す」と《敬体》の「話します」とは二者択一の文体差となっている。

ここで示したような機能は、互いに対立するものであり、基本的には同じカテゴリのものは複数同時に標示されない。

II　表わす構造

文法カテゴリの銘々の機能は、語形変化ばかりではなく、前後に付される側置詞（前置詞・後置詞）や語順などでも示される。

文法カテゴリの標示に限らず多用される語形変化には、語の部分が変形するものと、語にどんどんとパーツが足されるもの、語（または語の一部）を繰り返すものとがある。ただし部分の変形は、どこをベースと看做すかによって、パーツを足すパターンと同一視できるだろう。文法カテゴリの標示のための語形変化で、変形後も一語のままであるようなものを、屈折（inflection）と言う。

単独で発話されることのない、語に付けて使われるパーツのことを、接辞（affix）と呼ぶ。翻って、単独で発話可能であれば、概ね、語（word）である（ただし、通言語的な「語」という単位の認定に関しては長く解決していない議論があり、これはあくまで概説のための便宜的な看做しであることに留意されたい）。接辞には付く場所によって4種類あり、たとえば、ブルシャスキー語の *áso*「私に伝えろ」の *a-*《一人称・単数》は接頭辞（prefix）、同じく *hirí*「男ども」の *-i*《複数》は接尾辞（suffix）である。*sa-kartvel-o*「ジョージア（国）」の *sa- -o*《〜に関するもの》は、接頭辞と接尾辞ではなく、同時に付すことで単一の機能を標示する接辞であり、接周辞（circumfix）だ。セリ語で *-ii:n*「行く」を *-i-tó-i:x*「（多くが）行く」にする *<tó>*《複数動作》は、動詞の最初の母音の後ろに挿入される接中辞（infix）である（Marlett 1981: 94）。

アフロ・アジア語族の言語は2つから5つ（多くは3つ）の子音が単語形成の基礎単位としてあり、その前後や内に割り込むような鋳型に基礎の子音が配置されることでさまざまな語形変化がなされることで有名である。たとえばアラビア語では、k-t-b「書く」という子音セットがあり、$C_1aC_2aC_3a$《動詞基本形・直説法・三人称・男性・単数・完了》と組み合わさって *kataba*「彼は書いた」、$tuC_1aC_2C_2iC_3na$《動詞使役形・直説法・二人称・女性・複数・未完了》と組み合わさって *tukattibna*「あなたたち（女性）は書かせる」となり、内部屈折などと呼ぶこともある。けれど、$C_1iC_2\bar{a}C_3$ と合わせて *kitāb*「本（書かれたもの）」（複数形は *kutub*）という名詞を作ることもでき、これは屈折ではなくて新しい語を作っている（派生 derivation である）ので、その用語はあまり妥当ではないだろう。

語や語の一部を繰り返して語形変化をする操作は、重複（reduplication）と呼ばれる。日本語で集合名詞を作る操作として、「人」を「人々」に、「木」を「木々」にするようなのは、語形全体を重複している、完全重複である。一方で、マーシャル語で *kagir*「ベルト」から *kagirgir*「ベルトを着ける」と作るのは、部分重複だ（Bender 1971: 453）。重複の際に、部分的に決まった音への変更を伴う反響形成（echo formation）という操作もあり、ウルドゥー語では *pānī*「水」から *pānī wānī*「水か何か」みたいな表現を作ることができる。

実は、単独で発話可能な語と、単独で発話不可能な接辞という二分法の狭間で、独立性は高いけれど単独では使われない、接語（clitic）というものを認める必要が、多くの言語で実際にはある。色々な側面で接語は語と接辞の中間的な特色を示す。たとえば、①接辞が語構成のルール内で付加する場所が決められているのに対し、接語は文構成のルール内で位置が決まる反面、単独では発話されなかったり、あるいは②接辞が特定の品詞にしか付かない一方で、接語がさまざまな品詞の語や、もう少し大きな単位である句にくっ付くことがあったりする。ワヒー語のコピュラ（英語で言う *be* 動詞）は①の例で、二人称単数現在のコピュラ *=ət* は、単独で発話されず文頭の語の後ろに付くので、*túut báfa?*［tú=ət báf=a］「おまえは元気か？」の二人称単数代名詞 *tu* が省略された場合に、*báfəta?*［báf=ət=a］となる（*=a* は疑問標識）。②は日本語の格助詞もその例で、「僕が」に対して「僕だけが」を見ると、「が」は「僕だけ」という単位に付いているし、「だけ」は「話すだけ話す」のように動詞にも使え、しかもいずれも単独では使われない要素であるため、接語であると考えられるだろう。英語の冠詞や後置詞などを、独立した語ではなく、接語と考える研究もある。

語形変化に声の高さを用いる言語もある。トラパネク語では、声調（tone）を用いて動詞の人称一致を区別する。表１では、二人称単数の「君は縛った」を除いて、それ以外の活用形は一律で nirahmaa といったものになっている。ただし、声調が３つあり（高 á・中 a・低 à）、それぞれに付されたアクセント記号に注目すると、三人称単数と一人称包括複数とが同形になっているところ以外、区別されている。

表１　トラパネク語の「Xは縛った」の活用

	単数	複数
1 （包括） （除外）	*nìràhmáa*	*niráhmaa* *nìràhmaa*
2	*nitaráhmaa*	*nìráhmaa*
3	*niráhmaa*	*niráhmaa*

出所）内原（2020：20）より作成

最後に、英語の主語や目的語の標示を考えてみると、一般名詞では、語順だけを頼りにしていることが分かるだろう。代名詞に関しては補助的に格変化（*I* に対して *me* など）もしているが、それでも＊*Me hits he* とは言えず、*He hits me* という、SVO 語順が基本的には守られている。これが日本語では、「彼が私を叩く」（SOV）を「私を彼が叩く」（OSV）と言うこともでき、語順の自在さと語形による文法カテゴリの標示の量とは、そういう意味で、相関することもある。

参考文献

Bender, Byron W. (1971) Micronesian languages. In: Thomas A. Sebeok (ed.) *Linguistics in Oceania*, 426-465. The Hague: Mouton.

Marlett, Stephen A. (1981) *The structure of Seri*. Unpublished Ph.D. thesis, University of California, San Diego.

内原洋人（2020）「世界でいちばん（？）複雑な声調体系をもつ言語」『月刊みんぱく』44(4): 20.

多様なことば

色々な構造のことば
(手話言語)

今里典子

現在、世界には7,000以上の言語があり、そのほとんどは日本語のように声を使って話す音声言語である。一方で、声を使わず、手指の形や動き・顔の表情などの目に見えるサインを使って表現する、手話と呼ばれる視覚言語も世界中に存在している。日本のろう者を中心に使用される日本手話もこの一例である。これだけ多くの言語があれば、それらの構造化には多様なパターンがあるだろう。たとえば、基本的な他動詞文を構成する場合には、複数ある必須の名詞句が、その文の主語なのか目的語なのかという文法関係を標示しなければならないが、音声言語ではどんな標示方法があるのだろうか。また視覚言語における標示の仕方は音声言語とは異なるのだろうか。これらの疑問に答えるには、本来語族の異なる多くの言語での比較が必要であるが、本章では紙面の都合上、言語数を限定して観察してみたい。

ここでは、日本手話はどのように文法関係を表すのかについて示す。まずは身近な音声言語である日本語と英語に見られる文法関係標示の方法を見る。次に日本手話についてその姿を外観し、その動詞の特徴について見た上で、日本手話の文法関係標示の方法を詳細に記述し、比較を試みる。なお日本手話以外の手話言語で明らかにされている言語事実があれば必要に応じて参照する。

I　音声言語に見られる文法関係標示の方法

まずは我々の身近な音声言語の観察から始めよう。日本語において、「太郎が花子を知っている」という他動詞文に含まれる2つの名詞句「太郎」と

「花子」には、それぞれ主格を示す格助詞「が」と、目的格を示す「を」が後置している。これにより「太郎」は主語であり知る主体、「花子」は目的語であり知られる対象であることがわかる。また、格助詞があれば、「花子を太郎が知っている。」のように、2つの名詞句の語順を入れ替えても、主語・目的語の役割は変わらず、文の意味が誤解される心配はない。このように日本語では、格助詞が義務的にあらわれ、文法関係を明示する。

英語の場合、John knows Mary. のように、格助詞は使わず、述語動詞 knows の前にある名詞句 John が主語、後の Mary が目的語となる。2つの名詞句の位置を入れ替え、Mary knows John. にすると、主語と目的語が入れ替わることから、英語では語順が文法関係を表していることがわかる。代名詞なら He loves her. のように形態で格を示すことができるが、語彙的名詞ではできないこと、またたとえ代名詞が格を表示しても、*Him loves she. は非文で、語順は必ず守られることから、英語では語順こそが文法関係を明示すると言える。

Ⅱ　日本手話の姿と特徴

日本手話は、日本語習得以前に失聴したろう者を中心に、その思考や感情を最も自然に表すことができる第一言語として日常的に使用されている視覚言語である。日本手話の文は、手指の形（以後手型）・位置・動きなど、個々は意味を持たない要素が合わさってできた意味を持つ語としてのサインを、規則にしたがって適切に組み合わせることによって構成される。サインは概ね、サイナー正面の、両手の届く範囲である手話空間と呼ばれるエリアに作られたり位置付けられたり、あるいは移動されたりして表現される。たとえば「行く」という動詞（の基本形）は、人差し指のみ伸ばした指差し（pointing）の形（以下 PT 手型）で、まずサイナー近くの位置（出発する場所）を指示し、そのまま手型を（到着すべき）前方へ滑らかに移動させることで、サイナーが前へ進むことを表す。あるいは「見る」という動詞（の基本形）は、ピースサインの指先を前方に向けた形（以下 V 手型）をその向きのまま、サイナーの目のあたりから真っ直ぐ滑らかに視線の対象の方向へ移動させて、サイナーが対象物を見ることを表す。また文を構成する場合は、これら手指のサインに加えて、サイナーの顔の表情（たとえばyes-no疑問を表す「眉上げ」）や頭の動き（たとえば否定を表す「首振り」）など、意味や文法機能を持つ非手指表現が共起する。

日本手話について言語類型の視点からも見ておこう。基本語順はSOVである。名詞はその形態によって性・数・格を表示しない。人称は主に手話空間内の位置（サイナー近く：1人称、前方の遠く：2人称、それ以外の主にサイナーの左右：3人称）で示される。形容詞は後置修飾で名詞との一致は示さない。時制標示はなく、時間性は「今・先週・来年」などの時間表現によって指定される。動詞は類辞（CL）と呼ばれる名詞的要素を抱合でき（Emmorey 2003参照）、連続動詞構文を構成する（今里2010、2014、2016、2019参照）。

さらに動詞に関しては、(A)(B)の基準によって3つに分類されることも特徴として挙げられる。まず(A)手話空間内で手型の移動があるかないかで2つに分けられ、移動がある動詞は、次に(B)手型移動の始・終点が、場所あるいは主語・目的語のどちらを指示するかでさらに二分される。この3分類はアメリカ手話の動詞を分析したPadden（1988）によって提案されたが、その後の手話研究発展に伴い、他の多くの手話言語にも当てはまることが確認されつつある。たとえば日本手話で、動詞「知る」は、手で軽く2回ほど胸を叩くサインなので、手話空間内で手型の移動がない。基準(A)から、移動がないこのような動詞は、「泣く・好む」など、他の多くの動詞と共に無変化動詞に分類される。手の移動がある動詞としては、前述した「行く」と「見る」がある。基準(B)から、手型移動の始・終点が場所を指示する「行く」は空間動詞と呼ばれ、他に「来る・帰る」などのいわゆる移動動詞群が該当する。他方、主語・目的語を指示する「見る」は「頼む・与える」など多数の動詞と共に一致動詞に分類される。なお分類の名称は松岡（2015）に準じる。

Ⅲ　日本手話の文法関係標示

日本手話の文法関係標示の方法を、3つの動詞分類ごとに確認しよう。

まず空間動詞は多くが自動詞であり、文を構成する必須の項が移動主体を表す名詞句１つしかない場合、主語・目的語の区別は不要である。

次に一致動詞だが、この分類に含まれる動詞は他動詞である。空間動詞同様、手型の移動があるが、その始点と終点は単に場所を指示しているのではない。下の例文 (1) は「ある女性がある男性を見る」という意味の日本手話文を記述したものである。２段で一文を表し、上段は右利きのサイナーが右 (または両) 手で表す語、下段は左手で表す語である。x はサイナーの右側、y は左側の位置を示す。「女」も「男」も３人称なので、それぞれサイナーの左右に位置付けられている。「見る x-y」はＶ手型を、指先は y 方向を指した状態で、x から y に向かって滑らかに移動させて表す。また「---」がある間は「｜」まで、「男」が y に保持されていることを示す。

(1)　女 x　　　　見る x-y　(PTx)
　　　　　男 y----------------------|

(1) の述語動詞「見る」は、手型移動の始点が主語である「女」の位置 x に一致し、終点が目的語である「男」の位置 y に一致している[1]。つまり一致動詞は手型の移動によって主語・目的語を区別する機能を担っている。これが日本手話における１つ目の文法関係標示の手段である。

手型の移動がない無変化動詞には、自動詞も他動詞も含まれる。自動詞「泣く」の場合は必須の項は主語１つなので、主語・目的語区別の必要はないが、「知る・好む」などの他動詞の場合は、項が２つなので区別が必要である。ところが、無変化動詞には手型の移動がなく、一致動詞と同じ方法で主語・目的語の区別ができないので、別の手段が必要になる。「ある女性がある男性のことを知っている」ことは、(2) のように表すことができる。

(2)　女 x　　　　AUXx-y　知る　PTx
　　　　　男 y-----------------------------|

無変化動詞「知る」の前に「AUXx-y」がある。これはPT手型を、その指先を y 方向に伸ばしたまま、x の位置から y 方向に軽く短く移動させてあらわす助動詞である。この助動詞の手型移動の始・終点がそれぞれ文の主語および目的語の名詞句が置かれた位置に一致している。この助動詞は無変化動詞とのみ共起し文法関係を標示する。なおもし手型移動の方向をAUX*y-x*のように逆にすると、主語が「男」、目的語が「女」に変わる。AUX（*x-y*/*y-x*）は日本手話における2つ目の文法関係標示の手段である。

さらにもう1つの方法が各例文の文末にある「PT*x*」、つまりPT手型による*x*の位置への指差しである。(2)において、文末の「PT*x*」は「女」の位置*x*を指差すことで「女」が主語であることを指示する。そして文末PTは無変化動詞だけでなく、(1)のように一致動詞や、空間動詞とも共起可能である。これが3つ目の、主語を指示する（ことによって目的語から区別する）手段である。ただし(1)の文末PTは丸括弧で括られ省略可能であることが示されている。また文末PTが主語以外の名詞句を指差して、主語指示以外の機能（指差した名詞句の強調）をもつ場合もある。文末PTがどのような条件で現れ、いかなる機能を表すのかについては、さらに詳細な分析が必要である。

Ⅳ　さまざまな言語における多様な文法関係標示――終わりに

音声言語からは日本語と英語、視覚言語からは日本手話を対象に、それぞれの文法関係標示の方法を観察した。そして日本語は格助詞、英語は語順によって明示することを見た。次に、日本手話では標示に3つの手段があることを確認した。すなわち、①一致動詞が述語動詞の場合は、動詞の手型の移動によって、②他動詞である無変化動詞が述語の場合は、助動詞AUX（*x-y*/*y-x*）によって、さらに、③どの分類の動詞が述語の場合でも、文末PTが主語を指示（加えて、目的語があればそれから区別）することによって、文法関係を標示するというものである。①～③の標示の手段は、日本語・英語の方法とは異なるものであった。日本手話で見た文法関係標示のうち、①の一致動詞を用いる方法は、他の多くの手話言語も動詞を3分類しているという事実から、手話言語に広く存在することが推測される。②の助動詞を利用する方法については、日本手話と語族を異にするいくつかの手話言語においてもその存在が報告されている（Bos 1994, Steinbach & Pfau 2007, Sapountzaki 2012）。②や③の方法が手話言語に普遍的に見られる手段なのか、また①～③と同種の標示方法が音声言語にも見られるのかどうかについては、今後の、視覚言語・音声言語両方を対象とする広範な研究によって明らかになることが期待される。

注

1「借りる」等、一般的な一致動詞の場合とは逆方向に移動する場合もある。

謝辞

本研究はJSPS科研費JP24520487、JP19K00590の助成を受けたものです。

参考文献

Bos, Heleen (1994) An auxiliary verb in sign language of the Netherlands. In: Ahlgren, Inger, Brita Bergman, and Mary Brennan (eds.) *Perspectives on Sign Language Research: Papers from the Fifth International Symposium on Sign Language Research* 1: 37-53. Durham: International Sign Linguistics Association.

Emmorey, Karen (ed.) (2003) *Perspectives on classifier constructions in sign languages*. Mahwah, NJ: Lawrence Erlbaum Associates.

今里典子（2010）「"行く・来る"を含む連続動詞構文：日本手話／日本語対照研究」岸本秀樹（編）『ことばの対照』15-26. 東京：くろしお出版.

今里典子（2014）「日本手話における主語／目的語標示の助動詞について」『言語研究』146: 31-50.

Imazato, Noriko (2016) Japanese Sign Language syntax. In: Minami, Masaaki (ed.) *Handbook of Japanese applied linguistics* 483-510. Berlin: Mouton de Gruyter.

今里典子（2019）「日本手話の「来る」の分析」『神戸高専研究紀要』57: 55-60.

松岡和美（2015）『日本手話で学ぶ手話言語学の基礎』東京：くろしお出版.

Padden, Carol (1988) *Interaction of morphology and syntax in American Sign Language*. New York: Garland.

Sapountzaki, Galini (2012) Agreenent auxiliaries. In: Ronald Pfau, Marcus Steinbach and Bence Woll (eds.) *Sign language: An international handbook*, 204-227. Berlin/Boston: Mouton.

Steinbach, Marcus and Roland Pfau (2007) Grammaticalization of auxiliaries in sign languages. In: Pamela M. Perniss, Roland Pfau and Markus Steinbach (eds.) *Visible variations: Comparative studies on sign language structure*, 303-339. Berlin/New York: Mouton.

人生を通して、常に言語を学習する

フランクリン チャン・津村早紀

言語学習と聞くと、多くの人は学校で先生が子供に英語を教える場面を思い浮かべるだろう。しかし、最近の研究によって、我々の脳は見聞きした言葉や文などを常に学習していることが示唆されてきた。このような学習を言語適応といい、言語適応は日常的に起きている。たとえば、「ミス」という語を聞いた後では、同じ意味の別の語（「間違い／失敗」）よりも、「ミス」という単語を使うことが増えるだろう。脳が適応した結果、以前に聞いた言葉の使用が増えていくのである。

脳の言語適応が起こる例に、構造的プライミングという現象がある。プライミングとは、先立って見聞きした言葉が、のちに使う言葉に影響することである。たとえば文を作るとき、表現の仕方がいくつかある中で、「〜が…を○○した」という語順の文「弟が最近買った本を見た」と、「…を〜が○○した」という語順の文「最近買った本を弟が見た」という候補があるとしよう。これらの文は、同じ出来事を描写しているという点で、ほとんど同じ意味である。どちらか一方を選ぶ理由は特にないだろう。しかし、これに先立って「兎を狐が追いかけた」のような「…を〜が○○した」という構造の文を聞いた場合、同じ「…を〜が○○した」という構造を持つ「最近買った本を弟が見た」と言う可能性が高くなる。これは、「…を〜が○○した」という構造の影響を受けている、つまり、構造的なプライミングが起こっている例である。

意味的なプライミングもまた存在する。たとえば「犬」と聞いた直後に、意味的に関連している語である「猫」と言う速さは速くなる。このような意味的プライミングの効果はすぐに消える一方、構造的プライミングの効果は持続することが知られている。ある研究では、大人に受け身構造を持つ文を聞かせると、その１週間後、受け身構造の使用に増加がみられた。これは、既に言語を獲得した大人も、その言語システムに持続的な変化があることを示しており、言語学習の一つであるといえる。

言語学習は、CMで流れる曲を覚えるようなものである。意識的に学ぶことなく、テレビを見ている間に脳が適応し、よく耳にする歌をいつの間にか口ずさんでいることがあるだろう。母語以外の言語学習も、文法の勉強だけでなく、多くの言語的インプットが大切である。我々の脳は、人生を通して常にインプットから学習し、見聞きする言語に適応しているのである。

多様なことば

色々の名称とことば

（日本語の「いも」をあらわすことば）

木部暢子

I はじめに

現在、私たちの食卓を豊かにしている野菜というと、キャベツ、レタス、白菜、ほうれん草、春菊、豆、きゅうり、なす、かぼちゃ、ゴーヤ、ピーマン、トマト、アスパラ、カリフラワー、ねぎ、にら、かぶ、大根、ごぼう、玉ねぎ、れんこん、いもなどが思い浮かぶ。最近はブロッコリー、ズッキーニ、アボガドも人気の野菜である。これらの野菜の名称は、じつは全国似たような名称で呼ばれることが多く、地域差はあまり大きくない。発音に関しては、大根をデーコン、デアコン、ダイコと発音するなどの地域差があるが、名称が違うわけではない。キャベツを北海道や青森、秋田でカイベツと言うのも発音の問題で、「書いた」をキャータと発音するのに類推して、キャベツをカイベツと変換してしまったのである。

沖縄・奄美では野菜の名称が共通語と違っていることが多い。それは、気候や歴史、文化の違いにより、栽培される野菜の種類が違っていたり、料理法や食べ方が違っていたりするためである。これはこれで大変興味深い問題だが、それをここで取り上げると沖縄・奄美方言にかたよった話になってしまう。したがって、ここでは沖縄・奄美に特有の名称については取り上げないことにする。

では、沖縄・奄美を除き、野菜の名称に地域差が小さいのはなぜだろうか。その原因は、現代の流通制度にあると思われる。現代では野菜を含めて多くの商品が流通網にのって全国へ送られる。流通現場ではミスを防ぐために、商品と同時に商品名が厳しく管理される。このような商品名が各地に伝わって定着し、そのために地域差が小さくなるのだと考えられる。

一方、全国的な流通網ができあがる前に各地で栽培され、その名称が定着していた野菜は、現在でも方言のバリエーションが豊富である。そのような野菜に「なす」「かぼちゃ」「いも」などがある。ここではこのうち「いも」を取り上げ、人とことばとのつながりを考えてみたい。

Ⅱ　ヤマイモ（山芋）

「いも」にもいろいろな種類があるが、ここではもっとも代表的な「山芋」「里芋」「甘藷」「馬鈴薯」の４種類を取り上げる。

この４種類のなかで、日本原産の「いも」は「山芋」だけで、あとは海外からの伝来種である。山芋は「自然薯」とも言い、現在も北海道から沖縄まで広く自生している。奈良時代には、ただ単にイモで山芋のことをあらわしていた。たとえば、『日本書紀』（720年）「武烈天皇」の「人の指の甲を解きて、暑預を掘らしむ」の「暑預」は山芋のことで、爪を抜いて地面深く山芋を掘らせたというのである。武烈天皇（第25代）は悪行の多い天皇として描かれていて、この例もその一つである。

後に里芋が日本に伝来し、里で栽培されるようになると、これと区別するためにヤマノイモと呼ばれるようになった。平安時代の漢和辞書の『和名類聚抄』（934年頃成立）や『本草和名』（918年頃成立）には、ヤマノイモ、ヤマツイモという語が見えている。ヤマツイモは、現在は使われなくなったが、ヤマノイモは自然薯の名称として山形、東京、山梨、静岡、富山、石川、滋賀、京都などで今も使われている（図１）。

現代諸方言ではそのほかに、ツクネイモ、トロロイモ、ネイモ、ナガネイモ、ボーイモ、イセイモ、バカイモ、ムカゴなどの名称が各地にある。ただし、これらは日本原産の山芋をさすのか、のちに中国から伝来した「長芋」をさすのかはっきりしない。長芋は山芋と形がよく似ており、しかも自生するようになったものもあって、両者の区別は難しい。江戸時代の方言集『諸国方言物類称呼』（1775年）にも「つくねいもを山のいもと呼ぶ所が多いが、山のいもは薯蕷のことであり、別の品種である。つくねいもは東国（関東）で長いもといっているものである」という意味のことが書かれている。江戸時代、すでに山芋と長芋の混乱が生じていたことがわかる。長芋との区別の問題が残るが、山芋の方言として報告された方言の地図を図１にあげておく。

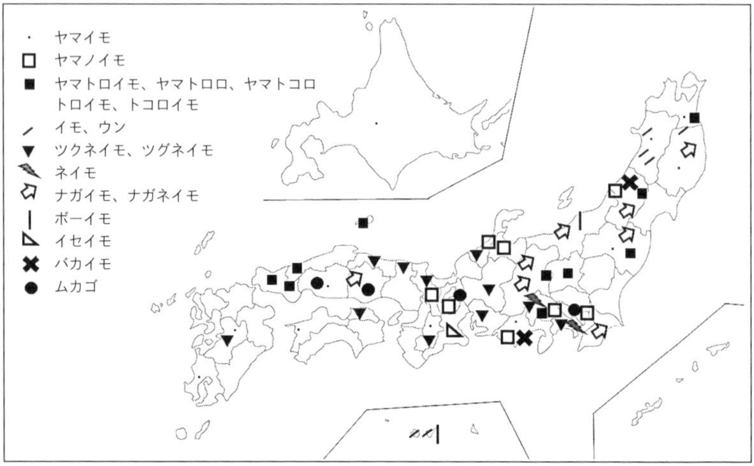

図１　「山芋」の方言
出所）『日本方言大辞典』『現代日本語方言大辞典』を元に作成

Ⅲ　サトイモ（里芋）

その次に食されるようになったのは、「里芋」である。日本への伝播の時期は、イネの渡来よりも古く、縄文時代中期とも言われる（日本大百科全書）。伝来後、里で栽培されるようになったことからサトイモと呼ばれるようになり、人々の生活を支える食べ物となった。正月や月見などの行事にもサトイモはお供え物として、今でも欠かせない食物である。

現代諸方言では、単にイモで里芋をあらわす地域が関東南部と九州南部に広がっている（図２）。里芋が伝来する前は山芋が単にイモと呼ばれたが、里芋が栽培されるようになると山芋より里芋の方が日常生活に身近になり、イモと言えば里芋をさすようになった。一方、栽培される場所の名称を頭につけて、イエイモ、エノイモ（家芋：山口、長崎県五島）、タイモ（田芋：近畿、四国）、ハタイモ、ハタケイモ（畑芋：福島、新潟、岐阜）、ジイモ、ツチイモ、ドロイモ（地芋、土芋、泥芋：近畿、徳島）と呼ぶ地域もある。

家のまわりで栽培される里芋は、人々の観察の対象ともなった。イモノコ、コイモ（東北、石川県能登、山陽）、ハイモ、ハスイモ（東北、長野）などの名前がそうで、イモノコ、コイモは形が小さいこと、あるいは親芋の周囲に小さい小芋がついて繁殖することから、ハイモは「葉芋」で、葉が大きいことから、ハスイモは「蓮芋」で、芋茎（ずいき）の切り口に小さな穴があいていてハスのようであることからつけられた名前である。また、食べたときに口を刺すようなえぐ味があることから、エグイモ（北陸、岐阜、和歌山、岡山、山口）という地域もある。

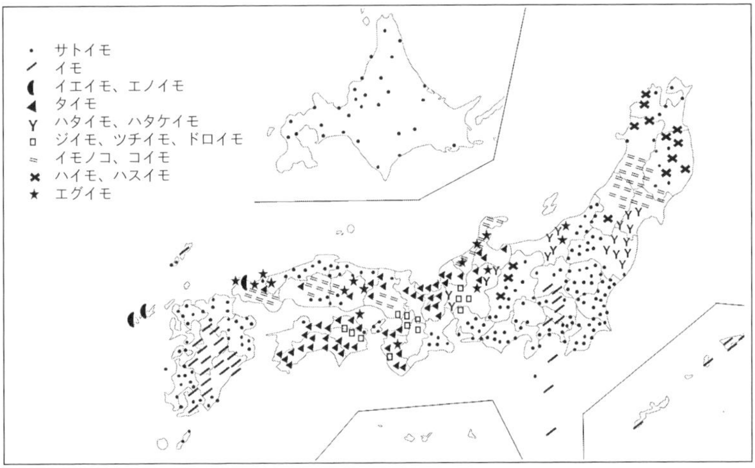

図2　サトイモ（里芋）の方言

出所）『日本言語地図』177 図を元に作成

Ⅳ　サツマイモ（甘藷）

16 世紀末になると、海外から新しい種の「いも」が伝来する。「甘藷」と「馬鈴薯」である。甘藷は 16 世紀末に中国から南琉球の宮古島に伝わり、17 世紀に琉球から薩摩や長崎に伝わって徐々に九州に広まった。凶作に対する救荒作物として重要視され、18 世紀には青木昆陽が江戸に導入し、江戸時代末期には東北地方まで栽培が普及した（日本大百科全書）。各地の甘藷の名称には、このような甘藷の普及のしかたが反映されていて、島根県・岡山県・四国以西ではリューキューイモ（琉球芋）、トーイモ（唐芋）、カライモ（唐芋）などが、それより東側では、サツマイモ・サツマ（薩摩芋）が使われている（図３）。リューキューイモは前出の『諸国方言物類称呼』（1775年）に「甘藷　畿内にて　りうきういもと云」と書かれていることから、近畿には青木昆陽が普及する以前に甘藷が伝来し、リューキューイモと呼ばれていたことがわかる。石川県能登のリューキューイモは、その名残りだろう。

興味深いのは、最初に甘藷が伝来した琉球ではただ単にウム（イモに当たる琉球での形）といい、次に琉球から伝播した鹿児島（薩摩）ではリューキューイモではなくカライモと呼ぶ点である。琉球のウムは、甘藷が琉球に伝来した後、琉球で代表的な「いも」となり、ただ単にウムと呼ばれるようになったのだろう。琉球から薩摩への甘藷の伝来ルートには諸説あるが、痩せた土地でも育てやすい甘藷は、伝来後、急速に薩摩全土に広まり、多くの人々を飢饉から救った。このように価値の高い「いも」を中国からの伝来品として、薩摩ではカライモと呼んだのではないかと思われる。カライモは北部九州に伝わると「唐（から）」が「唐（とう）」に変化して、トーイモ、トイモと呼び名が

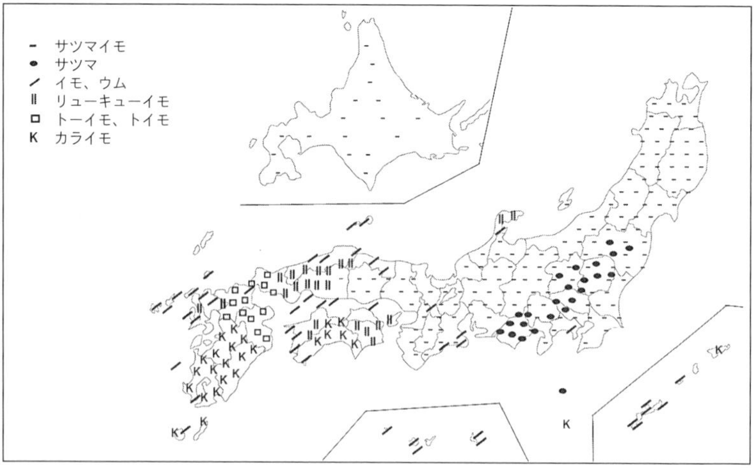

図３ サツマイモ（甘藷）の方言

出所）『日本言語地図』176図を元に作成

変わっている。

V　ジャガイモ（馬鈴薯）

馬鈴薯は1601年にジャカトラ港（現在のジャカルタ）からオランダ船によって長崎に運ばれたのが最初で、そこからジャガタライモと名づけられ、それが略されてジャガイモと呼ばれるようになった。江戸時代、飢饉のときの食糧として注目されたが、本格的に普及したのは、明治初期に北海道開拓使などがアメリカから優良品種を導入してからのことである（日本大百科全書）。

馬鈴薯の各地での呼び名は、甘藷と対照的に、日本の北側で多様な名称が使われ、南側で共通語のジャガイモ、ジャガタライモが使われている（図4）。北海道で馬鈴薯をただ単にイモと呼ぶのも、琉球で甘藷をただ単にウムと呼ぶのに似ている。地名を冠したホッカイドーイモ（福井・鳥取）、ツルガイモ（岩手）、コーシューイモ（東海）、イセイモ（兵庫）なども使われるが、それほど多くない。

それよりも、収穫量や収穫の時期に由来する名称が多い点に馬鈴薯の方言の特徴がある。たとえば、北海道や東北のゴショイモ、ゴトイモは「五升芋」

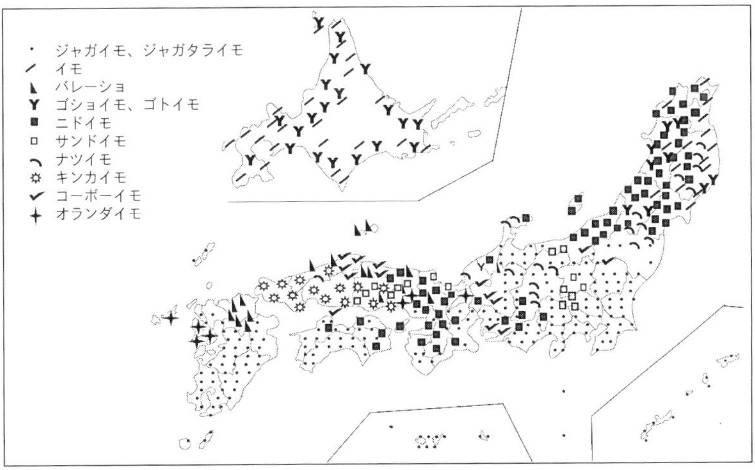

図4 ジャガイモ（馬鈴薯）の方言

出所）『日本言語地図』174・175図を元に作成

「五斗芋」の意、東北や近畿のニドイモ、サンドイモは年に二度、三度収穫する芋の意で、収穫量が多いことに由来している（ただし、実際に年に二度、三度収穫することはない）。岩手や福島、石川県能登、長野のナツイモは、収穫時期が「夏」であることから、このように呼ばれる。また、コーボーイモは弘法大師から授かった、ありがたい芋の意だといわれる。

ユーモラスな名称として、山陽地域のキンカイモがある。キンカとは「はげ頭」のことで、馬鈴薯の形が「はげ頭」に似ていることからこのような名称がついたのだろう。

これらの名称からうかがえるのは、各地の人々が「馬鈴薯がたくさん採れるように」と期待を込めて栽培し、収穫の時期を楽しみに待ったのだろうということである。近所のおじさんの「はげ頭」を連想して作業の疲れを癒やしたかもしれない。そして、馬鈴薯は多くの人の命を救ってきた、ありがたい「いも」なのである。

参考文献

平山輝男他（編）（1992〜1994）『現代日本語方言大辞典』東京：明治書院.
国立国語研究所（編）（1966〜1975）『日本言語地図』第1〜6集．東京：大蔵省印刷局.
越谷吾山（1775）『諸国方言物類称呼』国立国語研究所データベース『日本語史研究資料［国立国語研究所蔵］』https://dglb01.ninjal.ac.jp/ninjaldl/bunken.php?title=buturuisyoko
小学館（2022）『日本大百科全書（ニッポニカ）』東京：小学館.
尚学図書（編）（1989）『日本方言大辞典』東京：小学館.

多様なことば

色々の名称とことば

(日本の手話言語)

大杉　豊・坊農真弓

手話言語は万国共通ではなく、国によって違う手話言語が使われているという知識は以前と比べていくぶんは広まっているように思う。しかし、一つの国の手話言語においても語彙や文法に多様性がみられることについては、案外知られていないようだ。日本語に方言があるように、日本の手話言語でも地域や世代によって色々な表現がみられる。

I　地域による色々な手話

全国47都道府県からろう者2名ずつのサンプルを収集して2010年に公開された『日本手話言語地図（試作版）』（大杉2010）で「犬」の手話（単語）を見てみよう（大杉2012）。70歳代では9種類の違う表現があり、一つの表現（図2）が37/47都道府県でみられる。一方30歳代の分布を見ると4種類に減っており、図2の表現が44/47都道府県と増えている。他の手話についても同様の傾向がみられ、全体的に30歳代のろう者の中で手話表現の共通化が進んでいることがわかる（図1）。なお、図1上に見られる白地の県はその地域独特の表現があることを示す。

30歳代（2010年当時）に見られる表現は、「犬」A：両手をこめかみに当ててそろえた指を前向きに何度か折る動き（図2、図1の　）、「犬」B：人差し指と小指を立てた右手を小刻みに振る動き（図3、図1の　）、「犬」C：胸前で両手を組む動き（図4、図1の　）、「犬」D：人差し指、中指、薬指を立てた両手をこめかみに当てて小刻みに振る動き（図5、図1の　）の4種類であり、宮崎県と群馬県では70歳代でも同じ表現が見られ、地域の方言であることがわかる。一方、「犬」Cは70歳代でみられないことから、若年層に広がる新しい表現であることが想像される。ちなみに、「犬」Aと「犬」

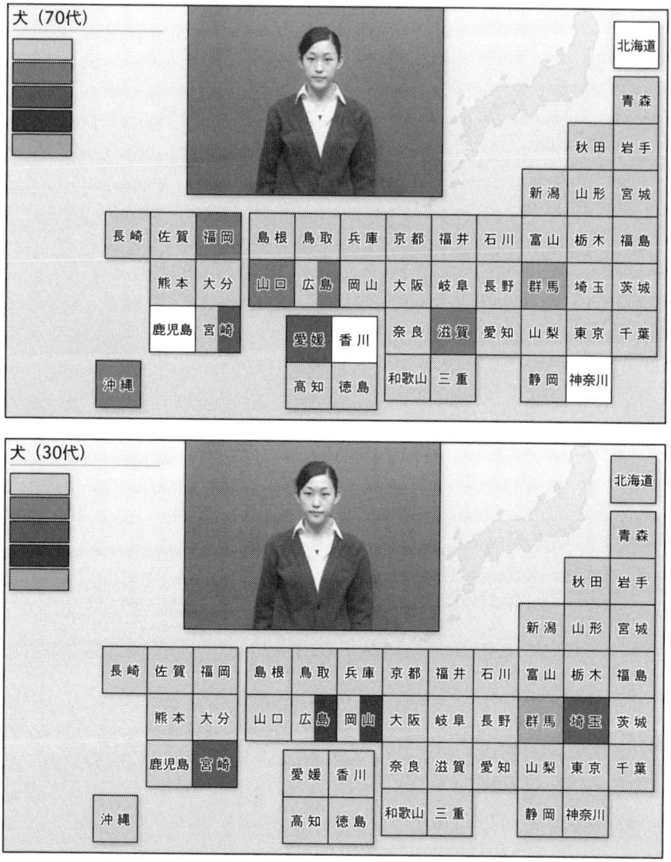

図1　「犬」の手話表現分布

出所）『日本手話言語地図（試作版）』から

図2　「犬」A

図3　「犬」B

図4　「犬」C

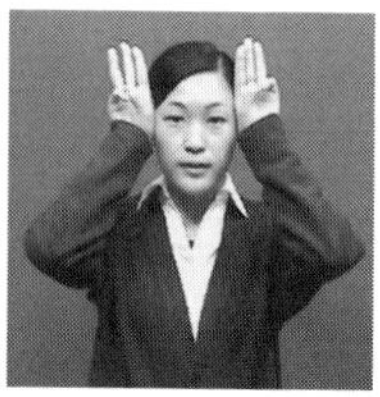

図5　「犬」D

Dは犬の耳、「犬」Bは犬の頭部、「犬」Cは犬の前脚、それぞれの形や動きを描写する身振りに由来している。

では、日本ではいつから手話言語が使われるようになり、いかにして地域を超えた共通化が進んでいるのだろうか。手話言語の共通化の背景には、ろう者コミュニティの規模の変遷と技術革新があると思われる。日本の歴史においてある程度の人数が集まったろう者のコミュニティがはっきり認められるのは、京都に全国初めての聾学校が創立された1878年以降である。各地に作られた聾学校の生徒や卒業生を核とするろう者コミュニティの中で、それまで各地で使われていた地域共通手話、また、身振りによるコミュニケーションを経て、現在の日本手話につながる形が発達した。やがて地域を超えたろう者同士の交流が盛んになり、全国的な当事者組織である全日本ろうあ連盟が1969年に言語計画の一環として日本の標準手話の確定と普及に取り組んだ。加えて、技術革新による交通や通信の発展、とくにインターネット経由のビデオ電話や動画投稿の大衆化により、ろう者同士の言語接触の機会が大きく増加して、手話の共通化がかなり進んだという経過がある。その一方で、地域色の濃い手話も依然として使われている。

II　世代による色々な手話

日本で手話の共通化が起きはじめてからまだ145年しかたっていないが、前節で述べたような共通化の流れを反映し、高齢層と若年層の手話の間に大きな違いがみられる。その中には、高年層の世代が使う手話に源流と考えられる身振りの要素が色濃く、若年層に下るにつれてより記号的な表現になる例が見られる。以下にまず、その具体例を示す。

私たちが2011年より構築してきた『日本手話話し言葉コーパス』（http://research.nii.ac.jp/jsl-corpus/public/index.html）は語彙と対話の両方について、現在までに7県（群馬県、奈良県、長崎県、福岡県、石川県、富山県、茨城県）で総勢122名からデータ提供の協力を得ている（Bono et al. 2014）。世代による違いをはっきり確認できるデータの例として、群馬県の30歳代、50歳代、70歳代（いずれも2011年当時）に見られる「水」の手話表現を紹介しよう。

30歳代の表現は、口のすぐ横（頬）の位置で5本指を開いた手を前後に数回振る小刻みな動きである（図6）。一方、50歳代の表現は位置が口の前になり、5本指を開いた手を前方に2、3回はねる動きになっている（図7）。70歳代になると、コップを飲むさまの表現と口から5本指を閉めた手を前方に1回はねる動きの連続がみられる（図8）。

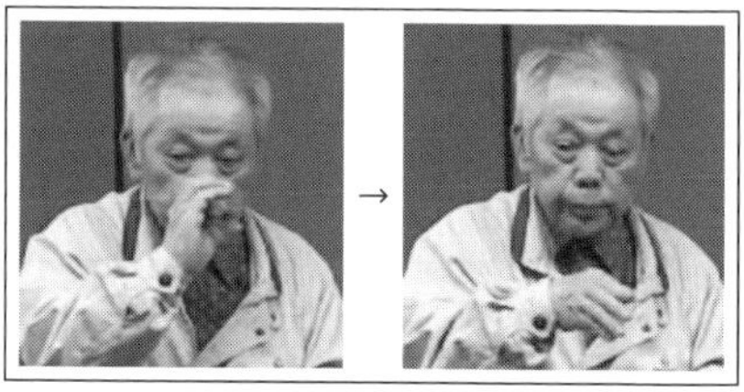

図6　「水」30歳代　図7　「水」50歳代　図8　「水」70歳代

これらの違いを手の位置、形、動きの三要素で整理したのが表1である。高年層が使う手話に身振り的な要素が色濃く、若年層に下るにつれてより記号的な表現になり、40年の間に音声言語でいうところの急速な音韻変化と似た現象が起きていることがみてとれよう。

表1　群馬県の「水」の手話表現例

	30歳代	50歳代	70歳代	
手の位置	口の横（頬）	口の前	口の前	口の前
手の形	5本指を開いた手	5本指を開いた手	コップを持つ形	5本指を閉めた手
手の動き	前後に数回震わせる	前方に2、3回はねる	口に近づける	前方に1回はねる

以上、地域による違いと世代による違いがみられる例を紹介したが、地域内または全国で同じ表現が使われている例も多い。たとえば、『手話言語地図（試作版）』で30歳代における「猫」の手話をみると、全国で同じ表現が使われている（https://www.deafstudies.jp/osugi/jslmap/map.html）。また、『日本手話話し言葉コーパス』で奈良県における「北」の手話をみると、奈良県内で年代差なく同じ表現が使われていることがわかる（http://research.nii.ac.jp/jsl-corpus/public/variation.html）。

Ⅲ　個人レベルの色々な手話

地域による違いと世代による違いをみてきたが、いくつかの基本語彙の手話表現については、個人レベルでかなりの違いがあることがわかっている。例として、『日本手話話し言葉コーパス』に収められている、群馬県の「たまねぎ」の手話表現を見てみよう（http://research.nii.ac.jp/jsl-corpus/public/gumma/shuwa/#tabs-1, http://research.nii.ac.jp/jsl-corpus/public/gumma/shuwa/#tabs-2）。図9-15で示すように、色々な表現が見られる。図9、10、11（前半）は涙が出て目をこする身振りに、図11（後半）、12、13はたまねぎの全体的な形を手または頭に見立てる身振りに、図14、15はたまねぎの匂いが鼻をつく身振りに由来する。

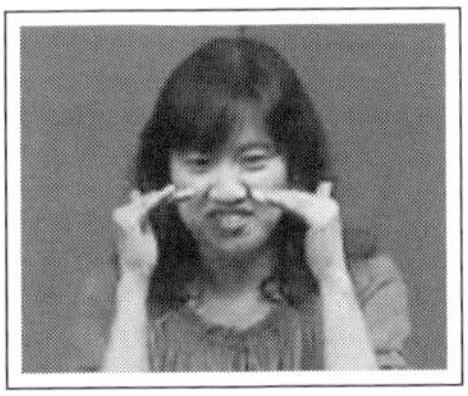

図9　「たまねぎ」30歳代

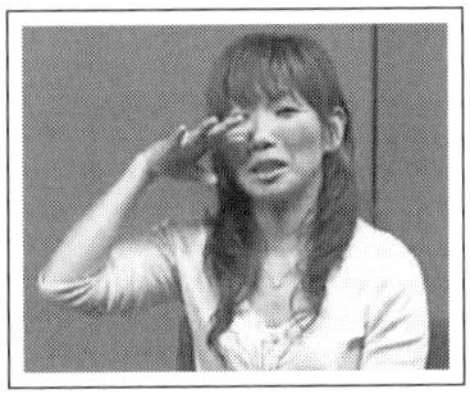

図10　「たまねぎ」40歳代

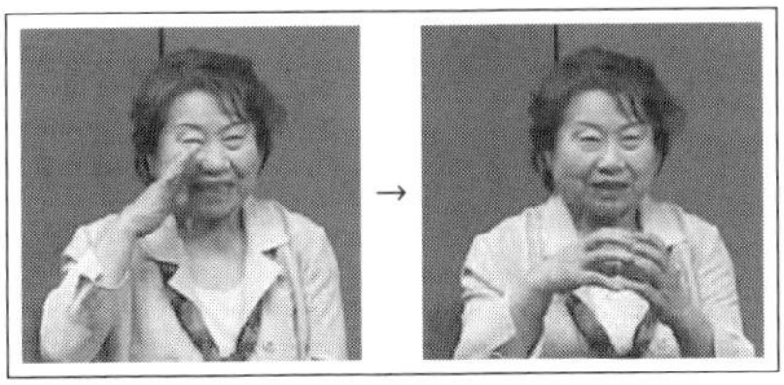

図11　「たまねぎ」70歳代

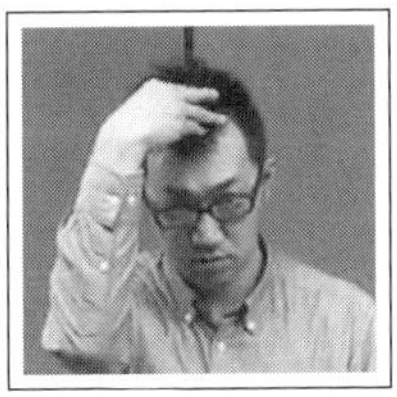

図12　「たまねぎ」30歳代

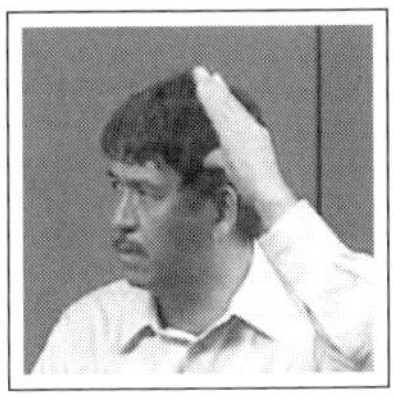

図13　「たまねぎ」50歳代

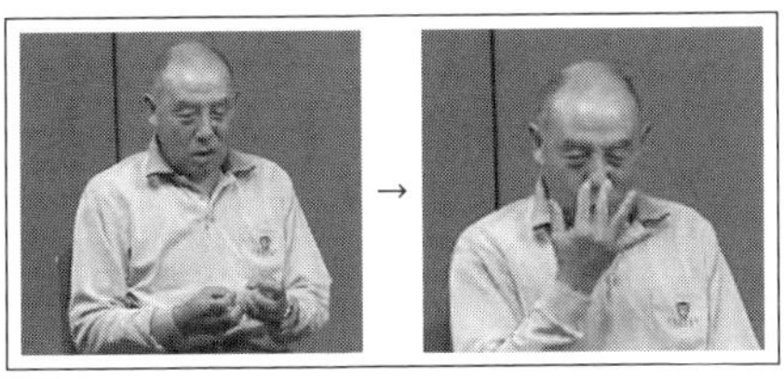

図14　「たまねぎ」60歳代

図15　「たまねぎ」70歳代

では、なぜ「たまねぎ」のような基本語彙について個人レベルの違いが起こるのだろうか。その原因は、ろう者が手話言語を獲得・習得する言語環境の特殊性にあると思われる。多くのろう者で構成される家族（デフファミリーと呼ばれる）であれば、生まれてくるろう者が手話言語を自然に獲得する環境が家庭にある。しかし、デフファミリーはろう者全体のおおよそ10％といわれており、大多数のろう者は、家庭ではなく聾学校などで生徒同士の交流や教職員から手話言語を習得するのである。聾学校に行く機会がないまま育ち、大学に入った後や社会に出てから手話言語に接するろう者も少なくはない。加えて、聾学校に手話言語の流暢な教職員が少ないという問題や聾学校に通う生徒の数が減少しているという問題があり、基本語彙といえども、その種類によっては使われる頻度が低くなる状況が起きている。英語の語彙の親密度調査では、日本語話者は、身のまわりのものや子どもがよく使う語の親密度が低いという調査結果が出ており、これは第二言語として言語を学んだ環境によると考えられる（藤田他 2022）。日本の手話言語において、基礎語彙でこのような違いがみられる理由は、家庭よりも学校等の環境で成長してから手話言語を身につける話者が少なくないことと関係があるように思われる。

手話言語は音声言語と比して歴史が短く、その変遷の過程が語彙と文法の両方に色濃く残されている。この章ではいくつかの概念について、地域、年代、個人のレベルで色々な手話が見られることを紹介したが、手話語彙の共通性と多様性の両方を探究することで、身振り体系における語彙化と文法化の過程に新しい知見が得られるであろう。

参考文献

藤田早苗・小林哲生・服部正嗣・納谷太（2022）「日本語母語話者にとっての英単語親密度の調査」『言語処理学会第 28 回年次大会発表論文集』74-78.

大杉豊（2010）「日本手話言語地図（試作版）」ウェブ出版 https://www.deafstudies.jp/osugi/jslmap/

大杉豊（2012）「日本の手話における語彙共通化現象」『手話学研究』21: 15-24.

Bono, Mayumi, Kouhei Kikuchi, Paul Cibulka and Yutaka Osugi (2014) Colloquial corpus of Japanese Sign Language: Linguistic resources for observing sign language conversations. *Proceedings of the 9th International Conference on Language Resources and Evaluation:* 1898-1904.

手話通訳（養成）に関するアレコレ

木村晴美

日本における手話通訳養成は、1970年の「手話奉仕員養成事業」から始まり、現在も都道府県による手話通訳養成が主流である。講師は通訳教育の専門家ではないが、全国手話研修センターが作成したテキストや教材を使用し、ろう者と手話通訳士がペアになって通訳養成に奮闘している。そこで養成され全国統一試験に合格した手話通訳者は即座に専門的で高度な通訳に対応できるわけではないが、各自治体で実施されている意思疎通支援事業でコミュニティ通訳を担う人材となっている。

一方、1990年に当時日本で唯一の手話通訳士養成のための教育機関として国立障害者リハビリテーションセンター学院手話通訳学科（国リハ）が創設された。この機関は、開設以来一貫して高い技術と知識を有する手話通訳士を育成することを目標としている。2000年には、私立の世田谷福祉専門学校手話通訳学科も開設されたが、残念ながら現在は廃科となっている。また、近年はいくつかの大学が手話通訳養成に着手しているが、国リハのように2年間で2400時間を履修するような大学は見られない。アメリカでは、130余の4年制大学において手話通訳者が育てられている。日本の手話通訳教育は欧米に比べると遅れていると言わざるを得ない。

70〜80歳代のろう者の職業といえば、被服や理美容、木工などが多かった。しかし、最近はろう者の職業も多様化しており、医師や弁護士、大学教員や研究者など専門的な知識や技術が求められる職業に就くろう者も増えている。専門職に携わるろう者の社会参加には、学術的な内容をきちんと通訳できる手話通訳者が必要である。国立民族学博物館（みんぱく）では、5年にわたり学術手話通訳養成プロジェクトに取り組んだ。これは、ろう者の職域拡大に向けて、きわめて重要で有効な取り組みといえよう。

また、通訳養成の新分野としてろう通訳者の養成がある。日本では、NPO法人手話教師センターが2015年からその養成に取り組んでいる。この養成講座の修了生が、東京オリンピック・パラリンピックの開閉会式で通訳を担当し、一躍注目を集めた。この番組がきっかけとなり、ろう通訳者と聴通訳者が協働するCO通訳の認知が進んだように思う。ところが、一方できちんとしたトレーニングを受けていないにもかかわらずろう通訳者を名乗る人物も出てきた。手話ができるから手話通訳ができると勘違いしているアドホック通訳者は大変危険な存在である。今後はろう通訳者の資格化も必要であろう。

また、手話通訳者の身分保障も重要な課題である。手話通訳は長い間ボランティアとみなされていたが、最近は専門職として認知されるようになってきた。専門職であるならば、それに見合う報酬が保障されるべきだ。手話通訳者の認知は社会におけるろう者の存在を認めることにつながる。そして、手話通訳の利用が増えると通訳利用者の目も肥えてくる。今後はさらに充実した養成を含む制度の確立が必要になるだろう。

変わることば

適応することば

（内的要因による言語変化）

中山俊秀

I　はじめに

世界では7,000を越える音声言語が話されている（Eberhard et al. 2022）。その数の多さもさることながら、驚くべきは世界の言語に見られる構造的多様性の幅と深さである。言語は社会が進化していく中で発達した認知・社会活動であり、その形は伝え合いで使われる中で言語自体に起こる変化が積み重なることで作られていく。一つの言語の中には方言差が常に存在するが、方言がそれぞれ別の方向に変化していくうちに、互いに通じない別言語に発達していくというのはよくあることで、そのプロセスは歴史上幾度となく繰り返されてきた。人間言語の起源が一つの言語に遡れるのかどうかは未だ最終的決着がついていない議論だが、今見られる幅広い構造的多様性も、言語内変化を通した言語の分岐が繰り返される中で形成されてきたことは間違いなさそうだ。本章では、言語を多様な形に発達させる変化のプロセス、特に言語体系内で自発的に起こる変化について概観する。

II　変化する言語

言語はどれもいつでも変化している

生きている言語、つまり日常のコミュニケーションの中で使われている言語はどれも常に変化している。しかし、日常生活の中で言語が変化するという事実に気がつくことは意外と難しい。あるとすれば、以前よく聞いていた言葉が今では聞かれなくなった、友人が使った耳慣れない言葉に驚いた、そのようなときだろう。言葉の変化とは自分が知っている使い方と周りで聞かれた言葉とのずれに違和感を持ったときにはじめて意識される。そのため、言語の変化というと、自分の外側、周りで起こるものと感じがちで、他の言語との接触から起こる外来語の流入や、言語政策や社会運動などの政治・社会的圧力などの外圧によって起こるものがまず思い浮かぶ。しかしながら、言語はそうした外圧がなくても常に変化している。

言語が常に変化するのはなぜか

日常使われている言語がどれも自発的に変化するのは、それが言語システムの本来的特性から生じているからだ。その特性というのは、言語が社会的規則体系である、そして言語体系には一定のバリエーションを許すゆるさ、という意味の「あそび」がある、という２点である。言語システムは、語句や表現と意味との結びつきの規則、文脈の中での表現の選び方の規則、表現を伝える発音や文字表記の規則などが複雑に組み上がった体系であるが、この規則体系はその言語を使ってコミュニケーションをとっている集団全体で共有され保たれている。同じように社会的に決められている規則体系である法律と同じように、個人が勝手に変えることはできない。しかし、その一方で、社会の中で変更するという合意が形成されれば、いかようにも変わる。この点は、同じ規則性の体系であっても物理法則のような自然界の法則体系とは異なる。言語体系の二つ目の特性である柔軟性、「あそび」は実際の言葉使いを細かく見てみるとわかる。たとえば、「〜てしまった」という表現には、「食べてしまった」「食べちゃった」「食べちった」といった発音のバリエーションが聞かれる。「了解」という応答表現には、ネット上でのやり取りなどを見ると「りょ」「り」などといった異形も見られる。動詞の活用パターンにも、可能を表す「見られる」「来られる」「食べられる」には「見れる」「来れる」「食べれる」のような形もよく使われる（いわゆる「ら抜き」）。こうしたバリエーションはしばしば「崩れた日本語」「日本語の乱れ」のようにいわれることもあるが、日常的に使う母語話者がいるという意味で日本語の一部には違いない。

社会的合意によって維持されている言語規則は、その合意が変わることでいつでも変化しうる。しかも、その規則にはいつでもちょっとしたバリエーションがつきもの。このバリエーションこそが言語変化のタネである。言語の中にあるバリエーションには、ランダムなばらつきや個人の癖などもあるが、ここでの例のように多くの人に使われパターンとして認識できるものも多い。そうしたパターン化されたバリエーションは、場面や人間関係や伝達の仕方などによって、その中で都合がいいもの、流行っているものが選ばれて定着しているものである。たとえば、「了解」を「りょ」「り」と表記する方法はスマホでの文字入力ですばやく反応を返すのに都合が良かったからこそ人々に使われネットコミュニケーションで定着したものだろう。このように、言語規則には、伝え合いの中でのちょっとした工夫としてのバリエーションが多く存在しており、それらのいくつかが何かのきっかけでより多くの人に使われるようになっていくことで、皆が受け入れる規則も変わっていく（Croft 2000）。つまり、日本語の話者コミュニティーにおける合意が変わり、日本語の規則体系が変わっていくのである。

Ⅲ 言語の内的変化

上でも述べたように言語は自然法則と違って社会的に維持されている規則の体系である。そのため、発音から語形成、文形成、談話の組み立て、慣用句、表現の意味に至るまで、言語体系の諸側面の中でおよそ変化しないところはないといっていい。その具体例をいくつか見ていこう。

音の変化

音に関する変化では、一つ一つの母音や子音の発音が変わることもあるし、音のつながりの発音が変化することもある。音自体の発音が変わる例としては、現代共通日本語での鼻濁音がある。「だいがく（大学）」「そんがい（損害）」「さんがつ（三月）」のように「が」が語中にある場合に、かつては鼻濁音が使われていたが、今は鼻濁音を使わない発音をする人が多くなっている。英語の母音には「大母音推移（Great Vowel Shift）」という劇的な変化が起こった（Jesperson 1909; Krug 2012）。これは16世紀あたりを中心に起きた変化で、現代の英語のスペリングが非常にわかりにくくなってしまった原因となった。たとえば、soon、moonなどにあるooというつづりはオーと発音してもよさそうだが、ウーとまるでuuのような発音になる。また、seen、teenなどのeeは直感的に納得しやすいエーではなくイーとiiのような発音だ。これは、今のスペリングが母音変化の前に固まったために、そのつづりが変化前の昔の音を反映したものになっているためだ。つまり、元々ooはオーと、eeはエーと発音されており、スペリングもそれを反映したつづりになっていた。ところがそこにタイミング悪く発音の大変化が起こってしまい、オーがウー、エーがイーと発音されるようになってしまったために、ooというつづりがウー、eeがイーとなり、大変な学習者泣かせとなってしまった。

音のつながりの発音の変化としては、「雰囲気（ふんいき）」を「ふいんき」と発音したり、「シミュレーション」を「しゅみれーしょん」と発音するような音の位置の入れ替え（音位転換）や、上で例に挙げた「～してしまった→～しちゃった」とその類例である「～ている→～てる」、「～ておく→～とく」といった発音の縮約など、発音をしやすくしたり効率的にしたりする変化がよくみられる。

語形パターンの変化

語形成規則として馴染みが深いものに動詞の活用があるが、これも時代と共に変化する。古文を習ったときに覚えた動詞活用規則は現代のそれとは違う。今は今で「ら抜き」のような新しい活用パターンが生まれつつある。こうした変化は個別の動詞の活用形ではなく体系を変化させる。英語における動詞の過去活用を例に見てみよう。英語の動詞にはかつてはいくつかのパターンがあったが、その後-edで終わるパターンだけが使われるようになった。その結果、元々別の活用パターンであった動詞の過去形も徐々に-edの形に置き換えられていった：dreamt → dreamed「夢見た」、leapt → leaped「跳んだ」、crept → creeped「這った」。ただ、おもしろいのは、この置き換えは使用頻度が低い動詞では見られたが、使用頻度の高い動詞（feel-felt、keepkept、sleep-slept など）では起きなかった。これは、使用頻度が低い動詞だとその過去形の記憶も曖昧になりがちなため、新しい形に置き換えられやすいからだと思われる。逆に、使用頻度が高い動詞では元々の過去形も日常よく聞くためしっかりと記憶されており、昔ながらの形が使い続けられやすい。不規則活用が頻繁に使われる動詞に多いのはこうした理由からである（Bybee 2015［小川・柴﨑訳 2019: 125］）。日本語も例外ではなく、不規則活用は「する」「来る」などの使用頻度が高い動詞に多く見られる。

語の変化で最も意識しやすいのは新語の創出だろう。新しいモノ・概念の名前は初めのうち「携帯電話」「軍用手袋」「有給休暇」などといったように概して説明的で、指し示すものの特徴・内容が字面からも伺える。それが使い慣らされていくうちに「携帯」「軍手」「有給」などとだんだん短縮されていく。さらに「ケータイ」のように表記法までも変わっていったりする。モノとしては「ケータイ」は「携帯電話」のことであるとわかっても、我々の使い方も我々との関係性においても、今の「ケータイ」はかつての「携帯電話」とはかなり違うものとなったことがこの変化に見て取れる。

勝手な解釈が生み出す変化：異分析

言語の変化は昔使われていたものが少しずつ形を変えていくプロセスなので、今ある形は昔の形にその起源をたどることができる。ところが、おもしろいことに、なかには歴史的経緯からはずれたようなものもみられる。たとえば、今では日本語でもすっかり馴染みとなった「バーガー」という語は、英語の burger から来ているが、これはドイツ語の地名である Hamburg（ハンブルク）に所有の「～の」を表す -er がついた Hamburger が語源である。語源を考えると burger という語が発達するのは不思議なのだが、cheeseburger や fishburger というような語が使われるようになったことと合わせて考えると、どうも語のはじめの ham の部分がハンバーガーに挟む中身を指していると解釈（勘違い？）されて、burger が語として取り出されて使われるようになったようだ。

似たような例に、chocoholic（チョコレート中毒）、workaholic（仕事中毒）と言った語に使われている -holic という部分は今では「～中毒」という意味を表すパーツだと思われているようだが、元は alcoholic（<alcohol-ic「アルコールの～」「アルコール入りの～」）からきており、その中での -holic という部分が間違って解釈され、他の語を作り出すパーツとして使われるようになったものである（Bybee 2015: 147）。アベノミクス（Abe-nomics）でよく耳にするようになった -nomics というパーツも economics（<economy-ic-s「経済学」）からの再解釈で作られた Reaganomics <Reagan-omics（レーガン大統領の経済政策）などを文字って作られたものだが、この転用の繰り返しにより -(n)omics（～の経済政策）というパーツがあると思われるようになってきた。

こうした、歴史的経緯を無視したような新しい形の語が作られる変化（専門的には「異分析」「民間語源」などと呼ばれる）からわかるのは、我々はただ昔からの規則にしたがって言葉を使っているわけではなく、常にその規則を解釈、再解釈しながら使っているということである。そのため、歴史的な由来がよくわからなくなると、語の形や意味が思わぬ方向に変化することがある。歴史的な経緯とずれた新しい語形成や意味解釈は「誤用」などとして批判の対象になることがしばしばであるが、そうした新しい解釈、使い方が出てくるのはごく自然な現象なのだ。

Ⅳ　言語はどのように変化するのか

言語体系の今ある形は、その集団における言葉のコミュニケーションの歴史の積み重ねによって形作られてきた。複雑なシステムである言語に見られる変化は実に多様ではあるが、世界の言語に観察される変化をみると、明らかにパターンがあり、その背景には言語の変化を方向づける一定のメカニズムがあることがうかがわれる。端的にいえば、それは言語規則をより使いやすく、効率的で、効果的な、使用環境への適応度がより高い形に変えていくというメカニズムである（Dressler 2003）。これは一見単純なメカニズムであるようだが、言語のような多層的システムについて考えると複雑である。

まず、言語表現の発音面には神経運動的効率化の圧力がかかる。上の例で見た音位転換や縮約などは発音動作のつながりをよりスムーズにするための調整である。一方、動詞活用のパターンの統一などは規則をより一般化、単純化する変化で、パターン処理にかかる認知的負荷が軽減されるという面での適応度向上である。神経運動や認知活動としての効率性といういわば身体的要因に加えて言語変化を方向づけているのが、社会的要因である。言語変化は人々の言葉の選び方や使い方の傾向が変わる中で起こるが、その傾向には日々の言語コミュニケーションを取り巻く社会状況や話題が大きな影響を与える。

言語が人と人の間のコミュニケーションの中で育まれ変化していくということは、今急激に広がるインターネットコミュニケーションでの言語変化などをみるとよくわかる。インターネット上では、主として文字を使って伝え合いが行われるが、従来の書き言葉による伝達とは違って相互性、同時性が高く、活発なやり取りが起こる。その一方で、従来の声による会話とは違って面と向かってのやりとりではない。また、そこでの関係性は匿名性が高く流動的であることが多く、それもこれまでの日常のやり取りと違う。そんな特徴を反映して、ネット特有の新しい表現や言い回し、話し言葉でもなく書き言葉でもない「打ち言葉」が急速に発達し、急激な変化を繰り返している。言語の在り方は社会のあり方と密接につながっているのである。

V　おわりに：言語の多様さが見せてくれること

この章では人間の言語を多様な形に変化させる言語の内的プロセスについて概観した。世界の言語の間には類似性も多い。構造的特性にはいくつかのタイプが見出され、一つの言語で見られる現象やパターンはたいていどこか他の言語でも見られる。しかしながら、その一方で、世界の言語すべてに当てはまる普遍的規則性や特性は、たとえばどの言語にも母音と子音の両方があるなど、非常に抽象的なものを除いては見つけにくい（Evans & Levinson 2009）。この構造的多様性は、言語の基盤が人間共通の認知能力であることを考えると一見不思議に思えるかもしれないが、それは言語の変化が、言語をより発音しやすくするとか規則的にするとかいった単純な機械的効率化だけでなく、社会的な価値づけ（流行り、品の高さ、かっこよさ、など）を含む多様な観点からの適応性向上に動機付けられて起こる複雑なプロセスであることに加え、歴史的経緯にとらわれない再解釈がされることで思わぬ方向に発展する可能性をも持ったものであるからだ（Kirby 2017）。言語はそうした異なった時代やコミュニティーの価値づけに引っ張られながら個性的な特徴を蓄えていく。世界各地の文化や歴史も同じヒトの社会で形成されたものでありながら非常に多様な形を見せる。言語にみられる多様性はそれと同じものだ。

参考文献

Bybee, Joan (2015) *Language change*. Cambridge: Cambridge University Press.（小川芳樹・柴崎礼次郎他訳 2019『言語はどのように変化するのか』東京：開拓社）.

Croft, William (2000) *Explaining language change: An evolutionary approach*. London: Longman.

Dressler, Wolfgang U. (2003) Naturalness and morphological change. In: Brian D. Joseph and Richard D. Janda (eds.) *The handbook of historical linguistics*, 461-471. Oxford: Basil Backwell.

Eberhard, David M., Gary F. Simons and Charles D. Fennig (eds.) (2022) Ethnologue: Languages of the world, twenty-fifth edition, online version. http://www.ethnologue.com [accessed March 2022].

Evans, Nicholas and Stephen C. Levinson (2009) The myth of language universals: Language diversity and its importance for cognitive science. *Behavioral Brain Sciences* 32(5): 429-48.

Jesperson, Otto (1909) *A modern English grammar on historical principles, part I: Sound and spellings*. London: George Allen and Unwin.

Kirby, Simon (2017) Culture and biology in the origins of linguistic structure. *Psychonomic Bulletin & Review* 24: 118-137.

Krug, Manfred (2012) Early modern English: The great vowel shift. In: Alexander Bergs and Laurel J. Brinton (eds.) *English historical linguistics: An international handbook*, 756-776. Berlin: Mouton de Gruyter.

変わることば

適応することば

（手話言語における言語変化）

相良啓子

手話言語の語彙は、手の形、位置、動き、手のひらの向きなど手話言語の「音素」と言われる構成要素によって成り立っている。音声言語が使いやすさや効率化によって音変化するように、手話言語においても、音変化が観察される。たとえば、日常生活の中でよく使われる日本手話の数詞および親族表現においても、1960年前に記載されている表現と現在使われている日本手話では、語形が変化している。

音声言語と手話言語は、いずれも同じ「言語」であるが、次の2つの点で異なっている。1つはことばの伝承について、もう1つは言語を表出する構音器官についてである。ことばの伝承については、音声言語の場合には親から子へとことばが伝承されるのに対して、手話言語の場合には親から子へことばの伝承がなされることが非常に少ない。それは、聞こえない子どもの9割以上が聞こえる親から生まれることと関係する。聞こえる親を持つろう児は、聾学校が最初の手話習得の場所となり、聾学校で使用されてきた表現が、各自が使う手話言語に反映されていることが多い。構音器官については、音声言語の構音器官が単一であるのに対して、手話言語は複数の構音器官をもつという点で異なっている。手話言語を表す構音器官としては、まず両手による動作（手指動作）が挙げられるが、両手の他に、顔や上半身の動きなどそれ以外の器官における動作（非手指動作）もある。つまり、これらのさまざまな構音器官から複数の「音声」が同時に生成されるということになる。ここでは、日本手話語族の言語の発達に関する背景と、音変化の例を示す。

I　日本手話語族の言語とその分布の背景

日本手話と系統的に関連のある手話として、台湾手話・韓国手話があることは、よく知られている（Sasaki 2007; Fischer and Gong 2010; Sagara 2014）。これは、台湾では 1895 年から 1945 年、韓国では 1910 年から 1945 年の日本統治時代に盲唖学校が設立され、日本から聾唖教育関係者がそれぞれの学校機関に派遣されたという歴史的背景による。台南には 1915 年に大阪から、台北には 1917 年に東京から教員が派遣され、台湾では台南と台北に地域変種があることがわかっている。1949 年には中国の南通から台湾南部に手話が広がり、台湾では、日本手話と中国手話の両方から影響を受けている。一方、韓国では、1913 年に東京からソウルに教員が派遣され、後に同じ地域に大阪の教員も派遣された。韓国では、ソウルを中心として各地域に手話が広がったため、日本および台湾と比較すると地域変種が少ない。手話が行き渡った経緯をまとめた地図を図 1 に示す。

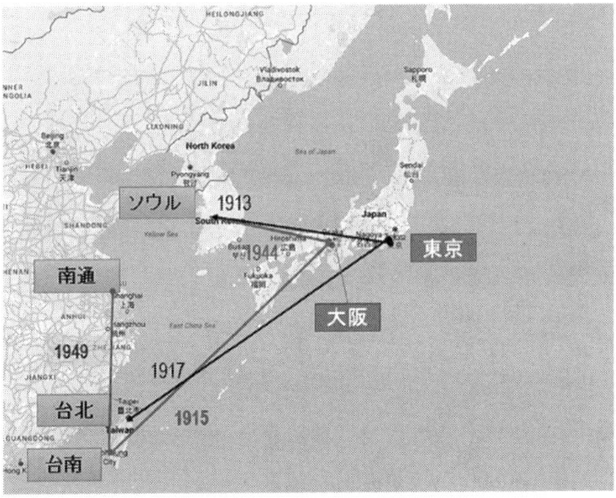

図 1　各手話の動きと歴史的背景

II　語彙の変化

本節では、日本手話語族の語彙の音変化、「簡略化」「同化」「融合」「音位転換」「中心化」について順に述べる。

簡略化

「簡略化」とは、もともとの動きが省略されて簡単に表されることを指す。ここでは、数詞表現の「1000」および親族表現の「父」「母」を例として「簡略化」について解説する。まず、標準日本手話の「千」は、利き手の人差し指で漢字の「千」を空書きする動きで表現される（図2a）が、後に人差し指を上下に振るだけの動き（図2b）に簡略化された。さらに、鹿児島では、上から下に一度だけ振り落とす表現（図2c）が使われ、もともとの人差し指の動きが省略された。

	a.	b.	c.
言語／地域	標準日本手話	簡略化された日本手話	鹿児島でみられた表現
語　形	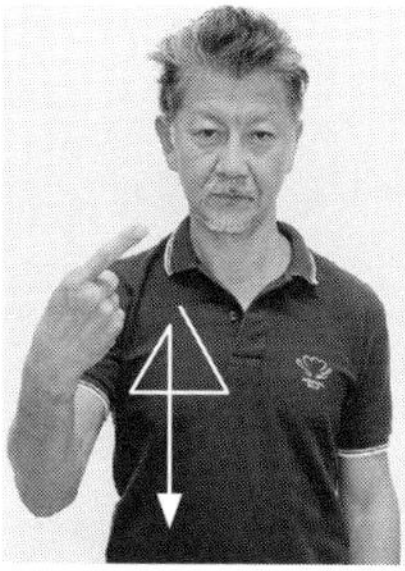	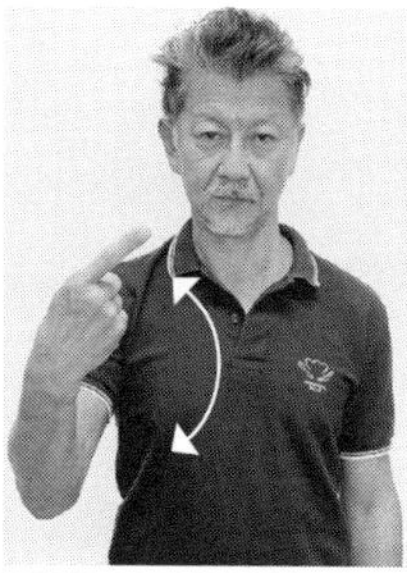	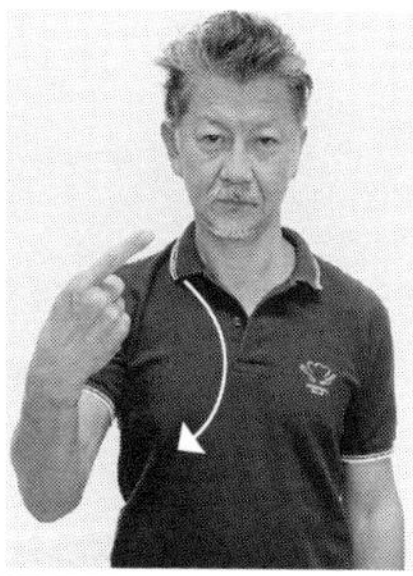
意　味	1000	1000	1000

図2　日本手話の「1000」の簡略化

韓国手話でも、「千」を空書するのではなく、上下に振るだけの簡略化された動き（図2b）が使われており、台湾手話では、標準日本手話と動きは同じだが手のひらの向きが相手側を向く表現となっている。

続いて、「父」「母」の表現についてである。1930年代頃の大阪手話では、親指と人差し指で頬をつまんで表す「血縁」を意味する形態素があった。それが、1960年以降の記録および筆者によるフィールドワークで得られたデータでは、大阪の話者は全員人差し指を頬にあてる表現をしていた。このことから、①選択指が親指と人差し指から人差し指のみになり、手型が簡略化し、さらに②「つまむ」から「触れる」に変化したことがわかる。1930年代の「父」（図3a）「母」（図3b）の表現と、現在使われる「父」（図3c）「母」（図3d）の表現を以下に示す。

	a.	b.
言語／地域	大阪手話（1930年代）	大阪手話（1930年代）
語　形	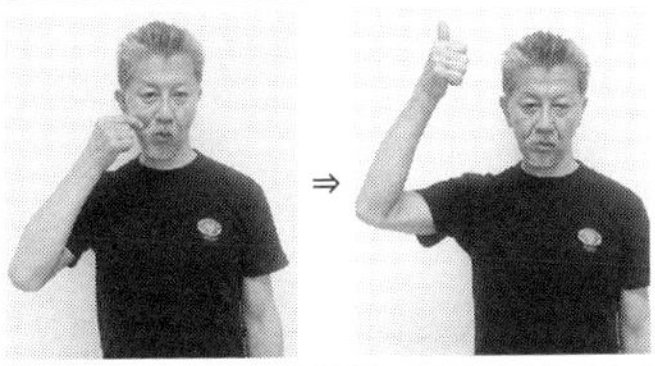	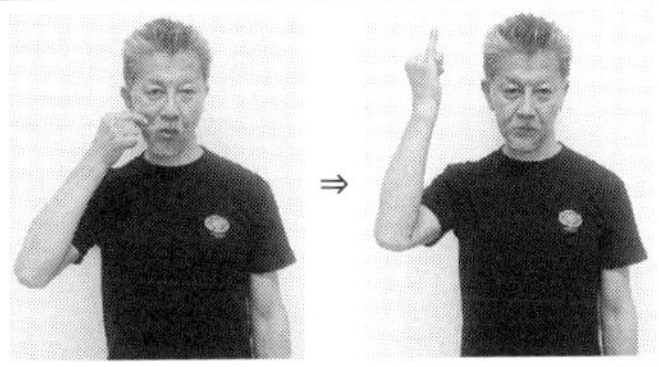
意　味	父	母

	c.	d.
言語／地域	現日本手話	現日本手話
語　形	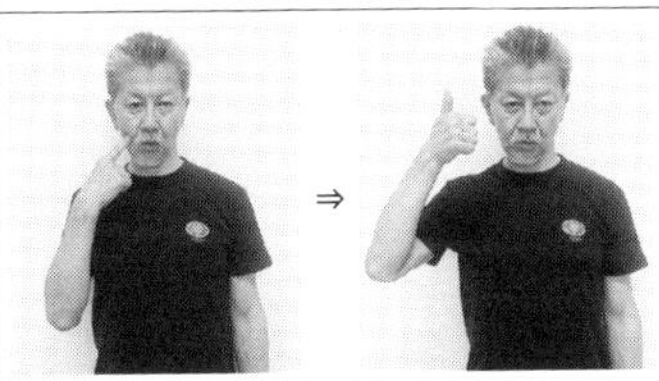	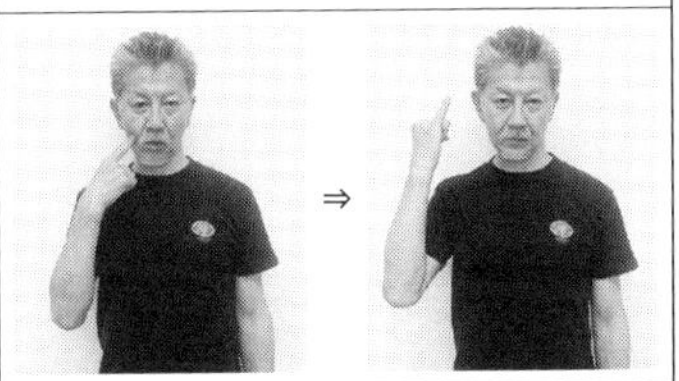
意　味	父	母

図3　1930年代の大阪手話と現在使われている日本手話の「父」と「母」

同化

「同化」とは、「他の音に影響されてそれと共通の特徴を有するようになること」をいう（斉藤 2010: 40）。ここでは、選択指が前後の選択指に影響を受けた手型の同化および位置の同化について解説する。まず、1900年代に記載されている京都の手話「10」（京都市立盲唖院 1903: 122）は、「1」「0」と2つの形態素を続けて表す（図4a）表現だったが、現在使われている京都の表現では、2つの形態素のうち、1つ目の形態素が省略され、親指の指先に人差し指、中指、薬指、小指の指先を接触するように固定される形（図4b）へと変化した。これは、人差し指が親指に接触する形から影響を受けて、他の指も親指の指先に接触するようになり、そこに同化が生じた例である。

	a.	b.
言語／地域	古い京都手話	現京都手話
語形		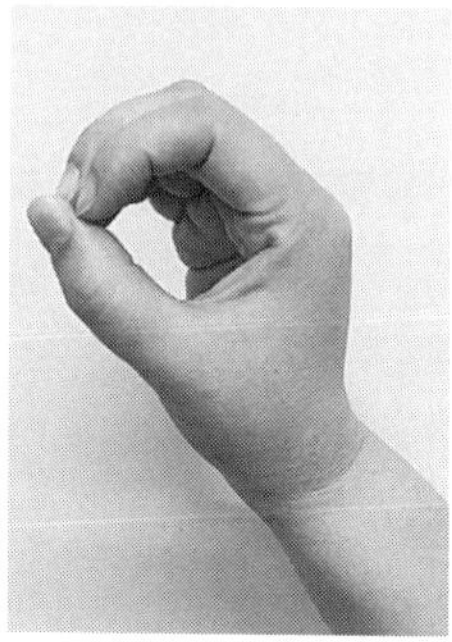
意味	10	10

図4 京都で使われてきた「10」

注）a. には、「一ヲ出シ、直ニ零ヲ付シ即チ一零と綴リテ十トナルコトヲ示ス。」と記載されている。

出所）a. は京都市立盲唖院（1903: 122）より引用

親族表現の「父」「母」については、日本手話語族のどの言語でも、次に続く選択指に影響されて手型に変化がみられた。まず、血縁を意味する人差し指が選択されるが、「父」では親指が、「母」では小指が、次の選択指となり、これらの選択指の影響を受けて同化した。つまり、最初の手型が、人差し指だけを立てる形ではなく、人差し指と同時に親指あるいは小指も立てる手型に変化した例である。また、現日本手話の「父」「母」は、人差し指を頬に触れた後、「父」であれば親指、「母」であれば小指を選択した手型の位置が、顔の上の位置から、顔の真ん中の位置に変化した。これは、頬に接触した人差し指の位置に合わせる形となり、位置の同化が生じて変化した例である。

融合

「融合」とは、もともと複数の語からなっていた語（複合語）が、音変化を経て、当初構成していた語には切り分けられない形になって現れることをいう。数詞の「11」～「19」のうち、韓国手話では、「12」～「14」、「17」～「19」に融合がみられ、北海道の数詞「12」～「14」にも同様の形での融合がみられる。たとえば、「13」を例にすると、標準日本手話の「13」は、「10」と「3」

	a.	b.
言語	標準日本手話	北海道および韓国手話
語形	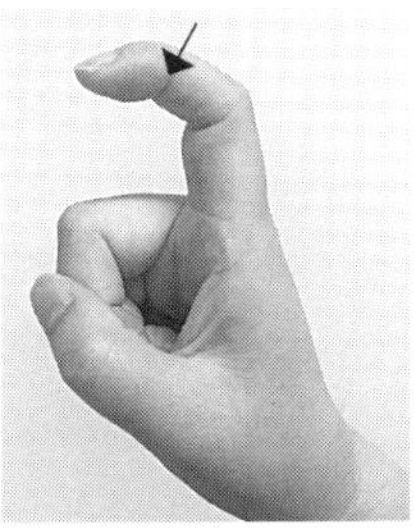 ⇒ 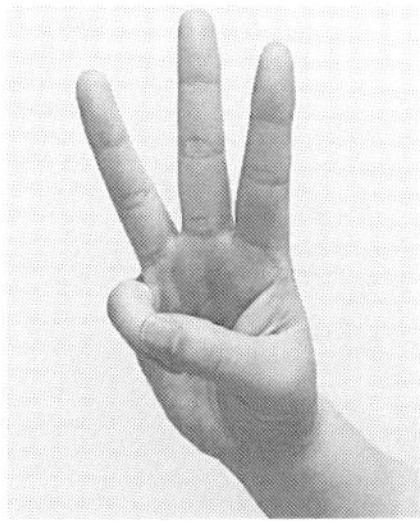	
意味	「13」	「13」

図5　標準日本手話の「13」と、北海道および韓国手話の「13」

を順に表す複合語で構成される（図5a）が、韓国手話および北海道で使われる「13」では、人差し指を曲げたまま中指と薬指を伸ばした手型で表現される（図5b）。ここに融合がみられる。

音位転換

音位転換とは、語を構成する音素の並び順が入れ替わることである。日本手話でも手の動きによる音位転換が「ろう者」の表現にみられる。現在使われている「ろう」という語の表現には、片手で表すものと両手で表す表現があるが、ここでは、片手で表す「ろう」を取り上げて音位転換について解説

	a.	b.
言語	高齢話者が表す日本手話・現台湾手話	現日本手話・現韓国手話
語形	 ⇒ 	

図6　日本手話ファミリーにおける「ろうあ者」の表現

出所）a. は三島・金田（1963: 144）、b. は日本聾唖連盟（1969: 30）より引用

する。片手で表す「ろう」には、「口」「耳」の順に表す表現と、「耳」「口」の順に表す表現がある。三島・金田（1963: 144）には、「口」「耳」の順で記載されている（図 6a）が、日本聾唖連盟（1969: 30）には、「耳」「口」で記載されている（図 6b）。筆者による調査では、高齢話者に「口」「耳」の順の表現が多く、若い話者は「耳」「口」の順で表すことがわかっている。また、現台湾手話では「口」「耳」の順で表し、現韓国手話では、日本手話と同様に「耳」「口」の順で表すものが一般的な表現となっているが、高齢話者は「口」「耳」の順で表す場合もある。

中心化

中心化とは、身体の中心の位置から離れた位置で表されていた語が、身体の中心により近い位置で表現されるようになった現象である。たとえば「お疲れ様」を示す語では、古い日本手話では、利き手で握りこぶしをつくり、手ではなく腰の横の低い位置を 2 回たたく表現（図 7a）が使用されていたことが、2018 年に行った 86 歳の東京の話者によるインタビュー調査から得られている。これに対して、高齢話者の表す現日本手話では、利き手で握りこぶしをつくり、非利き手の上腕を 2 回たたく動作をする（図 7b）が、標準日本手話では、非利き手の手首を 2 回たたく動き（図 7c）となっており、より身体の中心に近い位置へと変化していることがわかる。なお、現台湾手話で

	a.	b.	c.
言語	古い日本手話	現日本手話 (高齢話者) 現台湾手話	標準日本手話 現韓国手話
語形		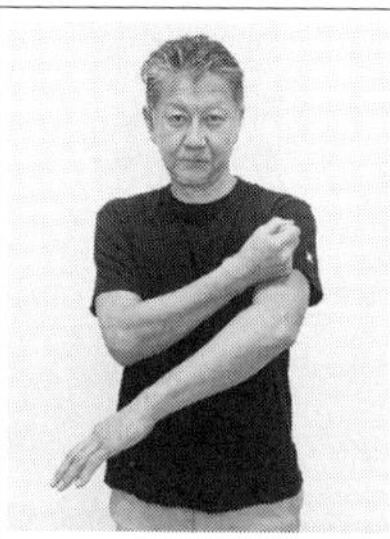	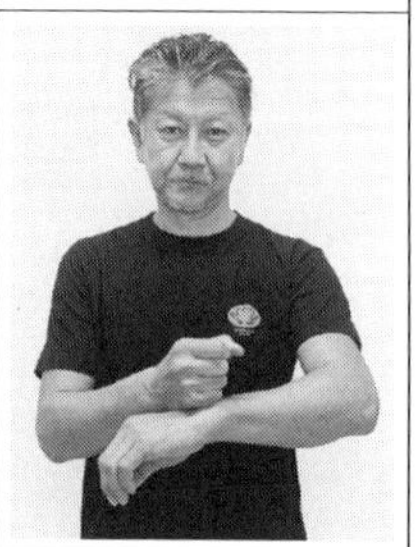

図7　異なる位置で表現される「お疲れ様」

は上腕の位置、現韓国手話では、前腕から手首の位置を２回たたく表現となっている。

Ⅲ　おわりに

本章では、手話言語の５つの音変化について、具体的な例を挙げて解説した。現日本手話においても、高齢話者と若い話者では表現が異なっており、音変化がみられること、現台湾手話では古い日本手話が保たれて表現されていることが窺える。また、本章では、手話言語の音変化には、音声言語と共通してみられる変化と手話独自にみられる変化の両方があることを示した。手話言語においては、写像的な表現が音声言語より多い印象を持たれているが、写像的な表現からできた語であっても、使われていくうちに抽象化が進む。このことから、言語変化を分析するにあたっては、恣意性の高低により比較の対象となる語彙を区別せず、その発達経緯を検証することが大切であるといえる。

参考文献

Fischer, Susan and Qunhu Gong (2010) Variation in East Asian sign language structures. In: Diane Brentari (ed.) *Sign languages*, 499-518. Cambridge: Cambridge University Press.

京都市立盲唖院（1903）『盲唖教育論：附・聾盲社会史』京都：京都市立盲唖院.

三島二郎・金田富美（1963）『日本手話図絵―手まねのてびき』東京：早稲田大学教育心理学研究室ろう心理研究会.

Sagara, Keiko (2014) The numeral system of Japanese Sign Language from a cross-linguistic perspective. Unpublished MPhil dissertation, University of Central Lancashire.

斉藤純男（2010）『言語学入門』東京：三省堂.

全日本聾唖連盟（1969）『わたしたちの手話（1）』東京：全日本聾唖連盟.

Sasaki, Daisuke (2007) Comparing the lexicons Japanese Sign Language and Taiwan Sign Language: A preliminary study focusing on the difference in the handshape parameter. In: David Quinto-Pozos (ed.) *Sign language in contact: Sociolinguistics in deaf communities*, 132-150. Washington D.C.: Gallaudet University Press.

コーダの原風景に刻まれることば

中津真美

「コーダ」という言葉をご存じであろうか。コーダ（CODA：Children of Deaf Adults）とは、聞こえない親をもつ聞こえる子どもを指す。CODA International は、両親とも聞こえなくても、どちらか一方の親だけが聞こえなくても、聞こえる子どもは皆コーダと定義している。

とりわけ親が日常的に手話で話すコーダの場合には、生まれたときから手話に触れて育つことになる。ただし、コーダの手話習得度には個人差があるため、「手話はあまりできない」と語るコーダも多く、誰もが手話を自在に操れるというわけではない。コーダ104人へ実施した質問紙調査（中津・廣田 2020）では、聞こえない親との会話方法に「手話のみ」と回答したコーダはわずか15人（14.4%）にとどまり、「手話＋口話＋身振り＋筆談等」が48人（46.2%）と半数近くを占めた。それぞれの家庭における、多様な親子のコミュニケーションの在り様をうかがい知ることができる。とはいえ、たとえ手話に苦手意識をもつコーダであっても、微細な顔の動きや視線の移し方、手を動かす際の情景が再現されるような空間の使い方などは、聞こえない親との日々の暮らしの営みの中で無意識のうちにも培われているように感じる。さらにコーダには、聴者でありながらも聞こえない親の「視覚を重視した生活様式」がしっかりと根付いているように思えてならない（それゆえに、たとえば、ときにコーダのじっと相手の目を見るやり方は、相手に好意を寄せているなどと勘違いされることもあり、このような音声言語を背景とした聴者の世界とのギャップに戸惑い葛藤するコーダの語りは、時代を問わず散見される）。

申し遅れたが私もコーダのひとりである。我が家を例にとれば、私は物心ついたときから親の手話を真似、自然と手話を獲得していったが、弟は自らを「手話ができないコーダ」と称する。きょうだい間で手話習得度に差異が生じるコーダの例は稀ではないが、そうはいっても弟は私よりも巧みに表情を操り親と会話をし、視覚を大切にした日常のやり方を確実に会得しているようにみえる。手話はできないと言いつつも、慣れ親しんできた手話に対する特別な想いも持ち合わせているようだ。

コーダは聴者であるが、親とのよい想い出も苦い想い出も、手話とともに自らの原風景に刻み込み生きてきた。コーダにとって、手話が単なる言語にとどまらないことは確かだといえる。

変わることば

影響することば

(音声言語の言語接触)

蝦名大助

言語は変化する。これは少し考えてみればわかることである。若者と年配者のことばは違う。また、1人の人間においても、10年前に使っていたことばで使わなくなったものがあるだろうし、反対に最近新しく使うようになったものもあるだろう。流行語は、あっという間に普及し、しばらくすると使われなくなる。言語変化は2種類に分類することができる。内的・自然発生的な変化と(「適応することば」を参照)、他の言語の影響を受けた、外的な要因による変化である。後者を「言語接触(による変化)」と呼ぶ。ここでは言語接触について、具体例をあげつつ概説する。

I　言語接触とはなにか

言語接触と聞いて、どのような状況を思い浮かべるだろうか。たとえば、外部との商業的・文化的な交流によってこれまでその社会に存在しなかった事物を取り入れたとき、その事物をことばで表す手段として、一緒にことばも外部から取り入れる、というやり方がある。これは(語彙の)借用と呼ばれる。

しかし、言語が接触する状況はこれだけではない。世界的にみれば1人の人間が日常的に複数の言語を用いることは珍しくない。家庭で話す言語と、職場で話す言語が異なるというような状況は特別ではない。「日本人は日本語しか話さない」(だから外国語習得が苦手だ)などとよく言われるが、実は多くの日本人が複数の言語変種を用いている。家庭や友達同士の会話では方言で話し、先生と話すときや公的な場では標準語で話す。そして、このように1人の人間が複数の言語(方言)を用いるとき、一方の言語がもう一方の言語に影響を及ぼしたり、両者がお互いに影響を与え合う、ということがある。

方言に限らず、ある集団が複数の言語を話すような状況が、世界的にしばしばみられる。たとえば、南米先住民で現在でも先住民語を話している人びとの多くは、スペイン語とのバイリンガルである。このようなとき、母語の先住民語はスペイン語の影響を受け、彼らの話すスペイン語も先住民語の影響を受ける。また、複数の民族が近隣の地域に住んでいる場合、特に交易のための言語として共通語が使われることがある。こういった言語接触の環境においては、単なる語彙の借用だけでなく、音韻・文法にも影響が及ぶことがある。

II　言語接触の状況

Winford (2003: 11-22) は、言語接触が起こる状況を大きく3つに分けている。1つ目は、接触が起こってもその言語が維持される状況 (language maintenance)、2つ目は言語の取替え (language shift) が起こる状況、3つ目は接触によって新たな言語が生まれるという状況である。以下、それぞれの状況についてみていこう。

1つ目の状況でまず考えるべきは、借用 (borrowing) である。古来、中国との文化的な接触により、日本語には中国語からの借用語が多く入っている。しかし、日本語そのものはずっと使用されている。日本語は語彙的に中国語の影響を受けたとはいっても、文法・音韻といった言語の構造はそれほど大きな影響を受けていない。

言語が維持されるといっても、多言語使用の状況では、言語同士の構造が似てくる、ということがある (構造の収束 structural convergence)。よく知られたケースとして、「バルカン言語連合」が挙げられる。バルカン半島では、アルバニア語、ギリシャ語、ルーマニア語、ブルガリア語、マケドニア語などが話されている。これらにはブルガリア語とマケドニア語のように近縁のものもあれば、同じ印欧語でも系統的に離れているものもある。しかし、バルカン半島の言語には共通の音韻的・文法的特徴がみられる。たとえば、定冠詞が後置されること、与格と属格の合流、などである。このように言語の構造が収束（convergence）する背景には、言語同士の地理的な隣接や、二言語併用（あるいは多言語併用）が考えられる。アジアに目を向けると、日本語、韓国・朝鮮語、モンゴル語など、いわゆるアルタイ型の言語は文法構造がよく似ている。これらの言語の類似性は、かつては系統関係によるものと考えられていたが、現在では言語接触によるとの考えが有力である（なお系統関係が「ない」ことが示されたわけではないことに注意）。

2つ目の言語の取り替え（shift）について、上で挙げた例では、言語が何らかの影響を被ることがあっても消滅することはなかった。しかし南米では、スペインやポルトガルによる植民地化以降、多くの言語が消滅した。その中には疾病などで民族集団そのものが消滅したケースもあったが、民族がなくならなくても言語がなくなることはある。多くの先住民が、自らの母語を捨ててスペイン語・ポルトガル語を使用するようになる、ということが起こってきたのである。日本でも標準語の普及により多くの方言が使用されなくなってきている。同様の事例は世界中でみられる。（「消滅することば」を参照。）

3つ目の新たな言語が生まれる状況についてである。

まず、ピジン・クレオールと呼ばれる言語がある（「出現することば」を参照）。ピジン・クレオールの起源についてはさまざまな説があるが、たとえば、上述したような異言語話者同士の交易の場で、ピジンと呼ばれる言語が生まれるといわれている。ピジンは文法的に未発達で語彙も限られている。このピジンが母語化するとクレオールと呼ばれる。

また、混合言語（あるいは混成語 mixed language）がある。接触による変化が起こるとき、「○○語の影響を受けた△△語」のように、主体となる言語（この場合△△語）がはっきりしているのが一般的である。バルカン言語連合を例にとると、ギリシャ語はギリシャ語であり、ルーマニア語はルーマニア語であって、たとえ他言語の影響を受けていたとしても、どの言語かわからない、ということはない。ところが、稀に2つの言語が同程度に混ざり合っていてどちらが主かわからないような場合がある。極東のメドニ・アリュート語（アリュート語とロシア語）、北米のミチフ語（クリー語とフランス語）、南米エクアドルのメディア・レングア（ケチュア語とスペイン語）などがその例とされている（Thomason 1997）。

以上、言語接触の状況を大きく3つに分けて概観した。なおWinford (2003: 11) も指摘しているように、必ずしも個々の状況が上記のタイプに明確に分けられるとは限らない。実際の言語接触の状況はしばしば複雑であると考えられる。

以下では、言語接触において言語そのものにどのようなことが起こるかについて、具体的にみていきたい。

Ⅲ 語彙の借用

上述したように、日本語には中国語からの借用語が数多く入り込んでいる。古代より日本は中国から仏教などの新しい概念やさまざまな事物を取り入れてきたが、その際に多くの借用語が導入された。これらは漢語と呼ばれる。一方で、気づきにくいが、日本で作られた漢語もある。19世紀以降、ヨーロッパから新しい概念が取り入れられた際に、「哲学」などの漢語が新しく作られた。

語には借用されやすいものとされにくいものがある。品詞でいうと、内容語（名詞や動詞、形容詞）は借用されやすく、機能語（前置詞、冠詞など）は借用されにくい。また、日常使用される基礎語彙は借用されにくいといわれるが、例外として数詞がある。南米コロンビア南部ではカムサ語と呼ばれる先住民語が話されているが、数詞7、8、9、100、1000には、同じく先住民語であるケチュア語由来の要素がある。日本語でも、「いち、に、さん…」は中国語からの借用である。

借用は、一般にその言語の体系に大きな影響を及ぼさないといわれている。音韻を例にとると、日本語には英語からの借用語が数多く入り込んでいるが、日本語の音韻体系に沿った形で借用される。子音連続には母音が挿入され（street [stri:t] ＞ストリート [sutoriito]）、語末の閉音節にも母音が添加される（ink [iŋk] ＞インク [iŋku]）。

Ⅳ 音韻への影響

上で借用は言語の体系に大きな影響を及ぼさないと述べたが、常にそうであるわけではない。ここでは音韻への影響をみる。

南米アンデスではケチュア語（Quechua）と呼ばれる先住民語が話されている。ケチュア語にはもともと［b, d, g］のような有声閉鎖音がなかった。しかしスペイン語から多くの語彙を借用した結果、現在では有声閉鎖音が定着していると考えられる。

表1　ケチュア語におけるスペイン語からの借用語

	スペイン語	ケチュア語
古い借用	oveja[obexa]「羊」	uwiha[uwiha]
新しい借用	vale-[bale]「価値がある」 guardia[gwardja]「ガードマン」	bali-[bali] wardiya[wardija]

oveja「羊」＞*uwiha* を例にとる。ケチュア語には /b/［b］がないため、スペイン語の v［b］は /w/［w］で借用された。またケチュア語は i、a、u の3母音体系であるため、/o/［o］は /i/［i］で借用された。一方、比較的新しい時代の借用語である *vale-*「価値がある」＞*bali-* では、b は［w］にならず［b］で借用されている。また、*guardia*「ガードマン」＞*wardiya* では、語頭の g が落ち、1音節の［dja］が［dija］になる点ではケチュア語の音韻体系に沿っているが、d はそのまま［d］として維持されている。

新しい音素の導入には至らなくとも、音素配列に影響が及ぶことがある。日本語では d に i が後続することや、w に i が後続することはなかった。かつて年配の世代では Disneyland を「ディズニーランド」と読むことが苦手であったはずである（「デズニーランド」）。Windows は「ウィンドウズ」であるが、より古い借用の whiskey は「ウイスキー（ウヰスキー）」と表記される。借用語に限られるが、/di/ や /wi/ は日本語における新しい音素配列といえるだろう。

V　文法：形態論への影響

借用語がその言語の形態論へ影響を与えることもある。11世紀のノルマン・コンクエストによって当時のイングランドでは上流階級でフランス語（の一変種）が用いられるようになり、英語にフランス語の語彙が大量に流入した。今日の英語における、語尾が *-able*、*-ment*、*-tion* などで終わる語の存在は、このような歴史的経緯による。ところで、*-able*、*-tion* のような接尾辞は、接尾辞そのものが借用されたわけではない。*notable*「注目すべき」、*creation*「創造」のように接尾辞が付いた形の語がまず借用された。

ところがこのようにして借用された接尾辞の中には、もとのフランス語の語幹にとどまらず英語固有の語幹にまで拡張されたものがある（*knowable*「理解できる」）。このことは、接尾辞 *-able* が英語に定着し生産的に使用されるようになったことを示している。

上で見た英語の例は、ある語（幹）から別な語を派生させる形態素についてであった。Matras（2009: 213-214）によると、ロマニ語ではトルコ語からの人称マーカーの借用がみられるという。すなわち、屈折形態素の借用も起こるということである。

名詞においても屈折形態素の借用がみられる。ケチュア語では一部の話者でスペイン語の複数接尾辞の借用が観察される。

（1）　wawa-s-kuna
　　　子ども -PL-PL
　　　「子どもたち」

（1）で、*-s* はスペイン語から借用された複数接尾辞であり、*-kuna* はもともとケチュア語にある複数接尾辞である。*wawa*「子ども」はケチュア語の語彙である。このような *-s* の借用が、上で見たフランス語から英語への *-able* の借用同様に、*-s* の付いたスペイン語語彙の借用から始まってケチュア語の語幹にまで拡張されるというルートをたどったかは不明である。なお、言語接触によって複数性が2回標示される現象はdouble pluralと呼ばれ、他地域でもみられるという（Myers-Scotton 1993）。

VI　文法：統語構造への影響

二言語併用の状況で、統語構造が伝播（structural diffusion）することがある。

以下で、標準スペイン語と米国ロサンゼルスで話されるスペイン語の例をみる。

(2) a. (A mí) me gusta eso.（標準スペイン語）
PREP 私 私.OBJ 好む.3SG それ
「私はそれが好きだ。」

b. Yo gusto eso.（ロサンゼルス・スペイン語）
私.SBJ 好む.1SG それ
「私はそれが好きだ。」
（Silva-Corvalán 1997: 233 より。グロスや和訳などを補った。）

標準スペイン語の動詞 *gustar*「好む、好きだ」は、好きな対象を主語としてとり〔(2a) では「それ」〕、好きな主体（「私」）は間接目的語で現れる。したがって、(2a) で動詞は主語 *eso* に一致し、3 人称単数形で現れている。また「私」は目的語 *me* で現れている。ところが、(2b) では「私」は主語 *yo* で現れ、*eso*「それ」は直接目的語となっている。そして動詞は主語に一致し 1 人称単数形で現れている。これは標準スペイン語では非文である。対応する英語 *I like it* の SOV 構造がスペイン語に伝播したものと考えられるが、背景にはロサンゼルスのラテン系コミュニティにおける二言語併用がある。

語彙の借用がからんだ統語構造の変化もある。スペイン語では、主語・目的語以外の補語と動詞との格関係は前置詞で表わされる。一方、ケチュア語では格関係は格接尾辞で表わされる。

(3) a. Entré hasta dentro.（スペイン語）
入る.1sg.PERF まで 中
「私は中まで入った。」

b. hayku-ni ukhu-maŋ.（ケチュア語）
入る-1SG 中-DAT
「私は中に入った。」

(3a) はスペイン語、(3b) はケチュア語の例である。スペイン語では「まで」が前置詞 *hasta* で表わされているが、ケチュア語では「に」が格接尾辞 *-maŋ* で表わされている。

ところが、ケチュア語話者の中には以下の構文を用いる話者がいる。

(3) c.　hayku-ni　　asta　　ukhu-maŋ.
　　　　入る -1SG　　まで　　中 -DAT
　　　　「私は中まで入った。」

(3c) における *asta* はスペイン語の前置詞 *hasta* の借用である。ケチュア語には本来前置詞が存在しないので、名詞を前置詞と格接尾辞で挟み込む構文は、スペイン語の影響による改編である（なおこの構文はすべての話者にみられるわけではないため、ケチュア語に完全に定着した構文とまではいえない）。

Ⅶ　意味

ケチュア語には、動詞に付いて過去を表す接尾辞に２種類ある。１つは *-ra* であり、これは一般的な過去を表わす。もう１つの *-sqa* は、伝聞過去を表わす（「○○したそうだ」）。後者が、スペイン語の過去完了形の用法に影響を与えた可能性がある。

(4)　Había llegado al pueblo.（アンデス・スペイン語）
　　「町に着いた（ということだ）。」

標準スペイン語では「*había* 過去分詞」が過去完了を表わす（過去のある時点よりも前に終わっている行為）。ところが、(4) は過去完了を表わすのではなく、「町に着いた」という事態を直接見ておらず誰かから聞いた（伝聞過去）ことを表わしている。標準スペイン語の過去完了形には伝聞過去の用法はない。ということは、ケチュア語における「過去　伝聞過去」の対立が、スペイン語の「過去形[1]　過去完了形」にマッピングされたものと考えられる。

これは、文法的な構造の伝播というよりも、意味の対立の伝播ではないかと考えられる。

Ⅷ　まとめ

言語接触の状況でまず観察できるのは、語彙の借用である。接触の程度がより強くなると、音韻・形態・統語への影響がみられる。これらは、借用語によって引き起こされるものもあるが、借用語が関わらずに構造が伝播するケースもある。あまり指摘されていないが、ある言語における意味の対立が別の言語に伝播することもある。

言語接触の研究は、言語学の中で比較的新しい分野である。伝統的に、比較言語学によって言語の系統関係が明らかにされてきたわけだが、接触による影響が大きいとき、その言語の歴史を比較言語学的手法では十分に明らかにできないことがある。このような場合、言語接触的な見方が役に立つ。

注

1 なおスペイン語には2種類の過去形があるが、ここでの議論には関係しない。

参考文献

Matras, Yaron (2009) *Language contact*. Cambridge: Cambridge University Press.

Myers-Scotton, Carol (1993) *Dueling languages: Grammatical structure in codeswitching*. Oxford: Clarendon Press.

Silva-Corvalán, Carmen (1998) On borrowing as a mechanism of syntactic change. In: Armin Schwegler et al. (eds.) *Romance linguistics: Theoretical perspectives*, 225-246. Amsterdam/Philadelphia: John Benjamins.

Thomason, Sara G. (ed.) (1997) *Contact languages: A wider perspective*. Amsterdam: John Benjamins.

Winford, Donald (2003) *An introduction to contact linguistics*. Oxford: Blackwell Publishing.

変わることば

影響することば
(手話言語の言語接触と中間手話)

原 大介

音声言語の世界の住人にとって、「手話同士の言語接触」と言われても、その状況をすぐにイメージすることは難しい。ましてや音声言語と手話の言語接触となると、「別々の世界で話されている2つのことばが出会うことができるのか？」「たとえ出会うことができたとしても、お互いに触れ合い、影響を与えることなどできるのか？」と、頭の中はクエスチョンマークだらけになってしまうにちがいない。本章では、SF映画のような「日本手話と日本語の出会い」がどのようにして起こり、どのような結果を生じるのかをみていくことにしよう。

I 日本語から日本手話への語彙の借用

ある言語が、その言語の使われている周辺諸国や地域の言語と接触することにより、語彙や文法に影響を受けることがある。また、言語接触により、異なる文法体系をもつ新たな言語が誕生することもある。言語接触は、音声言語間だけにみられる現象ではなく、手話言語間にもみられる現象である。ある手話が、2つまたはそれ以上の手話と接触することもあれば、同一地域で使われている音声言語と接触して影響を受けることもあり、新たな変種や手話が誕生することもある。さらに日本手話は、日本語とほぼ同じ地域で使われているため、絶えず日本語からの影響を受けている。日本手話にない語は、指文字(日本語のかなを手で表したもの)を使って日本手話に取り込まれることがよくある。たとえば、「ルール」という語は、左右の手でそれぞれ指文字の「る」を表して表現する(図1)。指文字を使って日本語を取り入れ

図1

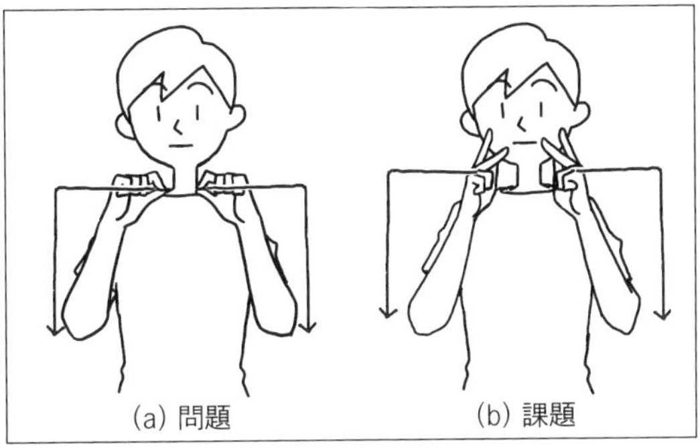

図2

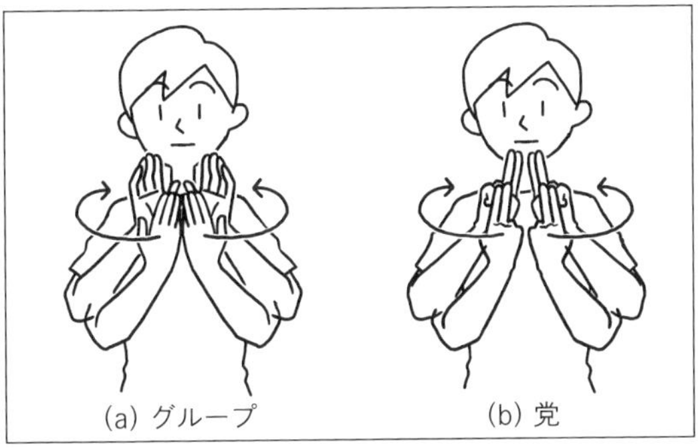

図3

るもう１つの方法は、借用する日本語の頭文字を表す指文字と既存の日本手話の語を組み合わせる方法である。たとえば「問題」を表す手話（図2）の手型を「か」を表す指文字に置き換えることで「課題」という意味を表す語が作られる。同様に、「グループ」（図3）の手型を指文字「と」に置き換えることで「党」という新たな語が作られる。このように音声言語の頭文字を既存の手話と組み合わせて作り出された語を頭文字語と呼んでいる（Baker and Cokely 1980:67，Valli, Lucas and Mulrooney 2005:253）。

Ⅱ　中間型手話とは

日本手話と日本語の言語接触の影響は、語彙レベルだけでなく文法体系にも及んでおり、日本手話とは異なる体系をもつ手話も誕生している。このような手話は、「中間手話」「中間的手話」「中間型手話」「混成手話」「媒介手話」などのさまざまな名称で呼ばれている。ここでは、「中間型手話」という名称を使うことにする。中間型手話の名称は手話にかかわる人たちの間では広く知られているが、この手話の「中間性」の本質についてはあまりよく理解されていないのが現状である。以下では、中間型手話の成り立ちや言語的特徴について詳しくみていきたいと思う。

中間型手話という名称は、田上・森・立野（1979、1981）に由来する。田上ら（1979、1981）は、日本で使われている手話を、音声と手話を同時に使う「同時法的手話」と「伝統的手話」（日本手話のことを表していると思われる）に2分し、両者の「中間にあるもの」を「中間型手話」と呼んでいる。その後、日本の手話の分類に関してはいろいろな見解が示されているが、中間型手話は、大局的には「日本手話」と「日本語」の特徴が混ざったもの、または「日本手話」と「日本語対応手話（手指日本語）」の特徴が混ざったものと考えられている（表1）。

日本語対応手話とは、日本手話から語を借用してそのまま使い、語順やリ

表1　日本に存在する手話の分類

田上・森・立野（1979）	同時法的手話	中間型手話	伝統的手話
神田（1984）	日本語的手話 (MCJ or Signed Japanese)	中間型手話 (PSJ)	日本手話 (JSL)
木村・市田（1995）	シムコム		日本手話
大杉・市田（1998）	手指日本語		日本手話
松岡（2015）	手指日本語（日本語対応手話） 手指コミュニケーション法	混成手話 （中間手話）	日本手話

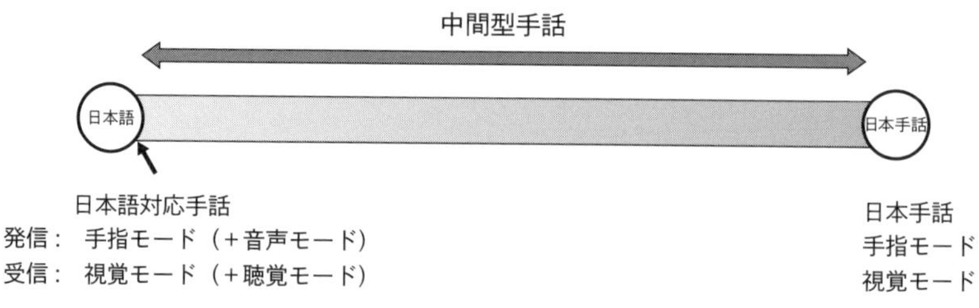

図4　日本語と日本手話を両端とした中間に「中間型手話」が位置する

ズムなどは日本語の文法に準拠して表出される手話である。手指で表現される語を日本語の語順に従って出してゆくので、日本語をしゃべりながら同時に手指を動かして使われることもある。音声・聴覚モードの日本語を、手指・視覚モードの日本語対応手話にどのように変換するかについては別途議論が必要であるが、ここでは紙面の都合上その議論は割愛し、中間型手話の一端を「日本語」、他端を「日本手話」として話を進める（図4）。

Ⅲ　中間型手話の話者

中間型手話の言語的特徴について述べる前にその話者について触れておく。中間型手話の話者の大半は手話学習者など日本語を第一言語とする聴者や中途失聴者である。聴者が手話を学ぶ際には、市町村が実施している手話講習会、地域や学校などにある手話サークルなどに通うことがもっとも一般的である。日本手話は研究途上であり、手話学習に役立つ体系的な学習書や文法書が存在しないため、学習の中心は手話の語の暗記であり、日本手話の文法は断片的に教えられているに過ぎない。そのため、多くの手話学習者にとって日本語対応手話寄りの手話が出発点（図4の左端近辺）となっている。そこから日本手話にどのようにして近づいていくかは、ろう者との交流やネット上の動画の視聴など学習者個人の努力に委ねられているのが現状である。そのため、手話学習者が使う手話は、日本語対応手話に近いものから日本手話に近いもの（図4の右端近辺）まで多岐にわたる。すなわち、中間型手話とは、1つの実態をもった具象的存在ではなく、日本語と日本手話を両端とした端点を含まない線分上に位置する変種の総称である。変種の数は話者の数と同じだけ、またはそれ以上存在すると考えられる。

Ⅳ　中間型手話の中間性とは

中間型手話に含まれる言語的特徴

一般的に、中間型手話は、話者の母語である日本語と学習目標である日本手話の両方の言語的特徴が混在したものであるととらえられている。ここでは、中間型手話の「中間」とは具体的にどのような状態のことを意味しているのか、日本語・日本手話のどのような言語的特徴がどのように混ざり合って中間型手話の「中間性」が作り出されているのかについて、具体的にみていくことにする。

中間型手話の「中間」は、決して「半分」または「真ん中」という意味ではない。中間型手話の「中間性」は単一の規準や尺度で表せるものではなく、日本語や日本手話に存在するいくつもの言語的特徴が、それぞれ異なった「濃さ」で関与した結果である。日本語や日本手話がもつさまざまな言語的特徴のひとつひとつをパラメーターとしてみなし、各パラメーターがそれぞれ異なった値をとり、それらが多層的に折り重なることによってさまざまな中間性をもった手話が作り出されていると考えると、中間型手話の多様性を理解しやすいのではないだろうか。

パラメーターとなる言語的特徴は日本語にも日本手話にも多数存在する。たとえば、日本語の言語的特徴の例として、「(日本語の) 語順」「日本語音声(または声なしの日本語)」「助詞」「(日本語の) リズム」が挙げられる。日本手話では、「非手指要素」、「口型 (マウスジェスチャー)」、「動詞の語形変化」、「文末の指さし」、「(日本手話の) リズム」、「語順」、「空間的要素」などが広く知られた特徴である。これらのパラメーターのうち、特に重要なものについて、以下で簡単に説明しておく。

・**日本手話の「非手指要素」**：日本手話では、目、眉、顎、口、首、胴体などの手指以外の身体部位を利用して、疑問文や否定文などの文のタイプを決定したり、文などが名詞句を修飾していることを示したりする。

・**日本手話の「口型 (マウスジェスチャー)」**：日本手話では、手指による語の表出と同時に「パ」や「プ」などを発音するのと似た口型を示すことにより、副詞的な意味やその他のさまざまな意味を付加している。マウスジェスチャーは、手話をしながら同時に (声ありまたは声なしの) 日本語を話すこと (マウジング) とは異なることに注意する必要がある。(岡・赤堀 2011)。

・**日本手話の「動詞の語形変化」**：日本手話には３つの動詞のタイプがあり、「一致動詞」と呼ばれる動詞では、文の主語や目的語の人称や数 (単数・双数・複数）に合わせて動詞が動く方向や指し示す向きを変化させる（動詞の一致）。また、日本手話の動詞の一部は、動詞が表す行為が継続中なのか、まだ始まっていないのか、始まる前に中止されたのかなどの状態（相：aspect）を示すために動詞を構成する動き要素が変化することが多い。一方、日本語では、主語や目的語の人称や数に動詞が一致することはない。相は、動詞本体（動詞語幹）の構成要素が変化するのではなく、相を表す要素が動詞語幹の後ろに付加されることで表される。

・**日本手話の「文末の指さし」**：日本手話では、指さしが代名詞として機能する。「私」「あなた」「彼／彼女」は、話者、聞き手、空間上の特定の位置をそれぞれ指さすことによって示される。この代名詞的機能の指さし以外に、文末に指さしが現れることがある。この指さしは、文の主語または主題（topic）を指し示し、確認や強調の役割があると考えられる（原・黒坂2013、Hara 2016）。

・**日本手話の「語順」と日本語の「語順」**：

①基本語順：日本手話も日本語も基本語順はSOVである（米川1984、市田1991）。日本語では、主語や目的語といった文法関係は、話し言葉（口語）で助詞が省略されたり、そもそもつけられなかったりするような場合を除き、名詞句に付加される格助詞（「が」、「を」、「に」など）によって示される。口語における格助詞の出現頻度は文語に比べると低下するものの、格助詞のはたらきにより、何らかの理由で語順が入れ替わったとしても文法関係は保たれる。日本手話には格助詞が存在しないが、述語が一致動詞の場合、動詞に主語や目的語を示す情報（形態素）が付加される（動詞が屈折する）ため、文法関係は語順に依存しない。しかし、一致動詞以外の動詞は主語や目的語の人称や数と一致しないため、語順が文法関係を知る唯一の手掛かりとなる。

②疑問詞の移動：日本手話の疑問詞を使った疑問文（WH疑問文）では疑問詞が文末に移動する。一方、日本語のWH疑問文では疑問詞は移動せず疑問詞に置き換えられた語句の場所にそのまま留まるのが基本である。

・**日本語の「リズム」**：日本語では語を表す際、時間的に等間隔でリズムを刻む。この等間隔のリズムを表す基本的単位をモーラ（mora: 拍）と呼ぶ。

モーラは２つでフット（foot）という韻律的な単位を構成する。日本語の語形成では、フットがその単位となっている（窪薗・太田 1998）。たとえば、「方法」という語は、$_{F}$［ho・o］・$_{F}$［ho・o］という２つのフットから構成され、各フットはそれぞれ２つのモーラから構成されている。日本語母語話者は、「方法」という語を４拍の連なりととらえているため、時間的に等間隔に４回手をたたきながら発音することができる。このとき話者はモーラを数えている。一方、同じ語を、［ho・o］と［ho・o］に分け、［ho・o］で１回、２番目の［ho・o］でもう１回、合計２回リズムを取りながら発音することもできる。このとき話者はフットを単位としてリズムを取っている。一方、日本手話の「方法」は５指を伸ばした右手（B 手型）の掌で、左手 B 手型の甲を２回叩いて表す。動きとしては、１回目の叩く動作（右手が左手上方から左手の甲に当たるまでの動き）、右手が左手上方に戻る動作、ふたたび右手が左手甲を叩く動作の３つから構成されている。叩く動作と戻る動作は時間的に同じではなく（原・黒坂 2011）、日本手話の「方法」のリズムは日本語の「方法」のリズムと根本的に異なっている。

日本語・日本手話の言語的特徴が織りなす中間性

上述の言語的特徴は、日本語や日本手話がもつ特徴のごく一部であるが、言語的特徴がパラメーターとして関与し、それらが各々の「濃さ」で折り重なり中間型手話の「中間性」が作り出されていることをみていくには十分な数である。

中間型手話の変種は、中間型手話の話者の数と同じかそれ以上存在すると述べたが、そもそも彼らは、どのようにして中間型手話の話者になっていくのであろうか。もし手話を知らないあなたが手話を学習しようと思った場合、まずどうするだろうか。おそらく、各市町村で実施されている手話講習会に行くことになるだろう。高校生や大学生であれば、手話サークルが第一の選択肢になるかもしれない。講習会や手話サークルに通い始めたあなたは、どのように手話を学ぶことになるのか。そこでは、聴者の先生や先輩が日本語を使って使用頻度の高い手話単語や手話表現を教えてくれるはずである。あなたは「私　名前　佐藤　です」、「私　○△大学　３年生　です」と日本語に合わせて手話の単語を表していく。おそらく多くの手話初心者がこのようにして手話学習を始めることになるはずである。

多くの手話学習者が上の例のように日本語対応手話を学ぶことから手話の学習を開始する。しかし、そのあとにたどるルートは、入門コースから中級コースに進み手話学習を続ける人、ろう者と友達になり彼らと交流しながら手話力を伸ばしていく人、日本語対応手話の学習に物足りなさを感じ日本手話を学べる講座や学校に入学する人など、手話学習者ごとに異なる。1つの例としてAさんの「その後」を見てみよう。

Aさんは、一致動詞や非手指要素についてはある程度正確に学習できているが、文末の指さしやマウスジェスチャーに関する文法的知識はない状態である。日本手話のリズムに関しては全く学習する機会がなく、「方法」のような動きの繰り返しを伴う語は手話を日本語のフットに合わせて2拍子で表している。このような状態をパラメーターを使って表すと図5のように表せる。各パラメーターの黒丸がAさんの各項目の学習度合いを示している。

現在の日本にはAさんのような手話学習者が何万人、何十万人といると思われる。日本手話のどの言語的特徴をどの程度正しく身に着けることがで

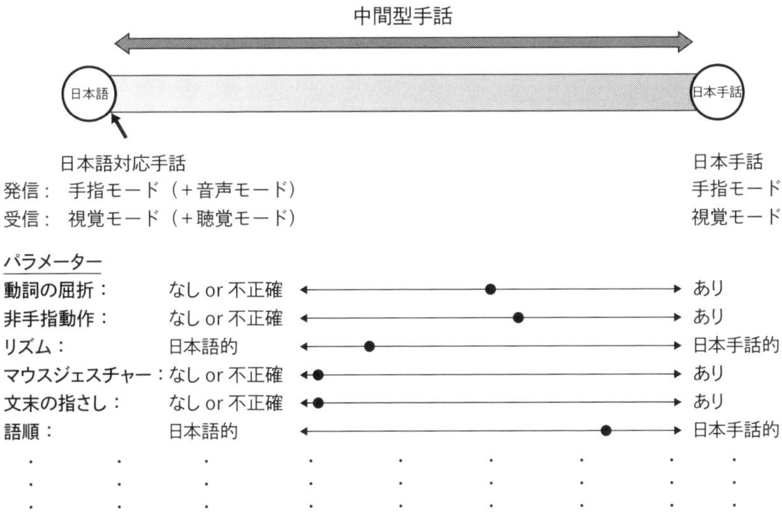

図5　パラメーターとしての言語的特徴

きるかは手話学習者それぞれの置かれている環境に依存する。図5のそれぞれのパラメーターがどのような値を取るか（黒丸がどこにあるか）は学習者ごとに異なるため、それらが織りなして作る中間型手話の中間性も話者の数だけ存在することになる。

中間言語としての中間型手話

最後に、「中間言語」および「化石化」について簡単に触れておく。セリンカーは第二言語（目標言語）の習得過程において、母語とも目標言語とも異なる言語体系をもつ中間言語が存在すると述べている（Selinker 1972:214）。日本手話の中間型手話が中間言語にあたるかどうかは今後詳しく調べていく必要があるが、Aさんが使う文末の指さしのように、主語でも主題でもないものを指示する文末の指さしやランダムに連呼される「パ」や「プ」は、日本語にも日本手話にもみられないAさん独特の使い方であり、セリンカーの述べる中間言語と一致する。中間言語は目標言語の習得段階に応じて変わっていくものだが、中間言語にみられる誤用が訂正されないまま定着してしまうことがある（木村 2011）。セリンカーはこの現象を化石化（fossilization）と呼んでいる。中間型手話にさまざまな変種が存在し、それらが使い続けられている背景には、化石化も影響していると考えることができる。

V まとめと展望

言語接触は日本語と日本手話のようにモードの異なる言語間でも起こり、日本手話は絶えず日本語から新たな語を借用したり既存の手話を変化させたりして新たな語を作り出している。日本語と日本手話の接触により、中間型手話と呼ばれる日本語とも日本手話とも異なる言語体系をもつ手話も誕生している。中間型手話は話者ごとにさまざまな言語的特徴を示すため、一定の言語構造をもつ特定の言語というよりも、さまざまな変種を含む集合体であると考えられる。中間型手話は、日本語や日本手話に存在するいくつもの言語的特徴が折り重なって構成されている。各特徴はパラメーター（変数）であり、それぞれ他のパラメーターとは独立して0（0%）〜1（100%）の間の任意の値を取ることができる。中間型手話は日本語と日本手話の言語接触の産物であるが、第二言語習得の過程に現れる中間言語の観点からも分析が可能であろう。

最後に、ここでは触れることができなかったが、日本手話を第一言語とする話者（ろう者）も中間型手話を使うことがあることを指摘しておく。図5において、多くの日本手話的特徴は「1」の値を示すが、いくつかの日本語的特徴（「マウジング」、「助詞」など）が「0」ではない値を示す状態をイメージしてもらうとわかりやすいかもしれない。中間型手話は、日本語でもなく日本手話でもない得体の知れない存在としてネガティブに捉えられることが多いが、手話学習者、手話通訳者、中途失聴者など非常に多くの話者をもつ言語システムであり、重要なコミュニケーション手段として機能している。しかし、日本手話と中間型手話を「手話」として一括りにしてとらえることはできない。両者はともに手指・視覚モードを使うシステムであるが、それぞれ異なる言語体系をもっている。このことは、日本手話話者と中間型手話話者がお互いにストレスなく意思疎通を図ることが難しい事実からも明らかである。

参考文献

Baker, Charlotte and Dennis Cokely (1980) *American Sign Language: A teacher's resource text on grammar and culture*. Silver Spring, Maryland: T.J. Publishers.

Hara, Daisuke (2016) Japanese Sign Language: An introduction. In: Masahiko Minami (ed.) *Handbook of Japanese applied linguistics*, 441-456. Boston: De Gruyter Mouton.

原大介・黒坂美智代（2011）「いわゆる「中間型手話」の中間性の検証〜語表出の特徴について〜」『日本手話学会第37回大会予稿集』20-21.

原大介・黒坂美智代（2013）「日本手話の文末の指さしが指し示すものは何か」『日本手話学会第39回予稿集』16-17.

市田泰弘（1991）「日本手話の基本文法」神田和幸（編）『手話通訳の基礎』139-150. 東京：第一法規出版.

神田和幸（1984）「手話のダイグロシア」『日本福祉大学研究紀要』62: 103-119.

木村晴美（2011）『日本手話と日本語対応手話（手指日本語）—間にある「深い谷」』東京：生活書院.

木村晴美・市田泰弘（1995）『はじめての手話』東京：日本文芸社.

窪薗晴夫・太田聡（1998）『音韻構造とアクセント』東京：研究社出版.

松岡和美（2015）『日本手話で学ぶ　手話言語学の基礎』東京：くろしお出版.

岡典栄・赤堀仁美（2011）『文法が基礎からわかる　日本手話のしくみ』東京：大修館書店.
大杉豊・市田泰弘（1998）「手話講習会で何を教えるか―社会言語学的考察―」『手話学研究』14（2）: 60-66.
Selinker, Larry (1972) Interlanguage. *International Review of Applied Linguistics in Language Teaching* 10(3): 219-231.
田上隆司・森明子・立野美奈子（1979）『手話の世界』東京：日本放送出版協会.
田上隆司・森明子・立野美奈子（1981）『はじめての手話』東京：日本放送出版協会.
Valli, Clayton, Ceil Lucas and Kristin J. Mulrooney (2005) *Linguistics of American Sign Language: An introduction*. Washington, DC: Gallaudet University Press.
米川明彦（1984）『手話言語の記述的研究』東京：明治書院.

ヒトと機械の言語理解

佐野睦夫

ヒトは、「自然言語」と言われる、日常的に会話をしたり、書いたりするやり取りの中で自然発生的に生成される言語を用いている。自然言語には、社会的文脈に沿った曖昧な規則が内包されており、状況に応じて規則の解釈を変化させることで、自然発生的な状況に対応できる特性を有している。一方で、いわゆる機械（計算機）が扱う言語は、特定の目的のために意図的に作られ、プログラミング言語のように、産業からの要請やコンピュータの進化とともに発展してきている。これは、形式言語として体系化されており、開始記号から始めて記号列を別の記号列で置き換える規則を適用することで文字列が生成できる。形式言語で記述された文は、仮想機械であるオートマトンによって生成および解釈することが可能である。Chomsky は形式言語を階層的に扱い、制限のない句構造文法、文脈依存文法、文脈自由文法、正規文法の 4 階層からなるとした。プログラミング言語は、文脈の前後で意味が変わることがなく、解析している部分だけ生成規則に合致しているかを調べればよく、文脈自由文法に基づいている。具体的には、プログラム中の字句を正規表現によって取り出し、記号の生成規則を再帰的に定義することにより、効率的な構文解析を行うことができる。一方で、ヒトが扱う自然言語では、文脈によって、ある文字列がその位置に存在することが適切か否かが判断される必要がある。近年、長い文章を正しく処理することが困難などの欠点があった既存のニューラルネットワークに替わって、Attention のみの機構により、順序処理を廃して入力文字列と出力文字列の対応関係を学習し、入力文字列自体を Attention の対象とすることにより、言語構造を学習するアイデアが提案され、機械翻訳や検索、チャットボットの会話生成など、機械の言語理解の信頼性が大幅に向上しており、ヒト並みの言語理解に近づきつつある。しかしながら、2 文間の関係性理解や常識に基づく推論能力が十分でない点や、事前学習での膨大な運用コストの課題などを抱えてもおり、まだヒトとの差は大きく、今後の技術革新を期待するところである。

変わることば

出現することば

（音声言語のピジン・クレオール）

仲尾周一郎

I　はじめに

第二次世界大戦期ニューギニアでは、日本兵が（1）のようなことばを学んでいたという記録がある（石川 n.d.、以下、〔 〕内は筆者による語源表記・日本語訳・改変）。「ピジン英語」と呼ばれていたこのことばは、一見「めちゃくちゃな、崩れた英語」のように映るのではないだろうか。

（1）ナウ ユーミー ゴウ〔now you-me go〕さあ一緒に行きませう
ノーガツト モーターカー？〔no-got motor-car〕自動車はないか？
パパ ブロン ミー ダイ フイニツシユ〔papa belong me die finish〕私の父は死にました

現在のパプアニューギニア独立国でも、これとさほど変わらないことばが話されており、トクピシン（Tok Pisin；語源的には talk + pidgin）という名で知られる。800 以上の言語が話される同国で、推定 400 万人以上により、町の市場から新聞・国営放送、初・中等教育まで広く使われる共通語かつ実質的な公用語であり（Eberhard et al. 2021）、オセアニア地域では英語に次ぐ最大の言語である。多数のポピュラーソングの歌詞にも使われるなど、文化的使用も見逃すことはできない。たとえば豪州保健省（www.health.gov.au/［アクセス日 2023/1/30］）による在留者向けのトクピシン版コロナワクチン・パンフレットには次のような表現がみられる。

（2）COVID-19 i senisim pinis sindaun bilong yumi.
〔COVID-19 he change-him finish sit-down belong you-me；COVID-19は私達の生活を変えてしまった〕
I gat ol kain sait efek
〔he got all kind side effect；さまざまな副反応があります〕

標準英語の観点からは、この英語変種では、①代名詞や動詞の語形変化（‘my, our’, ‘die-d, change-d’）を複数の語で代替する（‘belong me, belong you-me’, ‘die finish, change-him finish’）、② ‘got’「得た／持つ」を「ある」の意味で使用する、③無冠詞単数形名詞（‘motorcar’, ‘side effect’）を使用するなどの特徴が長期間安定していることがわかる。日本兵たちは、当時すでに共通語として確立していたこの言語を「現地語」として学んでいたのであり、豪州政府も「移民の言語」としてその言語権を保障しているのである。

トクピシンのように、一見、「崩れた何々語」のようにみえて、実は言語として確立していることばは、世界を見渡してみると珍しくない。英語がベースとなったものとしては、世界中のレゲエ・アーティストがこぞって歌詞に用いるジャマイカのパトワ語（Patwa, Jamaican Creole）や数千万人により話されBBCの海外向け放送も提供されているナイジェリア・ピジン（Nigerian Pidgin）、フランス語をベースとするものとしては、憲法上ハイチの国民統合の象徴かつ公用語の一つと明記されたハイチ・クレオール（Haitian Creole）などがある。ほかにもポルトガル語・スペイン語・オランダ語・アラビア語などをベースとするものを含め、数え方次第では300以上の事例が知られる。これらの言語は「ピジン」（pidgin）や「クレオール」（creole）と総称されてきた。

ピジン・クレオールは、その大部分が大航海時代以後に生まれたと考えられることから、人類史上「最も新しい言語」とも形容される。権威的な（旧）宗主国語の余計な部分を快刀乱麻に削ぎ落し、地元の人々が自分たち好みにカスタマイズし流用するという、その胸のすくような斬新さは、旅人か学者か、宣教師か植民者かといった立場に関わらず、多くの「よそ者」たちを惹きつけてきた。特に1950-60年代の脱植民地期以後、言語学をはじめとする人文学諸分野、さらに話者自身によるアイデンティティ構築においても重要なキーワードとして議論・参照されてきた。

一方で、ピジン・クレオール研究はある種の他者性に対する関心から生まれ育った来歴をもつため、不可避的に植民地主義的なイデオロギーを内包してきたともいえる。今世紀初頭以来、こうした問題意識から自己批判が開始され、《ピジン・クレオールとは何か》が改めて問いなおされている。

II ピジン・クレオール研究の論点

ピジン・クレオールの「定義」(あるいは理論的仮定)

一般的な言語学の教科書や辞典をひもとくと、ピジンは「異なった言語を話す人々の間で、その場しのぎのコミュニケーションのために用いられる、限られた語彙と文法からなることば」、クレオールは「ピジンが母語化し(ある集団の第一言語となり)、構造的にも豊かになったもの」のように「定義」されている。これはアメリカ構造言語学の立役者であるレナード・ブルームフィールド(Bloomfield 1933)や初期のピジン・クレオール研究を代表するロバート・ホール Jr.(Hall 1966)による説明に基づくものだが、実は十分な経験的事実に裏付けられたものではない。実際、こうした過程の歴史的証拠が十分遺されているクレオールはほぼ皆無である。

例外的に、20世紀末を代表する言語学者の一人であるデレク・ビッカートンは可能な限り実証的な「クレオール化」の記録を試みた。彼は、(3)のようにハワイ移民第一世代(フィリピン系)の「ピジン」(文としての構造性に乏しい語の羅列で、話者ごとの変異が大きい)と第二世代の「クレオール」(非標準英語的だが、文構造をもち、均質的)を対比させている(Bickerton 1983)。

(3) 〔ピジン〕: building — high place — wall part — time — now-time — and then — now temperature every time give you

〔クレオール〕: get one electric sign high up on da wall of da building, show you what time an' temperature get right now.

〔ビルの上の電光掲示板があって現在時刻・気温を示している〕

これが極めて貴重なデータであることは言を俟たないし、両者の「進化」関係をうまく演出しているようにみえるが、重大な陥穽も見つかる。

まず、クレオールが文構造だけでなく語彙的にも豊かになっていることは明らかである。electric sign「電光掲示板」や、on や of などの前置詞は、親世代のピジンが「進化」して生まれるはずはない。実際、文献資料からもハワイ・クレオールの成立にはここでいう標準英語を含む「ピジン」以外の英語諸変種が影響していたことも明らかにされている（Roberts 1998）。こうした理由から、ピジンとクレオールは異なる環境で生まれた言語群同士で、歴史的関係はないと考える研究者もいる（Mufwene 2001）。この観点を踏まえると、ハワイの「ピジン」・「クレオール」の例も、何らかの英語変種をもとにそれぞれ生まれた」という見方が前提なく排除できるわけではない。

ビッカートンの演出は、多世代のさまざまな言語変種が入り乱れる混然とした多言語空間から２つの逸脱的な英語変種を恣意的に取りだした上で、従来の「定義」に基づき歴史的関係を推定したのであり、この「定義」を証明したわけではない。結局のところ、この「定義」は実は単なる理論的仮定であり、広く慣習的に受け入れられてきたにすぎない。

さらに、(3)の「ピジン」の例示は対象となる読み手によっては誤解を導く。一般に「ピジン」と名付けられ、数え上げられてきたのは、文をなさない語の羅列ではなく、比較的安定した語彙・文法をもつ言語である。伝統的にはほとんどの話者が第二言語話者であってトクピシンは、その名が示す通りかつては「ピジン」の代表例であった（Hall 1966）。

典型的に「クレオール」と名付けられてきた言語との違いは、それが話者自身の主要なアイデンティティの象徴として確立しているか（＝クレオール）、あくまで話者自身がそれを「他者の言語」と表象するものか（＝ピジン）、という言語イデオロギーに求めるほうが現実的だろう（cf. 吉岡 2016）。しかし、教科書的な「定義」はむしろビッカートンの描き方を支持してきた。

こうした用語の交錯を整理するため、トクピシンのような言語が、都市部などでの母語化に鑑みて「部分的にクレオール化している」と形容されたり、問答無用に「クレオール」と呼ばれたりすることもある。しかし、トクピシンの母語化は(3)のような劇的な言語構造の変化を生じているわけでも、急速な帰属意識の変化を生じているわけでもない。両者を同じ「クレオール化」現象とするのは思考停止だろう。別の方法として、トクピシンのような言語に「拡大ピジン」(expanded pidgin; Mühlhäusler 1995)・「ピジンクレオール」(pidgincreole; Bakker 2008) などの新たなラベルを与えつつ《ピジンからクレオールへ》の発展モデルの中間に位置付ける提案も行われてきた。しかしこのモデルでいう「拡大ピジン」から「クレオール」への発展はやはり経験的裏付けを欠いており、アドホックな理論修正に留まる。

問題なのは、あくまでクレオールという「集団の (唯一の) 母語」となった「段階」を発展の一つの頂点とする理論的動機が不明な点である。そこには、単言語社会や母語話者中心主義を前提視する西洋近代的バイアスが内包されている可能性も指摘されている (千田 2021)。

ピジン・クレオールの語られ方

先に述べた「定義」にはもう一つ奇妙な点がある。ピジンはさておいても、クレオールをその他の言語から区別し「定義」するのはなぜか、という論点である。実のところ、クレオールは学問領域または研究者ごとに多種多様な形で語られてきた。

第一に、主に言語学以外の人文学で一般的な立場は、先に述べたクレオールの「定義」を創造神話として受容しつつクレオールを「混成的な言語」、つまり自らの来歴としての異種混淆性を自覚・体現する存在／現象と解釈するものだろう (cf. 今福 1991＝2003)。この立場は、クレオール話者自身によるポストコロニアルな自己表象であるだけでなく、脱中心的・多元主義的かつ普遍的価値観の象徴として「クレオール性」(creolité) を解釈したベルナベほか (1989＝1997) 以後の文学・思想的潮流に位置づけられる。

この議論は、言語以外の社会・文化的現象一般へと「クレオール」概念を敷衍していくという創造的な方向性をもつが (cf. 長谷川 2012)、「厳密」な議論を志向する言語学者には顧みられてこなかった。

第二に、多くの言語学者が採ってきたのは、クレオールを「単純」な構造 (冒頭の例で見た特徴など) を共有する言語群と考える立場であった。ピジン・クレオールを顕著な単純化を伴わないそれ以外の「混成言語」(Thomason &

Kaufman 1992）から切り離した上で、その「単純性」がいかに説明可能かがさまざまな形で議論された。

先に紹介したビッカートンは特に急進的な主張を行い、こうした共通特徴を人類が生得的にもつ「言語バイオプログラム」の発現であると位置づけたことで有名である（ビッカートン 1981＝1985）。この主張は当時「生得的な普遍文法」を巡って加熱していたアメリカ理論言語学界に衝撃を与え、ピジン・クレオールは言語学の中核的なテーマに格上げされた。ただし、彼はごく少数のクレオールに見られる共通特徴以外を排除しすぎたことなどから、1990 年代以後この主張は支持を失っていった。

第三の立場は 21 世紀初頭から顕著になってきたものである。それは、クレオールを「特殊な言語群」とみなしてきた議論（「クレオール例外論」）を、社会構築主義に立脚して批判する視点である（Mufwene 2001; DeGraff 2005; Ansaldo et al. 2007）。クレオールの特徴とされてきた単純化・混淆といった現象は、ラテン語からのフランス語やルーマニア語の分岐における単純化・混淆とはあくまで程度差にすぎないと解釈される。この上で、クレオールの発生を「断絶的な言語変化」とみなしてきた発想に潜んできた西洋中心主義・人種主義に鋭い視線を向ける。

クレオール例外論が本質主義的バイアスを含んできたことは、往々にしてピジン・クレオールが人工言語と似た語られ方をされてきたのはなぜか、という問いからも浮き彫りにされている（千田 2021）。そもそも言語自体に「優劣の差」を認めないことは言語学の共通認識であり、クレオール例外論批判の主張は正論である。一方でこうした議論は、「クレオール」という概念自体の必要性や魅力を描きだしにくく、ともすれば「盥の湯とともに赤子を流す」ことになりかねないことも確かだろう。

このようなクレオール研究の自己批判に対して異を唱え、クレオールのプロトタイプ的特徴を同定し、その「世界で最も単純な言語」としての特殊性を再主張する立場も現れているが（McWhorter 2018）、現状では言語の「単純性」という概念の相対性について十分熟慮されているとは評価できない。それだけでなく、クレオールを「最も単純な言語」とする議論を敷衍すれば、その論理的帰結としてさまざまな問題を伴ってしまう。たとえば、クレオールに類型論的に稀有な現象が発見されたとしてもそれは逆説的に「瑣末な現象」として捨象されることになるだろうし、クレオールより「単純」であるはずのピジンは「言語ではない何か」とせざるを得なくなるはずである。

III　ピジン・クレオール研究とこれから

このようにピジン・クレオールは、そのビビッドな印象とは裏腹に、「科学的な定義」が困難であり、多種多様な見方が研究者を右顧左眄させてきた。しかし、この流れは非生産的な誤解の応酬にすぎないのだろうか。

翻って考えてみれば、やはりピジン・クレオールはそれに出会った者の目を輝かせ、一様でない想像力を湧きたたせる刺激的な言語群でありつづけてきた(cf. 市之瀬 2010)。これらの概念自体が、言語学において「異種混淆」、「バイオプログラム」、「単純性」など、先端的な概念をポリフォニックに議論するフォーラムとなってきた側面は見落とせない。

ピジン・クレオールについて思考を巡らせてきたのは学者だけではない。クレオール話者自身が多様なアイデンティティ表象を行い、かつそれをクレオールの言語変異の多様性としても表出させてきたことは、言語人類学においても注目されてきた(Le Page & Tabouret-Keller 1985)。

言い換えるなら、ピジン・クレオールはいつまでも「最終的な結論」や「権威的な見解」を出すことを許さない、万人に開かれた問題系としての構造を内包しているのではないだろうか。

かつてピジン・クレオール研究が口火を切った、言語接触と「新たな言語」の発生、そして言語とアイデンティティの動態に関する議論は、2010年代以後、批判的応用言語学やフィールド(社会)言語学と協働しつつ、ゆるやかに「ポストコロニアル言語学」というパラダイムを形成しつつある(Makoni & Pennycook 2007; Faraclas & Delgado 2021)。この議論は、多言語使用を中核的な問いとすることで20世紀に支配的であった西洋近代的言語観・単言語中心主義を相対化し、言語学自体を次のステージに進める準備を整えつつある。ピジン・クレオールが主賓を務めるこの知的饗宴は、21世紀の人文学に対して言語学が提供する一つの目玉となっていくかもしれない。

参考文献

Ansaldo, Umberto, Matthews Stephen and Lisa Lim (eds.) (2007) *Deconstructing creole*. Amsterdam: John Benjamins.

Bakker Peter(2008) Pidgins versus creoles and pidgincreoles. In: Silvia Kouwenberg and John Victor Singler (eds.) *The handbook of pidgin and creole studies*, 130-157. Malden, MA: Wiley-Blackwell.

ベルナベジャン・シャモワゾーパトリック・コンフィアンラファエル（1989＝1997）『クレオール礼賛』恒川邦夫（訳）東京：平凡社.

ビッカートンデレク（1981＝1985）『言語のルーツ』東京：大修館書店.

Bickerton, Derek (1983) Creole languages. *Scientific American* 249: 116-123.

Bloomfield, Leonard (1933) *Language*. Chicago: The University of Chicago Press.

DeGraff, Michel (2005) Linguists' most dangerous myth: The fallacy of creole exceptionalism. *Language in Society* 34: 533-591.

Eberhard, David M., Gary F. Simons and Charles D. Fennig (eds.) (2021) *Ethnologue: Languages of the world*, twenty-fourth edition, online version. http://www.ethnologue.com [accessed January 2023].

Faraclas, Nicholas G. and Sally J. Delgado (eds.) (2021) *Creoles, revisited: Language contact, language change, and postcolonial linguistics*. London: Routledge.

Hall, Robert A. Jr. (1966) *Pidgin and creole languages*. Ithaca: Cornell University Press.

長谷川晃（編）（2012）『法のクレオール序説—異法融合の秩序学』札幌：北海道大学出版会.

市之瀬敦（2010）『出会いが生む言葉 クレオール語に恋して』東京：現代書館.

今福龍太（1991＝2003）『クレオール主義』東京：筑摩書房.

石川源三（編）（n.d.）『ピヂン英語』防衛研究所所蔵資料（⑦教育-その他-54）.

Le Page, Robert B. and Andrée Tabouret-Keller (1985) *Acts of identity: Creole-based approaches to language and ethnicity*. Cambridge: Cambridge University Press.

Makoni Sinfree and Alastair Pennycook (2007) *Disinventing and reconstituting languages*. Clevedon: Multilingual Matters Ltd.

McWhorter, John H. (2018) *The creole debate*. Cambridge: Cambridge University Press.

Mufwene, Salikoko (2001) *The ecology of language evolution*. Cambridge: Cambridge University Press.

Mühlhäusler, Peter (1986=1997) *Pidgin and creole linguistics*. London: The University of Westminster Press.

Roberts, Sarah J. (1998) The genesis of Hawaiian creole and diffusion. *Language* 74: 1-39.

Thomason, Sarah Grey and Terrence Kaufman (1992) *Language contact, creolization, and genetic linguistics*. Berkeley: University of California Press.

千田俊太郎（2021）「計劃言語とピジン・クレオール」『*Language and linguistics in Oceania*』13: 16-31.

吉岡政徳（2016）『ゲマインシャフト都市—南太平洋の都市人類学』東京：風響社.

変わることば

出現することば

(手話言語)

ジュディ・ケグル
菊澤律子・白川憩 (訳)

手話言語はさまざまな経緯で発達し得る。まず音声言語同様、個人の言語習得においても集団における手話言語の出現においても、何らかの元になる言語が存在する場合がある。本章では、これらに相当する手話言語の例を簡単に述べた後、ニカラグア手話が発達した経緯を示す。ニカラグア手話の発達は、「言語」という形のインプットがない状況におかれた聞こえない子どもたちの間で新しい言語が発達した。その経緯が研究者による記録に残されており、言語の発達や子どもの言語能力について新たな知見をもたらす貴重な事例となっている。

I 言語習得と手話言語の出現

手話がどのように発生するかについて述べるにあたり、まず、手話言語の習得がどのようになされるか、そのさまざまな形を考えるところからはじめようと思う。

耳の不自由な子どもが手話を身につける方法のひとつには、手話を流暢に使うネイティブサイナーの両親が使用する言語を、自然に身につける場合がある。このとき、手話言語の習得は、モダリティの違い(すなわち、視覚言語であるか聴覚言語であるか)と、第一言語がその国での主要言語ではないという点をのぞいては、主要な音声言語の場合と同様である(Newport and Meier 1985)。

しかし、多くの国では、聞こえない子どものうち、手話言語を恒常的に使う家庭に生まれる割合はわずか4〜10%であり、さらにその家庭の成員が、手話言語を第一言語として習得したネイティブサイナーである割合はさらに少ない。国によっては、この割合がさらに小さいことはあっても、大きいことはあり得ない。けれども幸いなことに、人間の脳は、このような言語状況に柔軟に対処することができるようになっている。まず、日常生活で耳から入ってくる言語情報は、質的に完璧でも量的に完全でもないが、子どもの脳では、このことを前提として言語を習得する体制が整っている。子どもは受け取る情報を無意識のうちに分析し、不足している情報を補い、矛盾している部分を修正できる言語予測能力を持っている。そのおかげで、聞こえない子どもたちは、両親が使う手話言語が第一言語話者のように流暢でない場合でも、両親から得られる限られた情報をもとに言語体系として習得し、自分たちはその言語を使いこなせるネイティブサイナーに育つ（Singleton and Newport 2004 など）。このような現象は、特定の言語を的とした再クレオール化（re-creolization）と呼ばれる（Kegl and Schley 1986）。子どもたちと異なり、手話を大きくなってから学んだり、部分的に学んだりした大人は、自分が学んだ手話言語の中にある複雑な形態的な特徴を解きほぐして理解することはなく、また、その複雑な仕組みを体系的な仕組みという形で子どもに継承することもない。このような大人が使う手話には、形態的に複雑な要素が含まれてはいるものの、元になった言語の文法を理解し、再構成する上で幼い子どもが必要とする情報は、表面上は明らかでない（Kegl 2002 など）。

手話言語が音声言語と異なる点は、耳の不自由な子どものうち、90%～94%が聴こえる親のもとに生まれるため、手話が使われる環境にはないということである。中国語を身につける能力しかもたない子どもが、フランス語を話す家族のもとに生まれた状況を想像してほしい。実際にはこのような状況は聴こえる子どもたちには起こらないわけで、非現実的に感じられるかもしれない。しかし、耳が聞こえない子どもたちの場合には、まさにこの状態が現実に起こる。聞こえない子どもたちには、家庭で使われる音声言語は耳には入ってこず、音声言語は存在しないのと同じである。視覚を活かして使うことができる手話言語を学ぶことが理想的であるにもかかわらず、自分が使えるはずの言語が家庭では使われていない、という状況が生じる。大抵は、このような子どもたちの多くは、学校に通うようになるまで、時にはもっと後になるまで手話に接することがない。そして、手話に接することなく一生を終える人もいる。

聞こえない子どもの一部には、幼いうちにろうの教師、あるいは手話言語が流暢につかえる教師がいる学校に入学できるという幸運なケースもある。このような生徒は、自分と同じように手話言語を習得し、使いこなす仲間と一緒に育つことになる。手話に触れる時期が早ければ早いほど、その言語に習熟し、流暢に操れる能力も高くなる。逆に、手話に接する機会が遅い子どもは、手話言語を使う力が十分ではなく、また部分的にしか身につかないまま成長することは、前述した通りである。身振り手振りで意思疎通を行い、言語というものをまったく身につける機会がないまま成長する人も存在する（Spits and Kegl 2018）。個々の子どもの発達過程における言語の出現と習得については以上のような状況である。

集団においては、音声言語でピジン（pidgin）やクレオール（creole）が発生するように、より大きな規模で手話言語が出現し、習得されることがある。その一つの例として、アメリカ手話が挙げられる。これは、国外（この場合はフランス）から呼び寄せられたろうの教師が、教育の場で自国の手話を使用し、それが新しい手話言語に発達したという、よくみられる事例のひとつである。アメリカ手話は、教育の場で使う言語として持ち込まれたフランス手話を起源とするクレオールであるとみなされており、それまで聞こえない子どもがいる家庭や地域などで局所的に使われていたホームサインや地域手話、ジェスチャーなどと混ざり合ってできたということができる。しかし、言語の出現過程という観点からみる場合には、これよりもう少し複雑で、事実の細部に目を向ける必要がある。

まず、アメリカの聾学校でフランス手話で教鞭をとったローラン・クレーク（Laurent Clerc）は、確かにフランス手話の話者ではあったが、実際にアメリカの教育の現場で使われたのは、フランス手話を英語の語順で表出したものだった（Kegl 2008）。そこに、音声言語のクレオールと同様、多くの視覚表現や言語が接触して生まれたのがアメリカ手話である。フランス手話、マーサズ・ヴィニヤード（Martha's Vineyard）で使用されていた地域共通手話、ニューハンプシャー州ヘニカー（Henniker）とメイン州サンディリバー（Sandy

River）のろうのコミュニティで使われていた手話などの多くの視覚によるコミュニケーション・システムの影響を受けたことが知られている（Lane, Pillard and French 2000）。さらに、教育のために使われた「フランス手話」の形態に影響を及ぼしたことから、（音声）英語も、アメリカ手話発達の基盤となった言語の中に含めることができる。

さて、上記の例は、個人におけるものも集団におけるものも、いずれも、言語から言語が生じる例だった。そこで基盤となるのは、第一言語話者からの情報だけでなく、ある言語の断片的な要素であったり、また複数の言語などである。そしてどちらの場合も、子どもたちが持っている言語予測能力により、インプットとして与えられた情報がひとつの言語として完成された形になり、できあがったという経緯をもつ。

これに対し次節では、もとの言語情報がまったくない場面で言語が発生した例について述べる。音声言語のみが使われ、言語環境から隔離された家庭にはじまり、学校でのジェスチャーでの交流、そこから言語の創造に至るまで、幼い子どもたちが学校での言語外でのコミュニケーションに基づき、生まれながらにしてもっている言語予測能力を発揮して言語の創成に至らしめるまで、ニカラグアで記録された言語生成の過程を追う。

II　ニカラグアにおける手話の出現

社会背景

ニカラグアには、1970年代以前から公共の教育機関があったが、聞こえない子どもを対象とした公共の教育施設はなく、特別支援学校があったとしても私立の学校であり、非常に高額であった。そして、このような場所での教育は、話すための訓練で、黒板に書かれたものを書き写すことや実演を真似することが中心であった。子どもたちどうしの交流はなく、身振りなどが使われることもなかった。手話言語はおろか、ろうコミュニティも存在しなかったのである。ニカラグアにおけるろう教育の歴史については Polich 2005に詳しい。

1972年にニカラグアの首都マナグア市が、マグニチュード7.2を記録する地震に見舞われて壊滅したが、その中には特別支援学校も含まれていた。ところが、復興支援のための資金は、当時の独裁者ソモサ（Somoza）の懐に流れ、これがきっかけとなって、それまでくすぶっていた革命が火ぶたを切ることになった。学校は閉鎖され、路上で争いが起こった。その後、1979年に革命派が勝利すると、医療改革、識字教育、およびすべての人を対象とする6年生レベルの教育が約束された。そして学校が再開すると、以前は教育を受ける機会のなかった多くの子どもたちも、特別支援教育を受けるために公立学校に入学することになった。その中には、耳が聴こえて手話を知らない家族と暮らし、社会から孤立していた大勢の聴こえない子どもたちが含まれていた。手話言語が使われる家庭で育つ聞こえない子どもの割合はほぼゼロであったため、このような学校に入学する子どもの中に手話を身につけている生徒はいなかった。

家庭での身振りによるコミュニケーション

家族が聴者であり、手話が使われていない家庭に育つ聴覚障害児たちは、日常的に、手話ではなく身振りによって用をすませていた。家庭でのコミュニケーションは、「今、かつ、この場」に関することが多く、また、経験が共有されている。そのため、口に食べ物を入れたり、熱を示すために手の甲で頬を触ったり、あるいはこぶしで殴るようなふりをするなどの動作をひとつしてみせることで、共有されている何らかの出来事に言及するには十分である。口に食べ物を入れるという動作が、「食べたい」や「食べ終わった」、あるいは、「それはマンゴーだ」「彼は食べている」「彼女はマンゴーを食べている」など多くの可能性のうち何を意味するのかは、身振りが使われる文脈によって示される。このような環境では、そこにいる人たち皆が同じ経験を共有しているので、動作者が誰だったのか、あるいは、誰が何を誰に対して行ったか、というようなことを明示しなくても意味が通じていた。誰が病気なのか、誰が誰を殴ったかなどというようなことも、文脈から明らかであり、明示する必要はなかった。家の中にいて外の世界から孤立していると、聴こえない者にとっても、その家族にとっても、ひとつの出来事に対して一つの身振りで十分、用をすませることができ、言語という、コミュニケーションにおいて「正確に意思を伝えるための道具」なしでも暮らすことができたのだ。

このような、家庭内に限られたコミュニケーションはホームサインともよばれるが、その特徴は、家族を含む人に言及するための名前がないこと、誰かを他の人から区別するための描写方法（色や大きさ、その他の特徴を示す修飾語）もないこと、また、人や物事の名称の存在自体が限られていることである。何かを示すための「指さし」という動作もかなり少ない。表現者は、別の人の役割を自分が担い、あたかも動作主体であるかのようにして何が起こっているかを示すが、誰がその動作をしているかについての情報が付け加えられることはない。すべては、文脈の中で理解される。ここでのコミュニケーションは、語と事象のゆるやかなつながり、すなわち、語や一連の語から特定の出来事を想起させるという特徴をもつ。そして、それが意思疎通のために、聞こえる家族が「聞こえない人と意思疎通するための特別な語の使い方」となっていた。意味が不明瞭な一連の語、ほとんどの場合は一単語、より正確にはひとつの動作を示す身振りを見て、意図を推測するに過ぎなかった。話者が伝えようしている内容について、詳しい説明を求めようともしなかった。聴こえない人達は、このように家庭の中だけにとどめられ、言語をもたないまま暮らしているというのが実態であった。

共有ジェスチャーの発達

1980年代になってこのような境遇におかれていた聞こえない子どもたちが学校に通い出したとき、彼らは、コミュニケーションが「今、かつ、この場」に限られていた家庭内環境から、経験を共有していない他者と共存する世界へと引っ張り出されることになった。そして自分たちの用いるコミュニケーションが、新しい環境では通用しないことに気付くことになった。未共有の情報について、これまた他者とは共有されてはいない身振りを使って意思疎通を図る必要性にせまられることになったのである。学校に向かうスクールバスの中や遊び場で、背景や文脈を知らない相手に情報を伝えるには、ひとつの動作を示すジェスチャーだけでは不十分だった。

それぞれが、さまざまな方法で、この新しい課題に対処した。ある生徒は、伝わるまで何度も同じ動作を繰り返してみせた。知っているジェスチャーを次から次へとすべてやってみせる生徒もいた。また、食べるという自分の家庭で使っているジェスチャー（たとえば、口のところで指を伸ばしてそろえた手を振る動作）をやってみて、他の生徒が同じ意味を表すために使った異なるジェスチャー（親指とほかの指をくっつけながら口元に持っていく動作）を使うと、その新しい表現を借用して使うようになる者もいた。ひとつの出来事をひとつのジェスチャーで表して理解されない場合は、そこに別の動きを表すジェスチャーを加え、人や物を指さし、人の名前やさまざまな物体を表すための決まった表現を生み出すようになった。ここではこれを交流ジェスチャーと呼ぶことにする。そこにはまだ体系的な構造はなかったが、より多くの情報を伝えようとする努力がみられた。コミュニケーションの方法や名付けの中には、規則化された共有コードのように見えるものもあったが、これらが使われている体系はまだ言語とはいえるようなものではなかった。

交流ジェスチャーには、家庭での身振りによるコミュニケーションには見られなかった新しい特徴があり、また、一つの事象を一つの表現で示すのと比べればまったく質が異なっていたものの、まだ言語としての特性を持つとはいえないものだった。新しい特徴としては、次のようなさまざまなものが含まれていた。下手な手話表現を寄せ集めたもののようにも見える雑多なジェスチャーの組み合わせ、極度の繰り返し、さまざまな順序で繰り出される多様なジェスチャー表現の試行、自分のジェスチャーと他人が使うジェスチャーの組み合わせなどである。自分のジェスチャーと他人が使うジェスチャーの組み合わせには、先に述べた、指を伸ばした手のひらで表現する「食べる」と、4本指と親指を合わせる「食べる」を続けて表現するものなどが例に挙げられるが、このような組み合わせは、二言語話者によるピジン風の会話にも見られるものである。たとえば、スロベニア語話者である私の祖母が英語話者である私に「待って！」というときには、いつも、スロベニア語の *čakaj*「待つ」と、英語の *wait*「待つ」と組み合わせて、*chaki-veit* と言っていた。

共有ジェスチャーがさらに発達した段階では、動作を示す表現の規範化や、同じ集団に属する児童の間でものやひとを示す名前が決まり語彙に類似したものが発達したことに加えて、それらの表現の体系的な組み合わせの初歩的なものも現れはじめた。たとえば、高度な共有ジェスチャーでは、次のように、基盤となる形に別の語を組み合わせてつくられた意味的に関連する語彙がみられた。

「四角形」「指を鳴らす」	「ラジオ」
「四角形」「つまみを回す」	「テレビ」
「四角形」「こぶしをあごにあてる」	「映画」など
「赤」「小さい」	「豆」
「赤」「円」	「バス用のコイン」
「赤」「球体」	「トマト」など
「ひっかく」「小動物」	「猫」
「吠える」「小動物」	「犬」
「前歯」「とがった耳」「小動物」	「うさぎ」など

また、「おしゃぶり」と「背が小さい」を組み合わせて「子ども」を表現するような複合語、さらに、「魚」「食べる」という組み合わせで「食用の魚（スペイン語の *pescado*）」を表し、生き物としての「魚」（スペイン語の *pez*）と区別するなど、英語で *pig*「豚」と *pork*「豚肉」を区別するような概念的な区別を反映する表現も現れている。

ニカラグアの聴者の社会で一般的に使われるジェスチャーには、鼻にしわを寄せることで疑問を表したり、唇を尖らせて人や物を指し示すなど、顔の表現だけを使うものがあり、これらに対応する手指を使った表現は存在しない。一方で、「不快」や「泣く」の手指を使うジェスチャーには、悲しい顔の表情が伴ったり、「笑い」や「幸せ」の手指の表現に楽しそうな顔の表情が付随したり、「急いで！」というジェスチャーにイライラした表情がともなうこともある。これらとは異なり、鼻にしわを寄せる「疑問」の表現や、何かを指し示すために唇を尖らせるといった、顔の表情のみをつかう表現は、手指表現と同時に組み合わせて使われることはない。ところが、ろう学校で発達した共有ジェスチャーでは、鼻にしわを寄せるという「疑問」を表す顔の表情が、手指表現と組み合わせて使われるようになった。「誰」「何」「どこ」「いつ」「なぜ」「どのように」「どちら」など、疑問という概念を示すタイプの手指による表現および一般的な疑問を示す手指表現と組み合わせて使われるようになったのである。

疑問に関連する個々の表現がどのように発生したのか――生徒同士の交流の中で決まっていったのか、あるいはスペイン語のこれらの語に対応する表現が必要性とされた教育の影響によるものなのか――は、明らかではない。たとえば、「どこ」の表現は、スペイン語の *donde*「どこ」の最初の文字である「d」となっている。

話はそれるが、疑問の表現に関連しては、ちょっとしたエピソードがある。専門学校の教師が生徒のひとりに、「何」を表す表現は何かと尋ねる場面を見ていたのだが、教師はまず「表現は？（Sign for）」と身振りで示し、それから口で *Que es esso?*「何？」と発音してみせた。生徒の答えは、鼻にしわを寄せるという表情なしに人差し指と中指であごをさわる動作であった。その教師は、これが「なに？」を意味する表現なのだととらえた。その後、その教師が話者に向かって、二本指で疑問符をなぞるしぐさをすることで、疑問という意味をさらに強く示す努力をして同じ問いを繰り返したが、その結果も、この人差し指と中指であごをさわるという同じ動作であった。皮肉なことに、この教師が得た表現は、聞こえない生徒が口話を読み取り違えたことによるもので、*Que es esso?*（ケセッソ）「何？」ではなく、*queso*（ケソ）「チーズ」を示す語だったので、顔の表情がついていなかったのである。現場ではこのようにさまざまなことが起こっていたものの、共有ジェスチャーにおいて、疑問詞の表現では、疑問を表す顔の表現と手指の動きを同時に構音するしくみができはじめていたというのは本当のことである。

疑問詞の例とは逆に、唇をとがらして人やものを指し示す表現、すなわちニカラグアの一般的なジェスチャーにおけるもうひとつの顔の表情だけのジェスチャーは、ろうコミュニティでは、手指表現を伴う方向ではなく、徐々に手指で人をさす身振りに置き替えられたようだ。ちなみにニカラグアの一般社会では、指で人をさすことは無礼だと考えられている。

さらに、ろうの子どもたちの間で共通化が進んだ共有ジェスチャーには、複数のジェスチャーや手指表現の連続体もみられた。それらは冗長だったり、一貫性がなかったりすることもあったが、連続した表現が生まれたことで、さらに発話に伴うプロソディー（韻律的な流れやリズムなど）が生まれ、これにより、発話の境界が示されるようになった。これは、抑揚によることもあり、または、発話の始めと終わりを示すために一連の表現が繰り返される形で示されることもあった。

このような共有ジェスチャーでの会話では、話題となっている出来事に関わる人たちが複数いること、またその場合、それがだれであるのかは理解されていたものの、ひとつひとつの動作の表現に伴って明示できる項（＝参加者）の数は限られていたようだ。たとえば、動作に関わる人が一人のみの場合、{「男」「泣く」} で「男が泣く」、あるいは {「女」「眠る」} で「女が眠る」（自動詞）といったことは示すことができた。しかし、二人の人が関わる「女が男を叩く」のような出来事を表すためには、{「女」「叩く」「男」「叩かれる」} のように、登場人物それぞれがもつ役割を示すために、動作を表す表現をひとつひとつ示す必要があった。「男が女を見た」と言うときでさえ、{「男」「見る」「女」「見せかける」} という2つの動作表現が必要だった。このように、1動作につき一人の人しか明示できない動詞を、言語学では「一項動詞（single-valence verbs[1]）」と呼ぶ。共有ジェスチャーの場合には、ひとつの動作（動詞）で表現できる項数（人や物の数）は1だけであった。そのため、誰かが他人に対してなにかをするような出来事では、出来事を2つ並べることで二人の人に言及できるようにする必要があった。

共有ジェスチャーにもうひとつみられた興味深い形態は、出来事に関わる人が二人いる場合、その二人に言及する動詞の一致の標識が出現するきざしのようにも見え、かつ、動詞の一致とは本質的に異なっている面もあるというものだ。共有ジェスチャーの話者が、誰が何を誰にしたのかを共有ジェスチャーで示すときに、話者が登場人物の役割の一つを自分が担うものとして動作を行っていない時の表現をみてみよう。ここで述べる例は、上述の動詞でも起こりうるものだ。たとえば、「彼女は彼に話しかけた」にあたる共有ジェスチャーの表現を考えてみると、まず話者は、手を口のところで開いたり閉じたりする「話す」というしぐさをし、次に、話す人から話しかけられる人へと指さすしぐさをするだろう。すなわち、{「話す」「そこからそこへ」} という表現になる。示された二人の人は、その場所にいるか、あるいはそれまでの会話の中で空間上での位置が決められている。登場人物のひとりひとりは、{「話す」「女」「から〜へ」「男」} のように動作表現との関連で示されているわけではなく、動作表現が {「女」「話す・誰が・誰へ」「男」} のように、だれからだれへという動作の向きを伴うわけでもない。この仕組みの場合には、単一の発話が示すことができる情報量の上限があるように感じられる。また、2つのことを互いに関連づけられることはできるものの、その関連性を別のひとつの語で表現することはできないかのようだ。この段階では、ひとつの関連するできごとの中に、他の関連性を組み込むような階層構造の実現は不可能であるようだった。伝達できる内容はどんどん豊かになっていたが、ひとつの文章に階層構造が組み込まれて、高度な構成をもつ文になる可能性はなかったのだ。

以上のように、聞こえない子どもたちが家庭から飛び出し、学校で他の子どもたちと出会った時に生まれ、発展してきた共有ジェスチャーに関して注目すべき重要な点は、コミュニケーションの性質が変化したことである。その過程をまとめると次のようになる。

1）家庭の「今、かつ、この場」に関する経験が共有された相手とのコミュニケーションに限られた環境から、文脈を共有していない聞こえない他の生徒たちと一緒に過ごす学校へと変化した。

2）1）の結果、コミュニケーションにおける質的な必要性が変化した。身振りでこれまで会話をしてきた子どもたちは、意思伝達を全うする義務（communication accountability, Spitz and Kegl 2018）に直面した。もはや、ひとつの身振りで共通の経験を想起してもらい、文脈に依存して、誰が何を誰にした、どこで起こった、いつ起こった、誰が関わった、という詳細情報を埋めてもらうようなことはできなくなった。また、他の生徒の単一の身振りを見て、共通の出来事を理解してその意味を汲むこともできなかった。コミュニケーションをはかるために、経験を共有しない人と情報を共有できる方法が必要になった。

3）家庭内でそれまで機能していた身振りによるコミュニケーション体系は、もはや子どもたちの必要性に十分応えるものではなかった。言語には、時制、法、アスペクトといった表現や、品詞、機能語および内容語などに加え、語を作り出したり変化させる形態規則や、起点、終点、主題などといった主題関係を示す統語規則、また、主語、目的語、間接目的語、補語などの文法関係、さらに、文を通して、また、会話全体を通して前述したものに言及するために使う代名詞の指示機能といったさまざまな構造上の特徴がある。これに対し、共有ジェスチャーには、そのような言語としての特徴はなかった。子どもたちは、言語を持たず、言語があれば満たされていたような情報要求を持っているだけで、その重要な情報が何であるかを自分では正確に理解していなかった。最初は、共有されるべき情報が何であるかを見つけるためにすら、試行錯誤が繰り返された。

4）コミュニケーションの形態が変化した。より多くの情報を求めると同時に、より多くのことを伝えたいという欲求に応え、共有ジェスチャーを使う子どもたちは、どんどん、複数の身振りを含む発話をするようになり、言いたいことを伝え合うさまざまな方法を繰り返し試すようになった。そしてそこからある程度長さのある表現のつながりが生まれ、抑揚やリズムが生まれた。それは、意思疎通のために発するシグナルの性質の変化を意味していた。音声や視覚シグナルに、繰り返しを伴う律動があることを周期性がある、という。周期性とは、強い信号と弱い信号が交互に現れる波と流れのことで、音声言語の場合には、言語の強勢パターンや音節の核となる母音の前後に子音が現れソノリティ（聞こえ度）の強弱が交互に現れるような形で存在する。

この最後の変化は特に重要だ。というのは、人間を言語という事象に引きつけるのがこの周期性であるからだ。周期性を手がかりとして、ヒトの脳は、言語習得に集中してエネルギーを注ぐ。すべての言語は周期的であるため、身の周りで使われる言語を見たり聞いたりして、それを簡単かつ確実に言語として認識することができる。共有ジェスチャーには言語の特徴はなかったが、それでも情報伝達の手段として機能しており、そしてそこに周期的な特徴が生まれた。聞こえない子どもたちが出力する共有ジェスチャーがもつ周期性は、言語学習の臨界期にある若い脳がエネルギーを集中させ、言語入力として解釈するきっかけとしては十分であった。そして、言語として足りない部分が子どもたちの脳に生得的に存在する言語予測能力に補われることで、新しい言語が生まれたのである。

言語としての手話の出現

4歳ごろから学校に通い始めた幼児は、年長のろうの生徒たちの間で使われているごちゃまぜの非言語共有ジェスチャーに触れることになった。そして、その周期性に惹かれ、自分たちもコミュニケーションを図ろうとする自然の欲求に身をまかせることになる。しかし、そこで出力されたものは、入力された共有ジェスチャーの性質からは大きく乖離していた。この、新しく出現した言語とその前身となる共有ジェスチャーとの乖離こそが、言語が真に人間の脳の産物であることを示している。

子どもたちの間で発達したこの手話言語には、それまでの共有ジェスチャーにはなかったさまざまな要素があった。まず、一致の有無と種類により区別される3種類の動詞（一致なし、空間の一致、人称の一致）、物体を実際に使って見せる表現から簡略化した分類詞へ、そのさらなる一般化への移行、数や物の分類詞が動詞の一部になる動詞抱合、親族関係（{「彼女」「私にとって」「叔母」}で「私の伯母」）とその他の所有物（{「私の」「本」}で「私の本」）を区別する所有表現の区別などがある。さらに、名詞を修飾する形容詞句や関係詞節（末尾の補語の位置での特定の顔の表情による）、配分相、時制、相互表現、様態の標識などを反映する複雑な動詞の形態変化もあった。

共有ジェスチャーと、そこから発達した言語の間のもっとも顕著な違いは、階層性をもつ統語構造の出現である。共有ジェスチャーにおける一貫性のない複数の身振りの組み合わせからなる発話は、繰り返しや言い換え、一項動詞や動詞連続の断片や節を含み、ごちゃごちゃしていた。この、ゆるくまとまった「言葉のつながり」の入力を受けて、子どもたちは、明確な文法関係があり、1つの節の核となる動詞に複数の項を関連づける能力をもつ、高度な構造を持つ文構造を生み出した。このような構文では、顔の表情による文法マーカーもまた必須要素となっていた。たとえば、「誰」「何」「どこ」という種類の疑問詞には特定の顔の表情による文法標識が、イエス/ノー疑問文には別の顔による標識が、主題を示すときには、さらに異なる標識が使われる。先に、「鼻にしわを寄せる」というジェスチャーが、ニカラグアでは一般的に顔の表情のみで使われ、手指による身振りの共起はないと述べた。これは、家庭における身振りでのコミュニケーションでも同じことであった。けれども、共有ジェスチャーではこの表現が、手指による「誰」「何」「どこ」および一般的な質問の表現とともに使用されるようになった。新たに発生したニカラグア手話では、顔の表情による疑問、イエス/ノー疑問文、および主題の標識の用法は、さらに一歩進んだものになっている。これらは、疑問の言葉と同時に使われるだけではなく、節全体にかかる形で使われるようになったのだ。このような変化は、統語理論における「Cコマンドと呼ばれるドメイン上への拡張」という特定の規則に従っており、文の構造が持っている階層的構造を反映するものである。新たに出現した手話言語を、先行する共有ジェスチャーから区別するこのような特徴はすべて、どのような言語を習得するときでも、脳が持っているひとつの前提――すべての言語は階層的な構造を持っているという前提に起因していると考えられる。

共有ジェスチャーの観察においては、子どものニカラグア手話生成の材料となると思われる数々の要素の片鱗を目にすることがあった（Morford and Kegl 2000）。その中には、発生した言語に実際に影響を与えたものも、そうでないものもあった。先に挙げた小動物を指す複合語のように、名詞の分類詞の体系ができるのではないかと予測したものについては分類詞が発達したが、それだけでなく、動詞分類システムの不可欠な構成要素ともなるなど、予測を超えた発達に結び付くものも多かった。逆に、唇を尖らして人を指す動作がニカラグア手話で完全になくなるとは思っていなかったが、最終的には、スペイン語話者に見られるように、手話を使った会話の中でたまにポンと飛び出すのみとなった。

そうはいっても、この動作自体が完全になくなったわけではない。ニカラグア手話には、唇をとがらせるという動作を極限まで利用した、噂話をするときに使われる秘密の言語がある (Vega et al. 2000)。統語構造と感情を表現するために、顔の表情のみならずニカラグア手話のさまざまな動詞に付随する顔を使った表現、そしてニカラグアの一般的な顔によるジェスチャーを組み合わせて、ニカラグア手話話者たちは、手指表現を全く使わずに情報を伝達する秘密の言語を生み出した。これはちょうど、口笛で呼び交わす言語のようなものである。この、唇を尖らす表現を使ったコミュニケーションは、ニカラグア手話の文法に精通していなければ使うことができない。なぜなら、唇を尖らす動作の拡張的な使用は、感情だけでなく、動詞の一致のパターン、分配相と時制の標識、代名詞の参照先などの標識など、あらゆるものを顔だけで表現するために使われるからだ。

言語発生の研究を進めるにあたり予測していたのは、類型的な性質のものであった。実際には、そのなかで言語の一部となったものもあれば、そうでないものもあった。けれども、身振りによるコミュニケーションにみられた表現から意味のゆるやかなつながりから、階層的に系統立った文法を持つ言語への急激な移行が、すべての言語習得に付随する脳が持つ生得的な言語予測能力に導かれた結果によるものだということは確かである。

注

1 訳者注：英語では、動詞の「項」のことを物理の「価数」と同じ valence という語で呼ぶため、原文ではそのことについて以下の注釈がついている。「価数 (valence) とは、物質の結合能力のことであり、一般的には、1つの原子に結合させることのできる電子や陽子の数のことを言う。言語学の場合には、出来事を原子に例え、その出来事に文法的に関わる人や物の数が、電子や陽子であるかのように価数として数える。」

参考文献

Kegl, Judy (2002) Language emergence in a language-ready brain: Acquisition issues. In: Gary Morgan and Bencie Woll (eds.) *Language acquisition in signed languages*, 207-254. Cambridge: Cambridge University Press.

Kegl, Judy (2008) The case of signed languages in the context of pidgin and creole studies. In: John V. Singler and Silvia Kouwenberg (eds.) *The handbook of pidgin and creole studies*, 491-511. Oxford: Wiley Blackwell.

Kegl, Judy and Sara Schley (1986) When is a classifier no longer a classifier? In: N. Nikiforidou, M. Van Clay, M. Niepokuj and D. Feder (eds.) *Proceedings of the Twelfth Annual Meeting of the Berkeley*, 425-441. Berkeley, California: Berkeley Linguistics Society.

Lane, Harlan, Richard C. Pillard and Mary French (2020). Origins of the American Deaf world: Assimilating and differentiating societies and their relation to genetic patterning. *Society for American Sign Language Journal* 4(2): 16-30. [reprinted from Lane, Harlan, Richard C. Pillard and Mary French (2000) Origins of the American Deaf world: Assimilating and differentiating societies and their relation to genetic patterning. *Sign Language Studies* 1(1): 17-44.]

Morford, Jill P. and Judy A. Kegl (2000) Gestural precursors to linguistic constructs: How input shapes the form of language. In: David McNeill (ed.) *Language and gesture*, 358-387. Cambridge: Cambridge University Press.

Newport, Elissa L. and Richard P. Meier (1985) The acquisition of American Sign Language. In Dan Isaac Slobin (ed.) *The cross-linguistic study of language acquisition Vol. 1: The Data*, 882-938. Hillsdale, New York: Psychology Press.

Polich, Laura (2005) *The emergence of the deaf community in Nicaragua: "With sign language you can learn so much"*. Washington, D.C.: Gallaudet University Press.

Singleton, Jenny L. and Elissa L. Newport (2004) When learners surpass their models: The acquisition of American Sign Language from inconsistent input. *Cognitive Psychology*, 49(4): 370-407.

Spitz, Romy and Kegl Judy (2018) Enhancing communication skills in persons with severe language deprivation: Lesson learned from the rise of a signing community in Nicaragua. In: Glickman Neil and Wyatte C. Hall (eds.) *Language deprivation and mental health*, 185-209. New York: Routledge.

Vega Obando, I., Ellis, H. and Kegl Judy. (2000) Lip pointing in Idioma de Señas de Nicaragua (Nicaraguan Sign Language). Paper presented at the 7th International Conference on Theoretical Issues in Sign Language Research, July 27, 2000. Amsterdam: University of Amsterdam.

言語認識装置の進化

酒向慎司

今日ではスマートフォンの音声アシスタントやスマートスピーカーなどが普及し、機械がヒトのことばを認識することが日常の一部になってきた。このような製品やサービスを支える技術はある日突然に発明されたものではなく、長年の研究成果の蓄積によるものである。たとえば音声を認識するための研究は、現代的なコンピュータが開発されて間もない1960年代から始められた。その一方、手話を認識するための研究も古くから取り組まれているものの、現在の音声認識ほどの機能や性能には至っていない。

初期の音声認識の研究では、文章のようなまとまりではなく一つ一つの単語を対象にした限定された問題として取り組まれていた。たとえば、静かな場所ではっきりと発音された数字だけを対象とした場合にどれぐらい正しく認識できるか、というような限られた状況（タスク）を設定する。数字タスクができるようになると、次は100語の日常的なことばのタスクではどうなるか、というように、制限を少し緩和してより現実的な状況に対応できるよう、機能の改善やシステムの拡張を積み重ねてきた。現在の音声認識技術では、一般的な辞書に含まれていることばよりもはるかに多くのことばを対象に、スマートフォンやパソコンのマイクを介して利用することができるなど、特別な装置を必要とせず、周囲の音が多少存在しても機能するように作られている。

手話認識に関する研究でも、これと同じように、限定された状況をすこしずつ緩和しながら研究が進められてきている。たとえば、研究の初期段階ではひらがなの一文字を表した指文字だけを認識するタスクや、手の形と動きに注目し、手話で表現されるある一つの単語を読み取るというタスクなどに取り組んできた。手話の習得者であれば、手話が手の形や動きだけによるものではなく、口や目などによる表情、頷きなどの頭部動作などを交えて手話を読み取ることができるが、それと同じような機能を実現したものは現時点では存在しない。

展示装置で手話を読み取る仕組みは、カメラで撮影した映像から、身体動作を追跡して体の姿勢や手の位置など手話を認識するために重要な特徴を取り出し、手話のことばそれぞれがもつ固有の特徴のどれに当てはまるかを探すことによって手話のことばを判別するというものである。ここでも、ヒトであれば無意識のうちに判断しているような手話話者の体格の違いやカメラで撮影した際の周囲の状況などに影響されないよう、できるだけ日常的な状況で動作するような工夫が講じられている。より現実的な手話認識が実現することを目指して、手話のことばの研究とともに手話認識の研究が精力的に進められている。

変わることば

消滅することば

(危機言語[音声])

木本幸憲

1980年代から90年代は、絶滅危惧種、地球温暖化、オゾン層の破壊など地球規模での環境問題が認識され始めた。その真っ只中の1992年、アメリカ言語学会の学会誌*Language*に、消滅の危機に瀕する言語に関する6本のエッセイが掲載された。その巻頭を飾ったのがマイケル＝クラウス氏の「危機に瀕する世界の言語」である(Krauss 1992)。クラウス氏は、このままいけば21世紀には90%の人間言語が死滅またはそれに近しい状況になると予測した。絶滅危惧種の哺乳類が全体の7.4%、鳥類が2.7%であることと対比して、「我々がなすべきことを真剣に考え直す必要があることは明らかである。そうしないと言語学はそれが対象とする90%の消滅を無関心にも許した歴史上唯一の学問になりさがるだろう」(ibid.: 10)と述べた。

それから約30年が経過し、世界の言語の状況が少しずつ見えてきた。本章では世界の言語の現状や話者数減少の背景、そしてそれをめぐる近年の議論を概観する。

I　世界の言語の現状

上述のマイケル＝クラウスの予測は、経験的データが乏しい中での一般化であった。世界の言語の中で主権国家の言語となっているものと、おおよそ10万人以上話されている言語を「安泰」な言語と見なし、それ以下の話者数によって構成されている言語を計算したものを危機言語の数として算用するというシンプルなものであった。

しかし近年、より実情に近いデータが利用可能になりつつある。もっとも包括的な言語カタログの一つである『エスノローグ』(Eberhard, Simons, and Fennig 2021) を見てみよう。エスノローグでは、個々の言語にEGIDS (拡張版・尺度付き世代間断絶表) の値が振られている。掲載されている地域毎のデータをグラフ化したものが図1である。

この図では言語の活性度を、サハラ以南アフリカ (2054言語)、北アフリカ (100言語)、ロシア極東を含むヨーロッパ (289言語)、南・中央・西アジア (767言語)、東南アジア (297言語)、オーストラリアとニュージーランドを除く太平洋地域 (1103言語)、オーストラリアとニュージーランド (220)、北アメリカ (220)、中央・南アメリカ (805)、そしてそれらを合わせた全世界の言語 (7139) 毎に示している。各言語は、社会言語学的に安定的な状態にあるか (Institutional、Developing、Vigorous)、危機的な状態にあるか (In trouble、Dying) で分けられている。

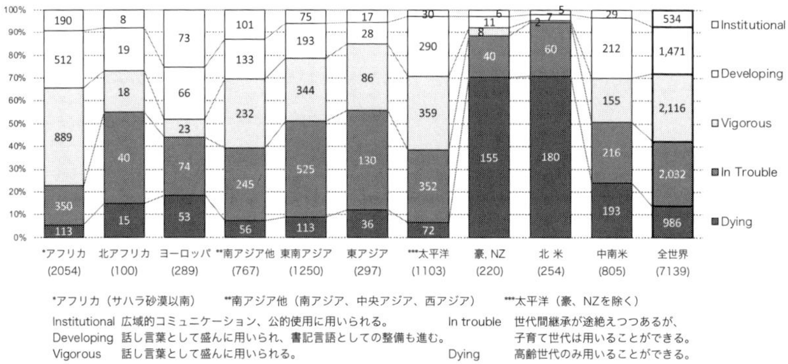

図1　EGIDSによる世界の言語の分布

出所）Eberhard et al. 2021 のデータを基に作成

全世界の分布からみると、危機的な状態にあるもの (In trouble と Dying) は全体の42.3%である。これは、先のクラウス氏の数字に比べると低めである。地域毎に見ると、もっとも悲惨な状況に置かれているのは「豪州、NZ」「北米」である。上述の数字から計算すると、危機的状態にある言語数は88.6%、94.5%となる。これは多くのアメリカ先住民の言語、オーストラリアのアボリジニの言語などが次世代に継承されていないことを示している。

一方で、危機言語の割合が低いのは、(サハラ以南) アフリカと (豪州、NZ

以外の）太平洋で、それぞれ22.5%と38.4%である。これは、上述のマイケル＝クラウスの予測に対し、2名のアフリカニストが意義を呈したことと関連する（Brenzinger 2001、梶 2002）。Brenzinger（2001）は、2000程度のアフリカの言語のうち、脅威にさらされていると言えるのはわずか10%程度であると論じる。アフリカでは、その地域の公用語が英語やフランス語だからといって、雪崩を打つようにして多くの言語が英語やフランス語に置き換わる、ということは起きていないのである。

ただしエスノローグにおけるEGIDSの値は、最新の社会言語学的情報に基づかない場合もあり、注意が必要である。たとえば、フィリピンのボントック語は5言語のうち2言語（北ボントック語、南西ボントック語）のみが消滅危惧と書かれている。しかしLawrence A. Reid氏によるとすべての変種でイロカノ語、タガログ語への置き換えが進んでおり、一部の人はまったくボントック語が話せなくなっているという現状がある（私信 2021/8/3）。したがって、掲載されているEGIDSのみからその言語が安泰であるとはいえず、さらなる調査が求められる。

II　どのように言語は消滅していくか

多くの言語が消滅の危機に瀕している現在の状況は、どのように生じたのだろうか。その要因は多岐にわたる。たとえば、自然災害や疫病によって話者コミュニティそのものが崩壊する事例や、非人道的なジェノサイドによって話者自体がいなくなる事例などである。しかし現在の言語の消滅と直接的に関わる要因は、言語集団そのものの消滅というよりは、集団の話す言語の変化である場合が多い。この場合、大きく国家規模で用いられる国語や公用語に置き換わる場合と、地域内部で別の言語に置き換わる場合がある。

まず、国家規模の国語や公用語に置き換わるケースについて見てみよう。19世紀に入り、近代的ナショナリズムの勃興とともに、一つの国家に属する人々が、一つの民族（nation）のアイデンティティを有するという理念が意識的、無意識的に形作られるようになっていった。ナショナリズムの研究で有名なベネディクト＝アンダーソンが『想像の共同体』で述べたように、これは国家という枠組みができて、一つの民族というアイデンティティが構築されたのであって、その逆ではない。そしてそこで重要な役割を果たしたのが言語の統一、「国語」の普及であると述べる。統一的な言語の存在によって、「一つの言語を話す一つの民族による国家」という、いわば想像上の共同体が作られたというわけである。

現在多くの言語が、消滅の危機に瀕している原因は、この国民国家における国語の普及プロセスと連動ないし尾を引いている場合が多い。日本では、蝦夷地や琉球が、北海道開拓や琉球「処分」によって、国家に編入され、そこで話されていた言葉は壊滅的な打撃を受けた。アイヌの人々は、伝統的な風習が、悪習として禁止されたり制限され、日本語学校で日本語教育を受けさせられた。また琉球では標準日本語を話させるための罰則として方言札をかけさせる教育方法が継続的に行われた。より悲惨な例としては、オーストラリアのアボリジニの奪われた世代（Stolen Generation）が挙げられる。政府は先住民アボリジニの人たちの子どもをコミュニティから強制的に連れ去り、彼らの伝統文化と母語の継承を撲滅させる政策が1970年代まで行われ、その経験は当事者にとってトラウマであり続けている。

オーストラリアの例は極端な過去の例と思われるかもしれない。しかし、今なお多くの地域社会が国民国家的な思考枠組みから自由であるとは言いがたい。明示的な同化政策は行われていないにせよ、教育現場での母語・母方言の取り扱われ方、その優先度、価値づけ、「正しい」ことばへの指向、少数言語の蔑視、その他多様な言語行動の諸側面は、そのような言語イデオロギーの反映として今でも強く残っている。

一方で、言語の多様性に富む地域では、国語や公用語ではなく、地域内部のより大きな言語へのシフトも頻繁にみられる。フィリピンでは150以上の言語が話されているが、そのなかの危機言語であるアルタ語はその例である（木本2021）。アルタ語は、現在、10人程度の母語話者によって話されている言語である。現在アルタ語が消滅の危機に瀕しているのは、アルタ語話者が住む村の多数派が別のカシグラン・アグタ語を話すからである。しかしカシグラン・アグタ語もフィリピン全体から見ればごく少数派であり、ルソン島北部の大言語であるイロカノ語や、フィリピンの国語であるフィリピノ語／

タガログ語とのバイリンガル化や言語シフトが進んでいる。

したがって、フィリピンのような多言語地域では、国語・公用語 vs. 自民族語という単純な対立構造で言語シフトを説明することができない。言語の多様性に富む地域では、マジョリティとマイノリティが相対的に存在し、さまざまなレベルでの言語の置き換わりが発生しているからである。そしてそのような場合、ナショナリズム的要因による国語の押しつけというシナリオではなく、移住などの人口流動化、社会構造の変化、メディアや情報技術の発展などにより現代的な要因が複層的に関わる。したがって、前者の場合と異なり、一概に言語シフトを悲観的に評価することも難しい。

Ⅲ　少数言語を見つめる視点と展望

危機言語問題が議論され始めてから約30年が経過した。この間、危機言語という、絶滅危惧種のメタファーが喚起するやや扇動的なイメージによって議論が展開されてきた。今後は、客観的なデータや議論と、コミュニティや当事者の視点を通じて、危機言語の議論を成熟させていく必要がある。

たとえば、言語の学術的価値や人類全体にとっての価値と、当事者の言語選択の関係は、今一度慎重に考えなければいけない。言語は、博物館の展示物ではない。当事者によって使用されている動的な存在である。彼らには、携帯端末やインターネットを使いこなし、外の世界と交流しつつ経済的・社会的に成功する権利がある。文明的生活を享受している我々が、伝統的暮らしに基づく言語と文化を外から愛でて、当事者にそれを守れというのは、同化政策を行う支配者の発想と何ら変わることがない。そして、「共有すべき人類の資産」的認識が優先され、外部の人間の利益のために、内部の資源が利用されるのであれば、それは植民地的発想の焼き直しにすぎない。すぐれた言語復興の取り組みには、地域のエンパワーメントやよりよい生き方を模索するプロセスが伴っている。今一度コミュニティの当事者が持つ多面性を意識し、彼らの視点に立った認識形成を深める必要がある。

現在さまざまな学術的調査や言語を記録・保存する取り組み、そして言語復興の活動が進められている。各言語、諸地域の事例研究に加え、映像・音声などの一次資料をどのように記録し、アーカイブ化するかについて、言語ドキュメンテーションという分野での議論も盛んに行われている（Thieberger 2012 他）。地域住民を巻き込んだ言語復興運動も各地で見られる。国内では、若手言語学者を中心とした琉球言語の「言語復興の港」プロジェクトが、クラウドファンディングを通じた民話絵本の作成や動画配信など、地域社会の活性化を促す取り組みの例として特に注目される。今後このような言語学内外の取り組みがより深く、広く展開されることが期待される。

参考文献

Brenzinger, Matthias (2001) Language endangerment through marginalization and globalization. In: Osamu Sakiyama (ed.) *Lectures on endangered languages: 2 From Kyoto Conference 2000*, 91-116 Kyoto ELPR.（嶋田珠巳訳（2002）「周縁化とグローバル化による言語の危機」宮岡伯人・崎山理編『消滅の危機に瀕した世界の言語』18-118. 東京：明石書店）.

Eberhard, David M., Gary F. Simons and Charles D. Fennig (eds.) (2021) *Ethnologue: Languages of the world*, twenty-fourth edition, online edition. http://www.ethnologue.com. [accessed January 2022].

梶茂樹（2002）「アフリカにおける危機言語問題―はたしてクラウス説は当てはまるか」『第5回全体会議・第3回国際学術講演会「消滅に瀕した言語」予稿集』105-113. 環太平洋の「消滅に瀕した言語」にかんする緊急調査研究事務局.

木本幸憲（2021）「変化する社会への適応方法としての「危機」言語：フィリピンのアルタ語の活性度と消滅プロセスから」『社会言語科学』23(2): 35-50.

Krauss, Michael (1992) The world's languages in crisis. *Language* 68(1): 4-10.

Thieberger, Nicholas (ed.) (2012) *The Oxford handbook of linguistic fieldwork*. Oxford: Oxford University Press.

変わることば

消滅することば

(危機言語［手話］)

矢野羽衣子・菊澤律子

日本国内には長い年月をかけて培われてきた言語的多様性が存在する。たとえば呉人(2011)は、音韻・語彙・文法に大きな違いがある言語が多数存在することを示している。その多様な言語には、日本の多くのろう者の第一言語である日本手話および地域で発生したさまざまな共有手話が含まれる。日本手話も地域の共有手話も、近年、消滅の危機に瀕している。手話の場合には、聞こえないメンバーが存在するコミュニティで発生し、それが多数の人に使われる文脈で発達して言語になるという発生の経緯の観察が可能であること、また、聞こえない話者がいなくなれば消滅するという点で、音声言語よりも、その発生や消滅に関する機序が観察されやすい。ここではまず、手話がどのように発生するか、について述べた後、手話言語が消滅するさまざまな状況について述べる。

I　手話言語の発生と言語のライフサイクル

いずれの社会においても主要な言語は音声言語となっており、一般的にはその言語がその社会の子供たちに継承される。ところが、社会に音声言語が聞こえない、もしくは聞こえに制限のあるメンバーがいる場合、そのようなメンバーの占める比率やコミュニティのメンバーとの関わり方により、さまざまな視覚によるコミュニケーション方法が発達する。これらのコミュニケーション方法は、日本を含む世界各地で報告されている。これらを観察することで、手話言語の発生プロセスを理解することができる(図1)。このプロセスには、「ジェスチャー(身振り)」から「ホームサイン」への移行が含まれ、そこからそれぞれのコミュニティのありかたにより、「地域共有手話」もしくは「ろうコミュニティの手話」に発達する。これらのうち、地域共有手話およびろうコミュニティの手話は、いずれも、手話言語としての特性を備えている。

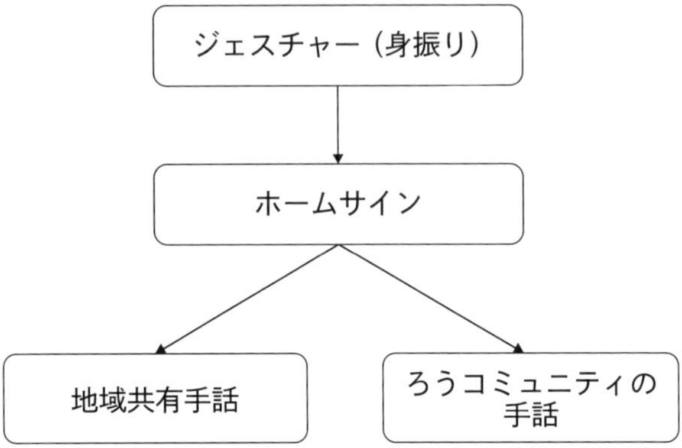

図１　手話発生のプロセス

ジェスチャー（身振り）は発話者の聞こえに関係なく、相手に伝えるための視覚的な補助として使用される。音声言語と手話言語、いずれの場合にも、言語による発話と同時にジェスチャーが用いられることも珍しくない。加えて、手話話者の場合には、手話を知らない聴者とコミュニケーションが必要な場合、ジェスチャーを用いて見た通りの様子を表現することがある。

ホームサインの特徴は、場面に応じて使われる即興的な要素が強いジェスチャーよりも、抽象化と共有化が進んでいることである。聞こえに制限があり音声言語が使えない人のうち、就学経験がなく、手話言語とも接したことがない人が家庭内や周囲の人とコミュニケーションをするために使う（武居 2005: 179）表現となっており、家族内だけで通じるコミュニケーション手段である。家族の日常生活でよく使われるものを語彙化しているため、同じ文化習慣をもつコミュニティでは、異なる家庭間で使われるものであっても、「食べる」「寝る」など、目で見える動きを表す表現には類似性がみられる。たとえば、日本の家庭における「食べる」の表現では、図２のように、手の形が違っていても、動きは同じである。

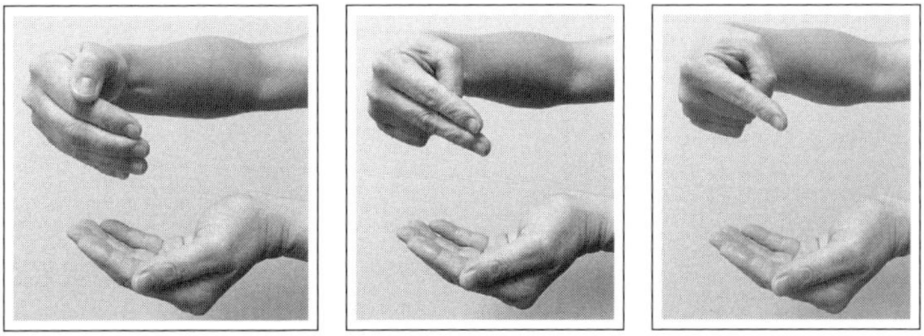

図2　異なる3家族でつかわれるホームサイン「食べる」の比較
（矢野 による。手型が明確に見えるよう右手の角度を変更して撮影している。）

ホームサインが基盤となり、より広い話者に使われる「地域共有手話」と「ろうコミュニティの手話」が発達する。ここでは、地域共有手話はろう者と聴者が共有する言語、ろうコミュニティの手話は聞こえない人たちからなるコミュニティのメンバーが主に使用する言語のことを指す。この2つは混同されやすいので、注意が必要である。地域共有手話は、ろう者の比率が高い地域で出現する（Zeshan and de Vos 2012, Nyst 2012）。アメリカのマーサズ・ヴィンヤード島の地域共有手話およびそのコミュニティの歴史と文化については詳細な報告があり、よく知られている（グロース 1991）。対するろうコミュニティの手話は、出生時からその手話で養育されるなど、第一言語として習得され、広く使われる言語を指す（岡・赤堀 2011; 松岡 2015）。主に、両親もしくは親の一方と子どもが聴こえないろう家庭（Deaf family）やろう学校、地域活動等、ろう者が集まる場で共有され、継承される。日本のろうコミュニティの手話は日本手話である。

このようにして発達し、継承される地域共有手話とろうコミュニティの手話は、音声言語同様、社会における主要言語や他の言語の影響により、また、消滅することも珍しくない。次節と次々節では、日本における手話言語の継承の断絶について、地域共通手話、日本手話の順に述べる。

Ⅱ　消滅の危機に瀕する手話言語：地域共通手話

日本の地域共有手話については、いくつかの報告がある。まず、鹿児島県の奄美大島で使用されているものについて、25の基本単語の手話表現に基づき、ある一家族のホームサインが近隣に広がっていったことが報告されている（Osugi et al. 1999）。また、愛媛県今治市では宮窪手話が使われている（矢野・松岡 2017, Yano and Matsuoka 2018）。これらを含む地域共有手話は、主として、使用範囲がより広いろうコミュニティの手話、すなわち日本手話の影響で使用者が減り、消滅しつつある。

先に述べたように、地域共有手話の話し手には聞こえる者と聞こえない者の両者が含まれるが、ろう聴を問わず、若い話者が仕事や教育や結婚などで地域を出ることが多くなった。その結果、地域の高齢化が進み、言語の継承が起こらなくなっている。加えて聞こえない話者の場合には、地域外のろう者と交流を始めると、地域共有手話と日本手話の二言語使用状況におかれることになる。日本手話が社会のより広い範囲で使われていることから、結果として地域共有手話を使う機会が激減するが、ここでは教育の影響も無視できない。一方、聴者である住民は、生活の変化により、ろう者と一緒に仕事に従事する場面が減って地域共有手話を使う機会が減っている。さらに、聴者の場合には地域外の人との交流でも日本手話を使うこともないため、そのまま視覚言語の使用から遠ざかってしまう。インターネットの普及による社会状況や生活場面の変化が、この状況を後押ししている。

このように、日本の地域共有手話は、地域と地域外との関係が変化した結果、日本手話の影響を強く受け、手話言語の中でもとくに深刻な消滅の危機に瀕している。日本の地域共有手話については、上に挙げたもの以外にも存在していたと考えられるが、その全容はわかっていない。上記の地域共有手話と似たような状況を経て、あるいは地域の聞こえないメンバーがいなくなり、記録には残されないまま消滅してしまったものも多いと考えられる。

Ⅲ　消滅の危機に瀕する手話言語：日本手話の変種と日本手話

聞こえない人たちが集まり、意思疎通をしようとする場があるところでは、ろうコミュニティの手話が発達する（本書「出現することば（手話言語）」参照）。そのような場がある限り、ろうコミュニティの手話は、今後も生まれ続けると考えられる。聞こえない子どもの 90％以上は、手話話者ではない両親の元に生まれるため、各地域のろう学校が主要な手話言語継承の場のひとつとなっており、日本手話の表現がろう学校単位で特徴があることはよく知られている（菊澤・相良 2019）。ところが近年では、交通やメディアの発達による地域間交流が進むにつれて、東京の表現や、「標準」とされる表現が広がり、ろう学校や地域固有の語彙や構音が失われつつある。このことは、地域固有の文化の消失だけでなく、これまで各言語がどのような変化を経て発達してきたのかを知るための大きな手がかりがなくなることにもなる（Kikusawa 2012）。

さらに、日本手話を総体としてとらえた場合にも、言語に対する認識と、話者人口の構成という２つの面で、音声言語とは少し異なる事情がある。

まず、音声言語の場合には、一般社会の成員のほとんどが、少なくとも、他の方言や音声言語を異なる言語の存在として認識し、それらの存在を認めている。ところが、手話言語の場合には、まず言語としての特徴を持っていること、さらに聴覚障害児にとっては言語能力を伸ばす手段でもあるということへの理解が社会的に十分ではない。その結果、過去には口話教育が奨励されたこともあった。これにともなう学校での手話使用禁止は、聴覚障害児から言語による表現の手段を奪ったのみならず、日本手話継承の場そのものをなくすことも意味していた。この中で、日本手話話者自身に日本手話を守らねばという危機感が芽生え、関係者間でのさまざまな運動につながった。日本手話は、そのような過程を経て継承されてきており、その存続のためには、まず、社会一般で言語としての認識が得られることが重要である。

次に、日本手話の場合にも、言語学校教育を含む社会の多くの場面では、音声日本語を第一言語とする話者の比率が勝っているため、日本語対応手話を通した日本語からの影響は避けられない。ネイティブサイナーの場合でも、書記日本語を知っている場合には、聴者と話すときには（相手に合わせて）自然に日本語対応手話にシフトする、という現象が知られている。このことは、日本では「手話」といったときには対応手話のイメージが持たれてしまうことが多いことと合わせて、日本手話の言語としての価値と独自性の理解を妨げる遠因になっている。この意味でも、社会で手話言語の特徴に関する認識を得ることは、言語の存続のために重要であると考える。

Ⅳ 最後に

本章では、ジェスチャー（身振り）からホームサインというプロセスを経て発達する地域共有手話とろうコミュニティの手話とが、消滅の危機に瀕している現状とその社会的背景について述べた。手話言語の場合には、発生の機序が観察できるケースがあることが音声言語と大きく異なっている。話者がいなくなったり、他言語に入れ替わってしまったりすることが消滅につながるという点では音声言語と共通する面があるが、さらに、コミュニティの聴こえないメンバーがいなくなると消滅する、という点で、また、音声言語よりも動的である。

ユネスコが認定した日本における危機言語には、アイヌ語・八重山語・与那国語・八丈語・奄美語・国頭語・沖縄語・宮古語の8言語・方言が含まれている（文化庁 2023）が、ここに手話言語は含まれていない。日本の地域共有手話については、まず、使用者や環境変化などの影響で深刻な消滅の危機にあることが広く知られる必要がある。日本手話の影響で、すでに話者がいなくなってしまった地域共有手話もあり、さらに、日本手話話者の間でも地域共有手話の存在があまり知られておらず、地域共有手話を見下すような言動が見られたりすることがあることが報告されており（矢野・松岡 2017: 417）、このことも地域共有手話消滅の一因となっている。その結果、将来的には、一部の語彙がその地域のろうコミュニティの手話に残る形で継承され、結果としてその地域特有の表現だととらえられる程度になるであろう。この動きをとめることはできないが、せめて、現存する地域共有手話の記録や記述をできるだけ早く進める必要がある。地域共有手話はろう者と聴者の共生のシンボルであり、地域のろう文化や歴史の一部でもあるから、その記録を残すことの意義はコミュニティにとって大きい。学術的にも、海外で報告されている地域共有手話との比較や分析に用いるための資料となる、という点でも意義がある。

近年、日本では「手話」についての認知が広まってきたが、その「手話」と呼ばれるものの多様性を理解し、いずれをも尊重する姿勢が請われているように思う。その中には、日本手話以外の手話言語に対する理解、そして、日本語を視覚化した日本語対応手話、中間手話、日本手話との関係の理解が含まれる。

参考文献

文化庁（2023）「消滅の危機にある言語・方言」https://www.bunka.go.jp/seisaku/kokugo_nihongo/kokugo_shisaku/kikigengo/index.html［2023年2月アクセス］.
グロースノーラエレン（1991）『みんなが手話で話した島』佐野正信（訳）東京：築地書館.
Kikusawa, Ritsuko (2012) Standardization as language loss: Potentially endangered Malagasy languages and their linguistic features. *People and Culture in Oceania* 28: 23-44.
菊澤律子・相良啓子（2019）「日本手話の方言」木部暢子（編）『明解方言学辞典』114-115. 東京：三省堂.
呉人惠 (2011)『日本の危機言語—言語・方言の多様性と独自性』札幌：北海道大学出版会.
松岡和美 (2015)『日本手話で学ぶ手話言語学の基礎』東京：くろしお出版.
Nyst, Victoria (2012) Shared sign languages. In: Roland Pfau, Markus Steinbach, and Bencie Woll (eds.) *Sign language: An international handbook*, 552-574. Berlin: Walter de Gruyter.
岡典栄・赤堀仁美（2011）『文法が基礎からわかる 日本手話のしくみ』東京：大修館書店.
Osugi, Yutaka, Ted Supalla and Recca Webb (1999) The use of word elicitation to identify distinctive gestural systems on Amami Island. *Sign Language & Linguistics* 1(2): 87-112.
武居渡（2005）「手話言語環境にないろう者のホームサイン」長南浩人（編著）『手話の心理学入門』177-197. 東京：東峰書房.
矢野羽衣子・松岡和美（2017）「科学通信 愛媛県大島宮窪町の手話：アイランド・サイン」『科学』87(5): 415-417.
Yano, Uiko and Kazumi Matsuoka (2018) Numerals and timelines of a shared sign language in Japan: Miyakubo Sign Language on Ehime-Oshima Island. *Sign Language Studies* 18(4): 640-665.
Zeshan, Ulrike and Conny de Vos (eds.) (2012) *Sign languages in village communities*. Berlin: Walter de Gruyter.

言語景観

庄司博史

景観というと静的なイメージが強いが、人間の社会活動の一環として、視角的側面から公共の場における言語的活動を言語景観とみた場合、実際には、目まぐるしく移り変わる様相とともに、さまざまな背景がそこには反映されていることが分かる。

今日身近で具体的な例として言語景観を構成しているものといえば、第一に、街角で観察できる自治体や公共機関の行政案内や通知、住民同士の催物案内、地名札、公共交通機関による地図、行き先案内などが挙げられる。特にビジネス関係では、言語景観への関与は大きく、商店名、店舗、所品広告や看板には、大きさ、装飾には人目を引く工夫が施されるともに、時代ごとに移り変わる購買者の関心が業種や商品名に大きく反映される。

一方で、これらに用いられている言語と文字には、時代ごとの人々の言語観、言語能力との関係も無視できない。日本人の言語能力が日本語や漢字、仮名に限られていた当初、国外と日本を結ぶ標識は、文字だけであった。しかしカタカナやローマ字によってカフェーやコーヒーが現れはじめるや、まるで外国にいるようだと当時の人びとを驚かせた。やがて文字は英語、外国語に置き換わっても、それらを通じて国際化、外国、本場への憧れに今なお強く残っている。

グローバル化は一方で大量の移民をもたらした。新しいエスニックビジネスと共に、彼らの言語活動はイギリスやフランスに見られるように、言語景観を介して、新しいビジネスや人口、経済勢力、文化境界領域の指標にもなっている。言語景観はまた社会と新たな住民との関係を、日本語の不自由な外国人に対し必要な生活情報や緊急避難案内を提供することで、共存に向かう意志や寛容性を示す役割も果たす。行政機関の多言語による生活相談、受付デスク、住民広報などは好例といえよう。と同時に彼らに対して外国語表示が注意喚起、場合によっては警告という側面を持つことも忘れてはならない。

近年、言語的景観に新たな潮流をもたらしているのがインバウンドによる観光客の流入である。多くの外国人を呼び込み、外国語でもてなすことを最善とする経済原理は、それまでの外国語観に育まれてきたや話者との協調という姿勢を一機に失わせかねない。

当時大阪南は中国人や韓国人観光客を対象としたドラッグストアの看板であふれていた（2016年1月大阪難波）

未来へのことば

〜結びにかえて〜

菊澤律子

「多様性」「持続性」という言葉が、社会一般で使われるようになって久しい。言語や文化についても「多様性」という概念があてはめられ、その価値が見なおされるようになってきた。言語の多様性とは何をいうのであろうか。本章では、言語の多様性がヒトや社会のありかたとどのようにつながっているのかを概観する。多様な研究分野にまたがっている本書各章の内容を思い起こしつつ、読んでいただければと思う。

I　言語の多様性

「言語」というと、形が決まった、あたかも完成したもののようなイメージがあるかもしれないが、実際には、コトバの世界は変種と変化に満ちあふれている。

まず、個人のレベルでは、私たちは話し相手や状況に応じてさまざまな表現を使い分けている。たとえば、朝起きてから夜寝るまで、相手によって話し方や使う単語、表現などを使い分けている。日本語話者の成人男性なら、「おれ」「ぼく」「パパ」「わたし」「わたくし」など、自分を指す代名詞だけでも場面によってさまざまだろう。現在の居住地と出身地が異なる場合には、親や兄弟姉妹から電話がかかってきた時に、さらに異なる話し方が出るかもしれない。日本手話の場合にも、たとえば敬語からカジュアルな表現まで相手や場面によって使い分けがある。このように話者ひとりだけでも、一日の中でさまざまなコトバを使い分けており、これは（本人が自覚しているかどうかに関わらず）発音や語彙、文体や文法などに及ぶことが多い。

さらに、その個人が集まるグループでは、グループごとに共有される話し方や語彙がある。「業界用語」「隠語」「専門用語」などと呼ばれるのがそれで、背景知識を共有する者同士でのコミュニケーションを円滑にする。チベットのろう者には、細かな色の区別が必要になる仏教絵師が多いそうだが、そのような人たちが使うチベット手話には、色を示す手話表現が豊富だと聞く（テレジア・ホーファー、私信）。もう少し範囲を広げてみると、地域ごとにある程度共通化した言語（方言）や、学校ごとに特徴的な話し方もある。少し違うコトバの使い方をする個人が集まり、さらにグループが集まって１つの言語を共有する集団はできている。だから、「日本語」や「日本手話」が実際に使われている様子を見ると、言語が出現する容態はうごめき続けている。

一方で、言語は日々、変化している。「若者の言葉遣いを嘆かない高齢者がいない社会はない」というが、これは、世代によりコトバが変わっていくことの受け止め方を示している。ただし、違いは世代間のみにあるわけではなく、どの年代の話者の話し方も、周りで使われている言語の影響を受けて常に変化している。変化の仕方はいろいろで、語彙のみでなく、発音や文法、場面による表現の使い方に及ぶ。そのなかには、ヒトである話者が生物としての制約を受けた結果、表現がしやすかったり、理解がしやすかったりする方向におこる内的変化がある。また、話者が遭遇したモノの名前が新しく加わったり、逆に使わなくなったものの名前の意味が変わったり、語そのものが消えてしまったりするような、外的変化もある。さらに、日々の暮らしの中で得られた知識や知恵が、ことわざのように蓄積されてゆくこともある。環境の変化があれば、それも反映されるだろう。人とのかかわりの中で、より気持ちよくコミュニケーションができる方向に使い方が変化することもある。ひとつひとつの集団にあるさまざまな変種、そしてそのさまざまな変種におこる変化の集積により、言語はできあがる。何万年もかけてつみ重なって、現在、世界で使われている7,000余りの言語ができあがっている。私たちはこんな財産を、地球上にもっている。

Ⅱ 言語使用の禁止と手話の社会認識

7,000余りといわれる言語も、ひとつひとつをとってみると、そのあり方も動的だ。話者がいなくなって消滅することもあるし、逆に新しい言語が生まれることもある。言語が継承されるためには、話者のコミュニティが必要だが、植民地時代に宗主国の言語が主として使われるようになった地域のように、話者コミュニティ全体で使われる言語が変わってしまうと、もともとあった言語は使われなくなってしまうかもしれない。多言語使用地域では、実用性が低い言語は使われなくなる傾向にある。個人レベルでは、新しい土地に移住して、周りに話者コミュニティがないと、子供たちは土地の言語を身につけ、親の言語が継承されないこともある。手話言語の場合には、聞こえない人がいればなんらかの形の手話が発生し、いなくなれば消滅する。

現在でこそ、「多様性」の価値が見直され、尊重されるようになってきているが、特定の言語の使用が禁止された歴史がある国は多い。日本では、いわゆる「標準語」の使用が推奨され「方言」が禁止されたことがある。方言札を首にかける罰則がみられたこともあった。海外でも同様に、19世紀に英語教育が推奨されたウェールズ（イギリス）でのウェールズ語の禁止、フランスでは長い間「標準フランス語」以外の方言や地域言語の使用が否定されていたことはよく知られている。フィジーでは現在でも、首都の学校で地域の言語で話したために草むしりなどの罰則を受けた経験がある話者もいる。

手話言語の場合には、長く、手話自体が言語であると認められず、さらに手話使用が言語習得の妨げになるという誤解があった。1880年にイタリアのミラノで開催された国際聾教育会議（いわゆる「ミラノ会議」）で採択された、手話法を禁じ口話法を奨励するという決議文は、日本を含む世界各国のろう教育に影響を及ぼした。手話使用の禁止によるろう者の言語および言語権のはく奪は、社会的差別と相まってさまざまな形でろう者やろうコミュニティに大きな傷跡を残すことになった。近年では、世界各地でさまざまな手話言語が使われていること、それぞれの手話言語にいろいろな方言や変種があること、視覚言語には中間手話や対応手話などを含むさまざまな種類があること、話者によってはそれを使い分けていることなどに対する認識が徐々に広まってきつつある。また、視覚言語と音声言語話者を結ぶための技術開発もどんどん進んでいる。

手話言語が言語であるという理解が進み、手話話者と音声言語話者が自由にコミュニケーションできるようになれば、手話話者に対する社会的な認識が大きく変わる。ここには、聞こえない子どもが生まれたときの対応も含まれる。

日本の医療現場では、聞こえの制限を「障害」ととらえ、聞こえない子どもが生まれた場合にはどうにか「聞こえる」ようにしようという努力が注がれる。このことが子どもの言語能力を伸ばすかわりにダブルリミテッド（セミリンガル）にしてしまう可能性をはらんでいることはもっと広く知られるべきだ。ダブルリミテッドというのは、複数言語のもとで育った子どもが、どの言語も年齢相応のレベルに達していない場合を指す。聞こえない子どもの場合には、日本語も日本手話も十分に習得できない場合がある。たとえば、人工内耳は聞こえの助けになる。音の情報が得られるようになること自体は、情報が増え危険回避にも役立つので、その意味でプラスになる。けれども、音声言語を使うためには非常に繊細な聞き分けが必要であり、人工内耳の聞こえでは十分ではないことの方が多い。ヨーロッパのいくつかの国では、聞こえに制約があり人工内耳を装着する子どもたちには、手話言語と音声言語の両方を身につけるための教育が提供されると聞く。そのような対応が一般的になるためには、手話言語が言語としての特性を持つことへの理解が広がり、手話の使用に対する社会的な偏見がなくなる必要がある。

Ⅲ 言語とヒトの関係の多様性

私たちはなんとなく、生まれたら身の周りで使われている言語を身につけ、その言語を使って一生暮らしていくものだと思っている。実際、身の周りで使われる言語を身につけ、それを使って一生を終える人が社会では多数であろう。一方で、さまざまな理由で身の周りで使われている言語が使えない人、使っていた言語が人生の途中で使えなくなる人も珍しくはない。このように、言語とのかかわり方は、人によって違っていることもあるし、変化することもある。そしてそれは、誰にでも起こり得ることだ。この意味で、言語とヒトの関係もまた、動的である。このような視点から、言語との関わりの個人史を「言語ヒストリー」と名付けることにする。

言語表現は、少なくとも５段階のステップを経て、相手に伝わる。そのうちのひとつがうまくいかないと、コトバは伝わらなくなってしまう。たとえば、言語は、物理的なシグナルからなっている。シグナルの伝達がブロックされてしまうと、せっかく発信された言語表現が遮断されてしまい、伝わらない。騒音の中での音声言語のやりとり、暗闇や逆光の中での手話言語でのやりとり。私たち話者は、日々、このような状況のなかで、すでに持っている知識を援用して推測したり情報を補ったりして、巧みにコトバの理解につなげながら暮らしている。

さらに、私たちは、生物として持っている器官を二次利用して言語を発信している。したがって、音声言語の場合には咀嚼しながら話し続けるのは難しいし、両手でものを抱えているままで手話言語は使えない。もっといえば、手や口などのコトバを発信するための運動機能が落ち、もしくは目や耳などの受信するための器官が思うように働かなければ、頭の中に言語を持っていても表現したり理解することが難しくなる。これらの器官は、生まれつきうまく動かせない場合もあれば、事故や病気などで、途中で使えなくなることもある。そして、頭、すなわち脳は、言語使用全体にかかわる司令塔だ。この司令塔が何らかの理由でうまく機能しないと、やはり、コトバの伝達が難しくなってしまう。

言語の産出は「なんとなく」話者の認知能力に関連づけられてしまうことが多い。たとえば、脳の機能の一部に損傷が起き、言語をスムーズに発することができなくなってしまうことがある。その場合、本人の思考能力に問題があるように受け取られてしまうことが多い。高齢者で認知能力が年齢相応であっても、コトバが出なくなると、認知機能も落ちているように受け取られてしまう。反応がスムーズではないので、聞いて理解する能力にも疑問符がつく。

実際には、コトバが思うように出るかどうかと、理解や思考能力は切り離して、個々人の状況を理解する必要がある。そのことを示す極端な例を２件、紹介しよう。まず、１歳のときに脊椎を損傷し、筋肉ひとつ動かすことができず、コトバを発することもなかった少年が、13歳のときにわずかに残った身体機能を利用してひらがなを拾うことができる装置を与えられると、次から次へと言葉が出てきたという（臼田 2012）。また、現在詩人として活躍する堀江菜穂子さんは、脳性麻痺でコトバを発することができないが、中学生になってはじめて指先を利用した筆談を身につけると、自分の言葉を発信するようになった（堀江 2017）。言語が、受動行為のみで身につくという事実は、それまで、双方向のやりとりが必要だと思い込んでいた筆者には衝撃であった。一方で、周りの人が話すことは理解できるが自分が発信できない苦しさ、切なさは想像を絶する。

受容能力もまた、言語使用や思考能力とは切り離して考えられるべきだ。たとえば聞こえに制約がある人達は、音声言語を聴いて理解できなくても、視覚でコミュニケーションする手段を身につけ、さまざまな形で活躍をしている。

人間として言語はやはり重要だ。一方で、言語が使えなくても、コミュニティの一員であることに変わりはない。言語ヒストリーの取材の中で出てきた失語症者の河野弘之さんによる「表現ができなくても考えていないわけではない」という言葉は、自由にコトバを操れない経験をした人みなが共感し、共有する気持ちではないかと思う。

技術の発達により、これまで声をあげづらかった人が、いろいろな方法で発信することができるようになってきた。それと合わせて必要なのは、社会の成員みなが自分の言語ヒストリーを振り返り、そしてその多様性を知り、理解し、受け入れることだと思う。そうすることが、社会におけるヒトの多様性を受け入れ、さまざまな言語やコミュニケーション特性を持つひとたちみなが活躍できる場をつくることにつながる。

「障害者は社会が作る」という言葉がある。この原稿を書いているときに、2017年に交通事故で亡くなった聴覚障害のある女児の逸失損益に関する判決があった（2023年２月27日大阪地裁）。そこで認められたのは、一般の労働者の平均賃金の 85%だった。この判決について耳にしたさまざまなコメントの中で、次のものが特に印象に残っている。「この 85%は、社会が聴覚障害者が働ける環境をそれだけしか作ってこれなかったことを反映している。それを聴覚障害者が負っている」。

Ⅳ　コミュニケーション共生社会にむけて

言語は、ヒトだけが持つコミュニケーションのツールである。言語には、音声言語、手話言語に加え、触手話が独自の文法構造を持ち始めているコミュニティもある。また、音声言語を視覚や触覚で伝える方法もいろいろと発達している。さらに、一般的な形での言語の受容や発信が難しい人に対しても、情報工学や人工知能に関する技術の発達により、少しずつコミュニケーションの機会が増えてきた。自閉症スペクトラムなど、言語を使うための基盤となる能力に制約がある人についても研究が進み、どのようにすれば社会参加できるのか、さまざまな工夫が凝らされている。

筆者が所属する人間文化研究機構では、2022 年度より「コミュニケーション共生科学の創成」というプロジェクトが始まった。コミュニケーション共生、というのは、バリアフリーとは異なっている。バリアフリーは、特定の「障害」に対し、それを「補う」方法を考える。それに対し、コミュニケーション共生は、各人のありかたを「特性」ととらえ、社会の成員みなが自由に情報を受信し発信できる形を指す。

そのようにいうと、聞こえない人、言葉が思うように使えない人のための概念だと思われるかもしれない。けれども、スロープができれば、車椅子の人だけでなく、子どもがおもちゃのトラックで滑りおりたり、自転車を押したり、スーツケースを引っ張って上がったり下りたり、社会の全員にとって便利になる。コミュニケーション共生も同じだ。現在の社会で言葉が思うように使えない人が情報を受信し発信しやすい社会になれば、だれにとっても暮らしやすい社会になる。そして、それぞれの言語ヒストリーにどんなことが起こっても、社会参加を続けられるようになる。そして、言語に対する理解は、すでに多様である日本社会の今後において、誰もが平等に情報を受けとることのできる社会を実現してゆくための基盤となる。

いずれのコミュニケーション手段にも、それを使って日々生活し、その手段があることで不足なくまた正確な情報を得、自らも発信し、社会で能力を発揮できる人たちがいる。どの言語にも、その言語とその言語に反映された歴史を大事に思っている話者がいる。その言語をさまざまな方法で使うことで、自己を表現することができ、生き生きと活躍できる人たちがいる。その人たちの集まりが地球上の人口77.5億人である。すべての人たちが、どこへ行っても、使っている言語にかかわらず、自己をのびのびと表現できて力を発揮できる、そんな社会になってほしいと願っている。

参考文献

臼田輝（著）「輝」編集委員会（編）(2012)『輝（ひかる）―いのちの言葉―』発行:臼田則男.
堀江菜穂子 (2017)『いきていてこそ』東京：サンマーク出版.

執筆者紹介（50音順）

青井隼人（あおい　はやと）東京外国語大学 特任助教
井原　綾（いはら　あや）情報通信研究機構 主任研究員
今里典子（いまざと　のりこ）神戸市立工業高等専門学校 教授
蝦名大助（えびな　だいすけ）関西国際大学 准教授
大杉　豊（おおすぎ　ゆたか）筑波技術大学 教授
尾島司郎（おじま　しろう）横浜国立大学 教授
風間伸次郎（かざま　しんじろう）東京外国語大学 教授
菊澤律子（きくさわ　りつこ）国立民族学博物館 教授
木部暢子（きべ　のぶこ）人間文化研究機構 機構長
木村晴美（きむら　はるみ）国立障害者リハビリテーションセンター学院 教官
木本幸憲（きもと　ゆきのり）兵庫県立大学 講師
桐生和幸（きりゅう　かずゆき）美作大学生活科学部 教授・学長補佐
KEGL, Judy A.（ケグル、ジュディ）サザン・メイン大学 教授
相良啓子（さがら　けいこ）国立民族学博物館 特任助教
酒向慎司（さこう　しんじ）名古屋工業大学 准教授
佐々木倫子（ささき　みちこ）桜美林大学 名誉教授
佐野睦夫（さの　むつお）大阪工業大学 特任教授
庄司博史（しょうじ　ひろし）国立民族学博物館 名誉教授
JOHNSON, Robert（ジョンソン、ロバート）ギャローデット大学 名誉教授
杉山千尋（すぎやま　ちひろ）大阪大学歯学部附属病院 言語聴覚士主任
須藤克仁（すどう　かつひと）奈良先端科学技術大学院大学 准教授
高嶋由布子（たかしま　ゆふこ）国立障害者リハビリテーションセンター研究所 流動研究員
高島遼一（たかしま　りょういち）神戸大学 准教授
滝口哲也（たきぐち　てつや）神戸大学 教授
竹本直也（たけもと　なおや）慶應義塾大学 特任助教
巽　智子（たつみ　ともこ）神戸大学 講師
田中信和（たなか　のぶかず）大阪大学 助教
千田俊太郎（ちだ　しゅんたろう）京都大学 教授
CHANG, Franklin（チャン、フランクリン）神戸市外国語大学 教授
津村早紀（つむら　さき）東京大学大学院 博士課程
仲尾周一郎（なかお　しゅういちろう）大阪大学 准教授
中津真美（なかつ　まみ）東京大学バリアフリー支援室 特任助教

中山俊秀（なかやま　としひで）東京外国語大学アジア・アフリカ言語文化研究所 教授
野崎一徳（のざき　かずのり）大阪大学 准教授
野嶋洋子（のじま　ようこ）アジア太平洋無形文化遺産研究センター 研究担当室長
野原幹司（のはら　かんじ）大阪大学 准教授
林　美里（はやし　みさと）中部学院大学 准教授／日本モンキーセンター 学術部長
原　恵子（はら　けいこ）上智大学 特任准教授
原　大介（はら　だいすけ）豊田工業大学 教授
平山　亮（ひらやま　まこと）大阪工業大学 教授
広瀬友紀（ひろせ　ゆき）東京大学 教授
藤田耕司（ふじた　こうじ）京都大学 教授
藤巻則夫（ふじまき　のりお）情報通信研究機構 特別研究員
藤本一郎（ふじもと　いちろう）情報通信研究機構 研究技術員
坊農真弓（ぼうのう　まゆみ）国立情報学研究所 准教授
八杉佳穂（やすぎ　よしほ）国立民族学博物館 名誉教授
矢野羽衣子（やの　ういこ）関西学院大学手話手話言語研究センター 客員研究員
吉岡　乾（よしおか　のぼる）国立民族学博物館 准教授
吉永　司（よしなが　つかさ）豊橋技術科学大学 助教

しゃべるヒト

テキストデータ

引　換　券

視覚障害などを理由として必要とされる方に、
本書のテキストデータを提供いたします。
ご希望の方はメールアドレスを明記し、左記の
テキストデータ引換券（コピーは不可）を同封
のうえ、以下の住所までお申し込み下さい。

〈宛先〉
〒600-8146　京都市下京区七条河原町西南角
文理閣編集部
『しゃべるヒト』テキストデータ係

編者紹介

菊澤律子（きくさわ　りつこ）

国立民族学博物館 教授／総合研究大学院大学 教授。
専門は手話言語と音声言語の比較対照研究、オーストロネシア語族の諸言語、比較統語論。主要編著書に『声の言葉と手の言葉―手話からみた言語学』（ミネルヴァ書房、2023）、『手話が「発音」できなくなる時―言語機能障害からみる話者と社会』（石原和と共編、ひつじ書房、2022）、*Proto Central Pacific Ergativity: Its Reconstruction and Development in the Fijian, Rotuman and Polynesian Languages*（Pacific Linguistics, 2002）がある。

吉岡　乾（よしおか　のぼる）

国立民族学博物館 准教授／総合研究大学院大学 准教授。
専門は記述言語学、ブルシャスキー語、地域言語研究。
主要著書・論文に『フィールド言語学者、巣ごもる。』（創元社、2021）、Eat a spoonful, speak a night tale: a Ḍomaaki (hi)story telling（*Bulletin of the National Museum of Ethnology*, 46(4), 2022）、「ブルシャスキー語の名詞修飾表現」（プラシャント・パルデシ、堀江薫編『日本語と世界の言語の名詞修飾表現』、ひつじ書房、2020）がある。

本書籍は、2022年9月1日から11月23日まで国立民族学博物館で開催された特別展「Homō loquēns「しゃべるヒト」～ことばの不思議を科学する～」の解説書および人間文化研究機構共創先導プロジェクト共創促進研究「コミュニケーション共生科学の創成」（代表者：菊澤律子）の研究成果刊行物として出版された。

しゃべるヒト
―ことばの不思議を科学する―

2023年4月20日　第1刷発行
2023年7月20日　第2刷発行

編　集　国立民族学博物館
編　者　菊澤律子・吉岡　乾
発行者　黒川美富子
発行所　図書出版　文理閣
京都市下京区七条河原町西南角 〒600-8146
電話 (075) 351-7553　FAX (075) 351-7560
http://www.bunrikaku.com

印　刷　新日本プロセス株式会社

ISBN978-4-89259-924-8